ROTRAUD SCHÖNE

Von Schlesien westwärts

ROTRAUD SCHÖNE

Von Schlesien westwärts

Erinnerungen

HERBIG

2. Auflage April 2001 – Sonderproduktion

Umschlaggestaltung: Wolfgang Heinzel
Umschlagbilder: Bildagentur Jürgens, Berlin
Satz: ew print & medien service gmbh, Würzburg
Druck und Binden: GGP Media, Pößneck
Gesetzt aus: 10,5/13,5 Sabon regular
Printed in Germany
ISBN 3-7766-2118-4

Inhalt

Görlitz – Dresden – Berlin

Das Tal der Ahnungslosen

Görlitz – Dresden – Berlin

Sommer 1946

Eine erwartungsvolle Aufregung ergriff Eva-Maria. Sie kehrte zurück in ihre Heimatstadt, zurück nach Görlitz, das sie vor vierzehn Monaten als Flüchtling verlassen hatte. Bis zum Morgengrauen hatten sie damals, am 6. Mai 1945, den kleinen Lieferwagen gepackt, während im Osten, jenseits der Neiße, fast ununterbrochen Geschützdonner dröhnte. Eva und ihre Schwester Katharina hatten kaum Angst gehabt. Ihr Vater war ja bei ihnen, der in seiner ruhigen Art bestimmte, was jeder zu tun hatte. Auch Hanna vertraute ihm ganz. Sie war die Mutter seiner vier Kinder, aber für sie war er nicht nur der Ehemann, sondern auch wie ein Vater, bei dem sie sich geborgen fühlte.

»Es wird nicht lange dauern«, sprach sie sich selbst und den Töchtern Mut zu. »Der Krieg wird bald zu Ende sein, und dann kommen wir nach Haus zurück.«

Aber es hatte mehr als zwei Jahre gedauert, bis sie zurück konnten in ihre Stadt. Dazwischen lagen das Geschützfeuer in der Tschechoslowakei, dem heutigen Tschechien, bei dem ihr Wagen in Flammen aufging; ein Tag in tschechischer Gefangenschaft, der kein Ende zu nehmen schien; und die Fluchtwanderung durch das Sudetenland, dreißig Kilometer täglich zu Fuß in einem langen Treck, bis sie schließlich in Crimmitschau, einem sächsischen Städtchen, landeten.

Dort vollzog sich eine drastische Veränderung des Brandtschen Familienlebens, das bis dahin mustergültig war, obwohl der Krieg auch an dem Haus in der Moltkestraße nicht spurlos vorübergegangen war. In Crimmitschau stieß Martin zu ihnen, der aus amerikanischer Gefangenschaft kam. Herbert Brandt fing sofort und unverdrossen mit dem geschäftlichen Neubeginn seiner Chemikaliengroßhandlung an und bezog den Sohn in die neuen Aufgaben mit ein.

Dann aber wurde der Vater aus der kleinen sächsischen Wohnung abgeholt, zu einer Zeugenaussage, wie es hieß. Eine Morphiumsüchtige, die für ihren unentbehrlichen »Stoff« die Besatzungsoffiziere in Görlitz mit Informationen versorgte, hatte ihn denunziert. Seine Spur führte von Crimmitschau über Görlitz nach Bautzen und verlor sich dort. Das KZ Bautzen, das schon kurz nach dem Krieg den Schreckensnamen »Das gelbe Elend« bekam und ihn vierundvierzig Jahre – bis zum Fall der deutsch-deutschen Grenze – behielt, hatte nur eine Öffnung: die nach Rußland, und das war zumeist ein Weg ohne Wiederkehr.

Herbert Brandts Russischkenntnisse, die er sich während seiner Gefangenschaft in Sibirien nach dem Ersten Weltkrieg angeeignet und die er während der Friedensjahre gepflegt hatte, wurden ihm zum Verhängnis. Als Major der Reserve wurde er im Krieg General von Pannwitz unterstellt, der eine Kosakendivision befehligte.

Als Herbert Brandt, flankiert von zwei Volkspolizisten, zum Bahnhof in Crimmitschau ging, waren seine letzten Worten: »Rußland – dieses verdammte Land läßt mich nicht los.«

Frau und Kinder hörten nie wieder von ihm.

Jetzt kam Eva-Maria allein zurück. Katharina war noch in Crimmitschau, und Mutter Hanna war nach Marburg gereist, zu Emmy, ihrer Ältesten.

Sie hatte es nicht über sich gebracht, in das Haus zurückzukehren, in dem sie vierzehn sorglose, glückliche Jahre mit dem geliebten Mann verbracht hatte. Sie war nach Marburg

zur ältesten Tochter Emmy und dem Schwiegersohn Johannes gefahren, um dort in ihrem Schmerz Halt zu finden.
»Ich habe genau wie ihr meinen Beschützer verloren«, sagte sie. »Ich weiß nicht, was ich ohne ihn tun soll.«
Ihren heranwachsenden Jüngsten die in deren Alter so wichtige Mutter zu sein, ging über ihre Kraft.
Von Dresden näherte sich der Zug der Stadt. Es war Juni. Eine strahlende Sonne, die sich um menschliches Elend, um Krieg und Zerstörung nicht kümmerte, tauchte die liebliche Landschaft, die von Sachsen in die Oberlausitz überging, in die jubelnden Farben des Frühsommertages. Eva stand am Fenster und sah rechts die Landeskrone, den Heimatberg, sich aus der Ebene erheben. Etwas später zeichneten die Türme von Görlitz die unvergessene Silhouette gegen den Himmel, typisch und bestimmend für das Stadtbild die gotischen Spitztürme der Peterskirche. Langsam rollte der Zug in den Bahnhof. Eva war wieder daheim.
Auf dem Bahnsteig stand Martin.

Eigentlich war die Stadt unverändert. Kaum eine Bombe war gefallen, und bis auf gelegentlichen Tieffliegerbeschuß in den letzten Kriegstagen hatten keine Kampfhandlungen stattgefunden.
Das zur Festung erklärt gewesene Breslau war ein Trümmerfeld, Schlesien bis an das östliche Neißeufer ein aufgewühltes, wundes Land. Aber der Fluß, der willkürlich zur Grenze von Polen zu Deutschland bestimmt worden war, schien gleichzeitig eine Trennlinie zwischen Zerstörtem und Erhaltenem zu sein.
Die letzten Vertriebenen aus Ober- und Mittelschlesien zogen in Görlitz über die Reichenberger Brücke, beladen mit dem Wenigen, das sie tragen und retten konnten, in den Gesichtern das Entsetzen des Erlebten und die Hoffnungslosigkeit der ungewissen Zukunft. Die Schlesier und die West- und

Ostpreußen, die Pommern und die Sudetendeutschen, die immer noch auf der Wanderschaft waren, hatten den Krieg wirklich verloren. Ihr Schicksal war ein brennendes Ausrufezeichen in der jüngsten deutschen Geschichte, ein Mahnmal für alle, die sich anschickten, zu vergessen. Die Vergangenheit wurde mit den Jahren unbequem.

Westlich der Oder-Neiße-Linie tat sich schon wieder etwas. Das gedemütigte, zerschlagene Deutschland hob vorsichtig den Kopf, reckte die Arme und packte zu. In Berlin und den zerbombten Städten Nord-, West- und Süddeutschlands wurden die Trümmer beseitigt, mit bloßen Händen oft, wurde geplant und aufgebaut. Fleiß und Mut, Initiative und Ausdauer schafften aus dem Nichts ein neues Land, mit unglaublicher Energie und Optimismus, die trotz allem nicht besiegt waren. Der Überlebenswille wurde vorangetrieben durch den Wunsch nach Frieden und Geborgenheit.

Die Hauptlast trugen die Frauen. Sie waren ja in der Überzahl und scheuten sich nicht, Verantwortungen zu übernehmen, die früher die Männer trugen. Mit nie ermüdender Erfindungsgabe verstanden sie es, ihre Familienmitglieder zu kleiden und zu ernähren, für Licht und Wärme zu sorgen, wo es eigentlich gar keine mehr gab. Die Männerwelt war weitgehend dezimiert. Millionen waren gefallen, Millionen noch in Gefangenschaft. Übrig waren nur wenige Alte und ganz junge, die noch keine Männer waren. Selbst die hatte man in den letzten Kriegswochen in den Kampf getrieben, in dem unsinnigen Bestreben, etwas zu retten, was schon verloren war.

Die Tapferkeit der deutschen Frauen, ihr Durchhaltevermögen und ihr zäher Wille, Leben zu erhalten, waren beispielhaft. In den ersten Nachkriegsjahren manifestierte sich die Gleichberechtigung der Frau, ohne große Reden und Demonstrationen, einfach durch die Tat. Und niemand stellte sie in Frage.

Eva-Maria Brandt war vierzehn Monate nach ihrer Flucht aus Sachsen in ihre Heimatstadt Görlitz zurückgekehrt, in ihr Elternhaus, die schöne, alte Villa in der Moltkestraße. Ihr Fluchtweg mit den Eltern und der jüngeren Schwester Katharina endete dort, wo er begonnen hatte. Sie war wieder daheim.
Die Stadt war so, wie sie sie verlassen hatte. In die Apotheke am Obermarkt hatte sich eine Brandbombe verirrt, die schnell gelöscht werden konnte. Und in der Villa in der Moltkestraße war eine Granate vom Dach bis in den Keller geschlagen. Der Schaden war unerheblich. Die Häuser waren von den heimkehrenden Görlitzern wieder bezogen worden, die Schulen und Geschäfte geöffnet, das Theater spielte wieder. Und doch war alles anders.
Das Straßenbild war geprägt von russischen Uniformen. Die »Untermenschen« von gestern – nach der nationalsozialistischen Ideologie – waren die Herren von heute. Auf den Ämtern und in allen führenden Positionen saßen deutsche Kommunisten, die nach Kriegsende plötzlich in Mengen da waren. Keiner hatte vorher gewußt, wie viele es gab und wo sie sich in der Hitlerzeit verborgen gehalten hatten.
Eva und ihr Bruder Martin hatten ein vollkommen leeres Elternhaus vorgefunden. Was die Russen, die es zeitweise als Kommandantur nutzten, nicht mitgenommen hatten, das hatte die Stadt beschlagnahmt. Wer »die Stadt« war, konnten sie nicht herausfinden. Irgendwann war von der Stadtverwaltung beschlossen worden, das Eigentum des Herbert Brandt in der Thälmannstraße sei zu konfiszieren, da sich der ehemalige Major bei den Russen »unbeliebt« gemacht hätte.
Die Geschwister hatten Wochen damit verbracht, das Haus wieder bewohnbar zu machen, Möbel und Gardinen, Wäsche und Geschirr herbeizuschaffen, meistens durch Tausch mit den Raritäten, die sie aus der väterlichen Chemikaliengroßhandlung bekamen: Kerzen und Backpulver, Kartoffel-

mehl und Soda. Diese begehrten Dinge öffneten ihnen Möglichkeiten, die normale Bürger kaum hatten. Es war die Bestätigung der Faustregel: Wer etwas hat, bekommt auch etwas dafür.

Für Martin und Eva-Maria war es die erste Bewährungsprobe in ihrem jungen Leben. Bisher waren ihnen Entscheidungen und Planungen immer vom Vater abgenommen worden. Jetzt waren sie auf sich gestellt.

Mit dem Fehlen des Vaters schien die Familie Brandt auseinanderzufallen. Zwar hielten die Geschwister zusammen, aber der *spiritus rector* fehlte, der Sicherheit und Geborgenheit garantierte.

Diese Aufgabe und die Aufgabe, eine zweite Mutter zu sein, übernahm mit stiller Selbstverständlichkeit Tante Irma, Vaters Schwester, die aus Danzig geflüchtet und in Crimmitschau zu ihnen gestoßen war. Jetzt hatte auch sie dort ihre Zelte abgebrochen und kam mit Katharina, dem jüngsten der vier Brandtkinder, nach Görlitz, bezog Herberts ehemaliges Arbeitszimmer und nahm die Zügel in die Hand.

Eva und Katharina zogen wieder in ihr Kinderzimmer ein, in dessen angrenzendem Schlafkabinett auf jeder Seite ein Bett mit einem uralten Nachttisch stand. Mehr hatten Kerzen und Kartoffelmehl noch nicht hergegeben. Für ihre spärliche Garderobe gab es zunächst nur zwei längliche Bretter mit ein paar Kleiderhaken. Aber das waren sie ja von ihrer spartanischen Behausung in Crimmitschau gewöhnt. Wenigstens einen Spiegel hatte Martin irgendwoher aufgetrieben. »Für viel Geld plus zwanzig Haushaltskerzen«, verriet er. Die Geschwister fanden mit Staunen heraus, wie mühselig es war, nur das Notwendigste zu beschaffen, während früher alles in Hülle und Fülle dagewesen war. Dieser Aufbau aus dem Nichts war eine neue Erfahrung für sie.

Martin hatte sich im Görlitzer Gymnasium Augustum zurückgemeldet, um sein Notabitur von 1944 in das reguläre Abitur umzuwandeln. Mit seinen fast einundzwanzig Jahren

war das beinahe ein Schritt zurück in die Kindheit. Immerhin war er inzwischen Leutnant gewesen.
Eva und Katharina gingen wieder ihren alten Schulweg die Gartenstraße hinauf in die Luisenschule am Wilhelmsplatz, der jetzt Karl-Marx-Platz hieß. Wenigstens die Schule hatte ihren vertrauten Namen behalten. An »Luise«, dem Vornamen ihrer Gründerin, hatten die neuen roten Machthaber offenbar nichts politisch Bedenkliches finden können.
Viele der ehemaligen Mitschülerinnen waren nach ihrer Flucht aus Görlitz in Westdeutschland geblieben. In Evas Klasse waren Schülerinnen aus allen Parallelklassen, die zusammengestellt und in Oberstufe A, B und C geteilt worden waren. Es war nicht einfach, als Neuling in solch einen Klassenverband zu kommen. Aber Eva fand auch alte Freundinnen wieder, vor allem Annemarie, die Rechtsanwaltstochter, mit der sie nun schon eine fast zehnjährige Freundschaft verband. Inge war da und Gisela, die Lebhafte, Übermütige.
Auch in der Lehrerschaft hatte es Veränderungen gegeben. Der kleine Doktor Lüders, der immer so einen schweren Stand vor einer ganzen Schulklasse alberner Mädchen gehabt hatte, war gegen Ende des Krieges noch eingezogen worden und gefallen. Fräulein Kloß, die harte, unnachgiebige Frau mit dem streng aufgerollten Grauhaar war ein Opfer ihres goldenen Parteiabzeichens geworden, das sie immer demonstrativ an Blusen und Jacken getragen hatte. Die geliebte Frau Dr. Walczuch war irgendwo im Westen geblieben, auch Fräulein Teichmann, eine der vielen einsam gewordenen Brautwitwen dieses Krieges. Geblieben war Dr. Lange, der in den letzten Monaten vor dem Zusammenbruch in Görlitz die Straßenbahn gefahren hatte und nun wieder Mathematik- und Physikunterricht gab, gewürzt mit dem bei ihm üblichen Schuß Witz und Ironie.
Klassenlehrerin war das ältliche Fräulein Schmidt, »Die Schmidtel«, wie sie von den Schülerinnen liebevoll genannt

wurde, kaum ein Meter sechzig groß, mit glattem, dunklem, mittelgescheiteltem Haar. Sie war eine ideale Lehrerin, die die jungen Mädchen verstand in all ihrem Werden und Gären, ihrem Suchen und Sich-neu-finden-Müssen. Fräulein Schmidt unterrichtete in der Klasse Deutsch und Geschichte, und beide Fächer waren dazu prädestiniert, die jungen Menschen behutsam zu neuen Wegen des Denkens zu leiten, die allein zu finden schwer für sie war. Sie hatten ihre Kindheit unter dem Hakenkreuz verbracht, hatten die Hoffnungen, Ängste und Entbehrungen der Kriegsjahre durchlebt und hatten sich, sobald sie sich dessen bewußt waren, in erster Linie als Deutsche, nicht als Nationalsozialisten, gefühlt. Und deutsch zu sein waren sie stolz gewesen. Jetzt waren sie zwar immer noch Deutsche, aber plötzlich sollten sie sich dieses Deutschseins schämen, sollten sich verantwortlich fühlen für Geschehnisse, die allein in der Verantwortung der Naziherrschaft gelegen und von denen sie nichts gewußt hatten.
Der Lehrplan für Geschichte sah ein Zurückgreifen auf Karl den Großen und einen Bogen über das frühe und späte Mittelalter, den Dreißigjährigen Krieg, Preußen und die Entstehung des Deutschen Reiches, den Ersten und den Zweiten Weltkrieg bis zum Zusammenbruch Deutschlands vor. Dabei sollte die Preußische Geschichte – als unumgänglich – nur gestreift, die zwölf Jahre Nationalsozialismus mit ihren unerhörten Verbrechen sowie die eben angebrochene kommunistische Gegenwart mit ihren segensreichen Errungenschaften ausführlich behandelt werden. Sehr schnell wurden neue Geschichtsbücher gedruckt, die diesen Lehrplan unterstützten.
Fräulein Schmidt hatte ihre eigenen Ansichten über die Geschichtskenntnisse einer jungen deutschen Frau. Sie änderte das Pensum nach ihrem Gutdünken, verweilte lange bei den Königen Preußens und den sprichwörtlichen preußischen Tugenden: Sparsamkeit, Fleiß, Ordnungsliebe, Gewissenhaftigkeit, Pflichttreue und Gehorsam – alles Charaktereigen-

schaften, die nicht in Vergessenheit geraten durften. Die Gründung des Deutschen Reiches durch Bismarck und die dreiundvierzig Friedensjahre unter drei deutschen Kaisern wurden ausführlich besprochen, ohne dabei in unsachliche Deutschtümelei zu verfallen. Unmerklich stärkten diese Unterrichtsgespräche das lädierte nationale Selbstbewußtsein der Mädchen. Sie waren ja gewöhnt gewesen, vaterländisch zu denken. Jetzt war ihnen der Boden unter den Füßen weggezogen, und sie mußten sehen, wo sie neuen Halt fanden.
Die jüngste Vergangenheit und die Gegenwartsgeschichte schob Fräulein Schmidt auf das nächste Schuljahr. Wer weiß, wie sich die Zeiten entwickeln würden. Es war schwer, in die nächste Zukunft zu schauen.
Den Deutschunterricht nach diesen Richtlinien zu erteilen war ungleich leichter. Niemand konnte es der engagierten Lehrerin verübeln, daß sie die Klassiker des ausgehenden achtzehnten und des neunzehnten Jahrhunderts etwa bis zu dessen Mitte intensiv besprach, war doch diese Zeit die Blüte der deutschen Geisteswissenschaften. So erweckte sie in ihren Schülerinnen einen berechtigten Stolz auf deutsche Kunst und Kultur. Es war also doch nicht alles schlecht, was deutschen Namen trug. Im Gegenteil: Goethe und Schiller, Lessing und Klopstock hatten ebenso deutsches Kulturgut in alle Welt getragen wie Bach, Beethoven und Schumann.
Diese Form des Unterrichts war wichtig für das kleine Fräulein Schmidt. Sie war sich ihrer Verantwortung bewußt und bekannte sich zu ihr.
Der Rückgriff in die deutsche Vergangenheit war genau der Stab, der ihnen Halt bot. Daß bei der Ausführlichkeit, mit der Goethes Faust behandelt wurde, Thomas Mann und Gerhart Hauptmann zwar noch gestreift wurden, Bert Brecht und Ilja Ehrenburg aber nur noch am Rande Beachtung finden konnten, war bedauerlich und entsprach nicht den Tendenzen der waltenden Schulbehörde. Fräulein Agnes

Schmidt wußte, daß sie sich am Abgrund bewegte. Sie nahm das Risiko auf sich.
Die Schulleitung war Herrn Oberstudiendirektor Flögel übertragen worden, dessen Vergangenheit in nazi-politischer Hinsicht unbefleckt war. Er gab neben seinen Amtsgeschäften Unterricht in Physik und Chemie, Fächer, die weder vor noch nach dem Umsturz verfänglich waren. Am Periodensystem der Elemente ließ sich eben nicht deuteln. Der sachlich-penible Mann, dessen ernstes Gesicht selten durch ein Lächeln erhellt wurde, hatte unter den Schülerinnen weder Vorlieben noch Abneigungen.
Eva hatte gern Chemie. Es war eine lebendige, grundlegende Wissenschaft, die neugierig machte. Da sie aber von ihrer Crimmitschauer Schule her ihre Versetzung in die Unterprima – hier hieß das Klasse elf – bereits in der Tasche hatte, ließ sie die Zügel etwas schleifen, hing ihren Gedanken nach, verpaßte den Anschluß und stotterte herum, wenn sie aufgerufen wurde. Direktor Flögel mußte sie mehr als einmal zur Ordnung rufen.
»Fräulein Brandt, wenn Sie weiter so uninteressiert sind, gibt das eine Note, die Ihre Versetzung gefährdet.«
Eva reagierte selbstbewußt: »Aber die habe ich ja schon, Herr Direktor!«
Die Klasse war starr. Gespannte Stille breitete sich aus.
»Das wird sich notfalls korrigieren lassen, Fräulein Brandt.«
Evas selbstbewußtes Lächeln erstarb. Eine tiefe Röte zog sich über ihr Gesicht. Sie wußte, daß sie auch in Latein und Mathematik nachzuholen hatte. Für das ehrgeizige Mädchen war es undenkbar, eine Klasse zweimal durchlaufen zu müssen. Was hätte der Vater dazu gesagt!
Die letzten Monate vor der Versetzung büffelte Eva-Maria so, daß sie mit Ach und Krach zu Beginn der Sommerferien in die nächste Klasse kam. Daß ihre Rückstände von der Crimmitschauer zur Görlitzer Schule beträchtlich waren, sah sie ein. Allein war das nicht zu schaffen. Sie nahm Nachhilfestunden,

zunächst in Mathematik, bei dem Vater einer Mitschülerin, der zu den beliebtesten Lehrern der Schule gehört hatte. Jetzt saß er zu Hause und verdiente sich auf diese Weise ein paar Mark – weil er Parteigenosse der NSDAP gewesen war. Eva mochte den stillen, freundlichen Mann, der sein Schicksal mit so viel Würde trug. Sie gab sich Mühe, aufmerksam und fleißig zu sein, obwohl sie in dem halbdunklen Arbeitszimmer des Lehrers stets eine Müdigkeit überfiel, gegen die sie nur schwer ankämpfen konnte.

Inzwischen wurde die Ernährungsfrage immer schwieriger. Ihren unschätzbaren Vorteil, von der Firma des Vaters begehrte Tauschmittel zu bekommen, nutzten die Brandt-Kinder unermüdlich. Sie fuhren mit Kerzen, Soda und Kartoffelmehl aufs Land und tauschten Obst, Gemüse und Eier dafür ein, Dinge, die Seltenheitswert gewonnen hatten. Dennoch – es war immer eine Bettelfahrt, wenn sie mit vollem Rucksack auf einem Bauernhof ankamen, ihre Tauschware anpriesen und dann um ein paar Eier oder etwas Butter baten. Die Zeiten hatten sich gewandelt. Die »Gnädigen« waren jetzt die Bauern, die früher mit Körben voller Eier und Butter auf der gewendelten Treppe in der Moltkestraße gestanden hatten und sich freuten, wenn ihre Ware Absatz fand.

Eva-Maria unternahm diese Nachkriegs-Hamsterfahrten meistens allein. Nach dem Schulunterricht, der bis halb zwei dauerte, setzte sie sich aufs Fahrrad, den gut gefüllten Rucksack auf dem Gepäckständer, und fuhr los, Richtung Rauschwalde, und von da über die Dörfer. Es war beschämend und erniedrigend, wie oft sie von einem Hof gewiesen wurde. Aber Eva war ehrgeizig, nicht nur in der Schule. Sie hielt durch, verscherbelte ihre Kerzen und ihr Backpulver und kam stolz mit sechs Eiern und einem Rucksack voller Gurken heim. Tante Irma gestand ihr ein »Schlagei« zu, eine herrliche, im Glas geschlagene Ei-Zucker-Spezialität. Die Gurken bestimmten für ein paar Tage den Speiseplan in der Moltkestraße.

Martin brachte eines Tages einen großen Sack Zuckerrüben heim. Es war eine Hundearbeit, die Rüben in kleine Schnipsel zu zerschneiden. Gekocht wurden sie in einem großen Trog im Waschkeller. Die ganze Nacht hindurch mußte das Feuer unter dem Trog mittels Ästen und Holzscheiten am Brennen gehalten und der zähklebrige Rübenschnitzelbrei umgerührt werden, bis nach vielen Stunden endlich der Zuckerrübensirup, eine dunkle, honigartige Masse, abgefüllt werden konnte. Sie wechselten sich alle dabei ab, wobei die meiste Zeit die unermüdliche Tante Irma übernahm. »Ihr Kinderchen müßt doch zur Schule«, beharrte sie und übersah dabei, daß die »Kinderchen« mit fünfzehn, achtzehn und einundzwanzig Jahren dem Erwachsensein näher als der Kindheit waren, aber auch, daß sie selbst den ganzen Tag bei ungewohnter Arbeit auf den Beinen war.
Der Winter 1946/1947 war hart und bitterkalt. Es war, als wollte die Natur die ohnehin gebeutelte Bevölkerung zusätzlich bestrafen. Das Selbstbewußtsein der Deutschen war zerbrochen. Nach allem Leid, das die Menschen durch Opfer, Entbehrung und Armut erlitten hatten, wurde ihnen von Seiten der Siegermächte eingehämmert, was für eine Schande es sei, Deutscher zu sein; daß das ganze deutsche Volk eine Pauschalschuld treffe für alle Verbrechen, die in seinem Namen begangen wurden. So intensiv und hartnäckig wurde das Deutschtum angeprangert, daß, wer sich deutsch fühlte, noch jahrzehntelang beschämt sein Haupt glaubte verhüllen zu müssen. Selbst der nachfolgenden Generation wurde dieses Schuldgefühl eingeimpft und führte zu politischen Zugeständnissen, die schwerwiegend und weitreichend waren. In aller Welt wurden deutsche Verbrechen verurteilt. Von den unerhörten Greueltaten, die Polen und Russen an Millionen deutscher Vertriebener begingen, durfte nur geflüstert werden. Und dies nicht nur in den ersten Nachkriegsjahren, sondern noch Jahrzehnte danach. Die uralte Devise: Wer siegt, hat recht, fand wieder einmal ihre Bestätigung.

In Görlitz fanden die Sieger ein städtebauliches Kleinod vor, das mit kostbaren Häusern und Straßenzügen von dem Jahrhunderte währenden Wohlstand seiner Bewohner zeugte. Die unzerstörte Stadt, deren zum großen Teil geflüchtete Einwohner nur teilweise wieder zurückgekehrt waren, bot reichlich Platz für die aus dem Osten hereinströmende Besatzungsmacht. Russische Offiziere etablierten sich in den Villenvierteln Mühlweg/Moltkestraße und in der Goethestraße. Sie ließen ihre Frauen nachkommen und führten ein Leben, wie es in der Sowjetunion undenkbar war. Sie schöpften aus einer Fülle, die für die deutsche Bevölkerung unvorstellbar war. Dennoch war auch dies nicht zu vergleichen mit dem Überfluß, der ihren westlichen Verbündeten zur gleichen Zeit so selbstverständlich war.

Eva und Katharina hockten oft an den Fenstern des großen Eßzimmers in der Moltkestraße 3, dessen Einrichtung der unermüdliche Martin Stück für Stück herbeigeschafft hatte, und beobachteten die russischen Frauen, die an ihrem Haus vorbeischlenderten. Sie gingen alle auffällig langsam, allein oder zu zweit, und schienen nichts anderes zu tun zu haben, als Kinder in die Welt zu setzen. Dabei waren sie ohnehin so füllig, daß es schwer war zu unterscheiden, ob es sich um eine Schwangerschaft oder um Fettleibigkeit dank üppiger Mahlzeiten handelte.

»Die führen ein Leben!« seufzte Katharina. »Was haben wir bloß verbrochen, daß wir dauernd hamstern gehen müssen, um einigermaßen satt zu werden.«

Sie kaute auf einem winzigen, säuerlichen Apfel herum, aus dem sie sorgfältig die Made mit allen Gängen herausgeschnitten hatte, so daß kaum noch etwas übriggeblieben war.

Eva sah einer korpulenten russischen Frau nach, die gerade um die Mühlwegecke verschwand, und stellte zufrieden fest: »Bloß gut, daß es noch jemanden gibt, der dicker ist als ich.«

Sie betrachtete ihre zierliche Schwester und setzte resignierend hinzu: »Ich hab auch immer Hunger, aber mir sieht man's nie an.«

Eine Radtour

Im Juli war der Umzug von Crimmitschau nach Görlitz in die Wege geleitet worden. Trobach und Stadtler, die treuen Prokuristen der Firma Herbert Brandts, die auch in der Abwesenheit ihres Chefs den Betrieb in seinem Sinne weiterführten, hatten den Transport der wenigen Möbel aus dem sächsischen Städtchen nach Görlitz veranlaßt. Auf den letzten der Firma verbliebenen Lieferwagen, der mit einem der üblichen Holzkohlenvergaser angetrieben wurde, verlud man das Mobiliar und einige Kisten mit kleineren Haushaltsgegenständen. Dabei mußte für zwei Säcke Holzkohle auf der Ladefläche Platz ausgespart werden. Tukkernd setzte sich das überladene Gefährt endlich in Bewegung.
Die Straßen waren schlecht, teilweise aufgerissen durch Granaten und Kämpfe. In den Straßengräben lagen zerschossene Autos, zertrümmerte Leiterwagen und weggeworfene Lasten, die die Fliehenden nicht mehr hatten tragen können. Noch ein Jahr nach Kriegsende war Deutschland ein getretenes, zerstörtes Land.
In einem Dorf kurz vor Dresden streikte der Holzkohlenvergaser, ein seitlich neben dem Fahrerhaus angebrachter Metallbehälter von der Größe eines anderthalb Meter hohen Fasses. Der Motor stand still und ließ sich nicht wieder in Gang setzen. Es blieb nichts anderes übrig, als die Möbel, die Kisten und – das Kostbarste der Ladung – Martins Fahrrad bei einem hilfsbereiten Bauern unterzustellen. Der Lieferwagen wurde in eine Hofecke geschoben und blieb dort, bis nach längerer Zeit ein Mechaniker aus Dresden den Schaden gefunden und behoben hatte.
Der Fahrer aus der Görlitzer Firma begab sich zu Fuß zum Bahnhof Dresden und fuhr nach stundenlangem Warten in einem überfüllten Eilzug nach Hause.

Bei Brandts war die Enttäuschung groß, als der erwartete Möbeltransport ausblieb. Jedes Stück schien unersetzlich, und obwohl es sich nicht gerade um Kostbarkeiten handelte, trug es doch zum bequemeren Wohnen bei. Vor allem Martin hatte sehnsüchtig auf sein Fahrrad gewartet. Ein Fahrrad hatte in diesem Sommer 1946 einen unschätzbaren Wert. Es war das einzige Transportmittel, auf das man sich verlassen konnte und das einen herrlich bewegungsfrei machte. Es war vor allem ein wichtiges Transportmittel für Hamsterfahrten aufs Land, auf die Küche und Haushalt angewiesen waren.
Beim Abendbrot – es gab Buttermilchsuppe mit Kartoffelstückchen drin, dazu eine Scheibe klitschiges Graubrot mit Leberwurstersatz – verkündete Martin der staunenden Tischrunde:
»Ich fahre morgen nach Dresden. Eine Fahrkarte habe ich schon.«
Katharina ließ den Löffel in die Suppe fallen.
»Was willst du denn plötzlich in Dresden?«
»Mein Fahrrad holen«, antwortete Martin ruhig.
Tante Irma wiegte den Kopf. »Die Zeiten sind so unsicher, Junge. Muß das denn jetzt sein? Ich fühle mich doch für euch alle verantwortlich.«
»Ihr müßt euch deshalb nicht aufregen. Schließlich war ich zwei Jahre im Krieg und bin doch wieder heimgekommen.«
»Und was ist mit der Schule, Jungchen?« Für Tante Irma war der gewesene Leutnant noch immer das »Jungchen«.
»Ich hab mich abgemeldet.«
»Geht das so einfach? Muß ich dir nicht einen Entschuldigungszettel schreiben?«
»Brauchst du nicht. Ich bin fast mündig. Man glaubt mir auch so.«
Eva und Katharina bewunderten den Bruder.
»Woher hast du denn die Adresse? Das ist doch irgendwo auf einem Dorf. Und wie kommst du zurück? Nimmt die Bahn denn auch Fahrräder mit?«

Martin grinste. »Wenn ich mein Rad habe, brauche ich keine Eisenbahn.«
Ein bißchen ängstlich war es den Schwestern doch. Sie waren den ganzen nächsten Tag unruhig, solange sie Martin auf der Reise wußten. Tante Irma blieb ruhig. Wenn sie sich auch Sorgen machte, so merkte man ihr das nicht an.

Martin war sehr früh aufgestanden. Als er in die Küche kam, stand Tante Irma da, reichte ihm eine Tasse heißen »Muckefuck« und einen Beutel mit zwei Äpfeln und Margarinebroten. »Teil es dir ein, Jungchen.«
Martin strich sich Zuckerrübensirup auf sein Brot.
»Kannst du mir noch etwas Geld geben, Tante Irma? Ich muß ja noch ein Stück mit dem Bus fahren. Und auf dem Rückweg will ich wirklich mal versuchen, ob mich die Bahn samt Rad mitnimmt. Hundert Kilometer sind ja doch ein bißchen viel für einen Tag.«
Die Bahnfahrt wurde Martin lang. Der Zug hielt an jeder Station, entließ jedesmal Scharen ausgemergelter Städter, die mit leeren Taschen und Rucksäcken aufs Land zogen in der verzweifelten Hoffnung, sie möglichst prall gefüllt mit Eßbarem nach Haus zu bringen. Wie oft wanderte dabei ein geliebtes Schmuckstück oder altes Familiensilber auf einen Bauernhof, wie oft wurden die »Bettler« mit unwirschen Worten fortgetrieben von den Bauern, denen sie längst lästig waren.
Martin stand eingezwängt zwischen Koffern, Kisten und Menschen am Zugfenster und sah die Landschaft vorbeigleiten, die inmitten trostloser Verheerungen, zerstörter Städte und Dörfer, aufgepflügter Straßen hier und da doch kleine Inseln der Idylle zeigte: Einen stillen Wald oder morgenfrische Wiesen. Die Äcker wurden hier bestellt, und in den Ortschaften wurde aufgeräumt. Überall regte sich wieder Fleiß, zeigten sich Hoffnung und Lebenswille.
Für Martin war das selbstverständlich. Menschen seines Al-

ters verzweifelten nicht. Sie überlegten, wie sie der Situation Herr werden konnten, und fanden Wege, sie zu meistern. Sie hatten erstaunlich wenig Angst und Mutlosigkeit. Sie waren durch die Kriegsjahre geprägt und fanden sich in den Nachkriegsjahren mit ihren Schwierigkeiten zurecht.
Nach etwas mehr als zwei Stunden schob sich Martin auf dem Dresdner Hauptbahnhof zur Abteiltür, kletterte die hohen Eisenstufen hinunter und stand einen Moment unschlüssig auf dem Bahnsteig, als ob er erwartete, daß ihn jemand abholen könnte. Unter dem riesigen zerstörten Bahnhofsdach, in dessen Metallstreben die Zacken zerbrochener Scheiben steckten, wuselte eine ärmliche Menschenmenge in phantasievoller Kleidung. Manche liefen aufgeregt und nervös durcheinander, fragten nach diesen und jenen Zügen; andere saßen geduldig oder apathisch auf ihren Koffern, vielleicht schon Stunden, weil die meisten Züge Verspätung hatten. Martin drängte sich durch das Gewühl und strebte den Ausgängen zu. Vor dem Bahnhof blieb er stehen, sah rechts und links die zerstörten Straßen entlang. Die Trümmer waren nur notdürftig von der Straßenmitte geräumt, damit der geringe Verkehr nicht ins Stocken geriet. Er bestand weniger aus Autos als aus Straßenbahnen, Stadt- und Fernbussen.
Martin ging von Haltestelle zu Haltestelle, um den für ihn richtigen Bus zu finden. Endlich entdeckte er einen nach Grumbach, der ihn unterwegs in dem Dörfchen absetzte, das nur aus wenigen Gehöften bestand und nicht einmal eine Kirche hatte. Er fand den Hof, den er suchte, sah auch in einer Hofecke den Firmenlieferwagen stehen, und klopfte an die halboffene Tür des Wohnhauses. Von drinnen schlug ihm der Geruch gekochter Kartoffeln entgegen, und darüber lag der Duft zerkochten Rindfleisches. Martin klopfte noch einmal, stieß die Tür vorsichtig auf und stand in einem schmalen Hausflur, in dem zwei Türen offenstanden, rechts die zur Bauernstube, links die zur Küche. Eine kräftige Frauensper-

son werkelte am Herd. Sie sah auf, bemerkte Martin, und gerade als sie in schönstem Sächsisch fragte: »Sä, was woll'n Sä hia?« kam aus der Stube der dazugehörige Bauer und ranzte Martin an: »Mir gäm nischt mehr. Sä genn wieda gähn.«
Es dauerte eine Weile, bis Martin ihnen den Grund seiner Reise klargemacht hatte. Er zeigte ihnen das lächerliche Stückchen Pappe, das zur Zeit allen Deutschen in der russischen Besatzungszone als Ausweis diente, und dazu einen Schreibmaschinenbrief mit dem gedruckten Firmenbriefkopf der Firma Herbert Brandt.
Es dauerte alles seine Zeit. Erst wurde ein Brille gesucht, dann das beeindruckende Schriftstück ausführlich studiert, und schließlich wurden Martin drei köstliche Kartoffeln angeboten, deren Duft ihn schon ganz schwach gemacht hatte. Er war jetzt seit sieben Stunden unterwegs, und die Äpfel und die Margarinebrote hatte er schon im Zug verspeist. Hungrig schlang er die heißen Kartoffeln hinunter, griff dann in seinen Rucksack und »bezahlte« mit zwei weißen Stearinkerzen, die er für solche Fälle eingesteckt hatte. Das trug ihm noch einen üppigen Nachtisch in Form von einem Glas Milch ein, das er dankbar hinterherschüttete. Damit hatte die sächsische Gastfreundschaft ihre Grenzen erreicht. Den Topf, aus dem der Fleischgeruch kam, hatte die Bäuerin vorsichtshalber gar nicht geöffnet.
Der Bauer und Martin gingen über den Hof, das Scheunentor wurde aufgestoßen, und Martin sah im matten Halbdunkel der riesigen Scheune die Crimmitschauer Möbel, sorgfältig übereinandergetürmt, so daß ihm die ganze Habe verschwindend gering erschien. Vorn an den Möbelaufbau war sein Fahrrad gelehnt. Er nahm es, prüfte, ob es in Ordnung und fahrbereit war, und bedankte sich bei dem Bauern. Der nickte nur, schloß das Tor und zog kräftig an seiner Pfeife, aus der der herbe Geruch selbstgezogenen Tabaks stieg.
Martin stieg auf und trat in die Pedale. Es war schon nach ein Uhr, und er hatte noch einen langen Weg vor sich.

Die Strecke, die er mit dem Bus zurückgelegt hatte, brachte er in einer knappen Stunde hinter sich. Dann stand er wieder vor dem Dresdner Hauptbahnhof und studierte die Fahrpläne. Nach Görlitz fuhr vor dem späten Abend kein Zug mehr, und Martin hatte keine Lust, den halben Tag in den Trümmern Dresdens zu verbringen. Er ging zum Schalter und löste für sich und sein Fahrrad eine Karte bis Bautzen.
Das Rad kam im Gepäckwagen unter, als der Zug schnaufend und zischend auf dem Gleis hielt. Martin gelang es, sich in das angrenzende Abteil schubsen zu lassen. Wieder war der Wagen so vollgepfercht, daß niemand hätte umfallen können. Da Martin mitten im Abteil stand, verkürzte ihm auch kein Blick aus dem Fenster die ungemütliche Fahrt. Der Zug schlingerte in den ausgefahrenen Gleisen hin und her. Mehr als eine Stunde klammerte sich Martin an das Gestänge der Gepäcknetze. An jeder Station hoffte er auf eine Änderung seiner Situation. Aber in diesem Abteil tat sich nichts. Alle fuhren bis Bautzen. Dort versuchte Martin so schnell wie möglich zum Ausgang zu kommen. Er ließ sich mit dem Gedränge in Richtung Tür schieben, nachgiebig und fatalistisch. Als er sich draußen dem Gepäckwagen näherte, stand sein Fahrrad schon auf dem Bahnsteig, an den Waggon gelehnt. Martin hastete vorwärts und atmete auf, als er die Lenkstange umfaßte.
»Nu mal langsam, junger Mann. Hamse ‘ne Nummer?«
»Ach ja, natürlich.« Martin nestelte den roten Schein aus der Brusttasche seines Baumwollhemdes. Sichtlich erleichtert schob er das Rad zum Ausgang. Es hätte ja auch ein anderer mitnehmen können, wie es da so stand. Fahrräder waren Luxusartikel.
Er fuhr durch die alte Stadt, deren Kern bedrückende Zerstörungen aufwies. Um Bautzen war in den letzten Kriegswochen hart gekämpft worden. Und so schnell ging es mit den Aufräumarbeiten auch nicht voran. Die Menschen hatten erst

einmal genug zu tun, sich durch alle Nöte und Engpässe der Lebenshaltung zu schleusen. Sie mußten fleißig, gewitzt und erfinderisch sein, um sich über Wasser zu halten. Was bedeuteten in dieser schweren Zeit schon die Trümmer geborstener Häuser! Man ging zunächst einmal einfach drumherum.
Auch Martin fuhr um die Trümmer herum. Er fuhr unterhalb des Bautzener Gefängnisses die Straße entlang und konnte nicht ahnen, daß sich hinter diesen Mauern sein Vater befand. Er hatte nur im Sinn, so schnell wie möglich nach Hause zu kommen.
Irgendwo am Straßenrand stand ein gelbes, verbeultes Schild mit der schwarzen Aufschrift GÖRLITZ, darunter stand etwas kleiner LÖBAU, 21 km. Deutlich waren zwei Einschüsse auf dem Blech zu sehen.
Martin fuhr in Richtung Görlitz. Russische LKWs kamen ihm entgegen. Dann trat er jedesmal heftiger in die Pedale. Es war keine Seltenheit, daß solche Wagen anhielten, die Fahrer ausstiegen und das Rad konfiszierten. Ohne viele Worte wurde es dem Besitzer weggenommen und auf den LKW geworfen. Wer protestierte, bekam die Gewehrmündung oder den Kolben in den Bauch gerammt.
Martin wußte natürlich, daß sein Pedalstrampeln nicht viel genützt hätte, aber er wußte auch, daß in solchen Fällen die entgegenkommenden Wagen weniger gefährlich waren als die hinter ihm fahrenden. Und er hatte Glück. Nur ein LKW überholte ihn, und der hatte anscheinend keinen Bedarf an Fahrrädern.
Inzwischen rebellierte Martins Magen wieder. Die drei Kartoffeln des sächsischen Bauern hatten nicht lange vorgehalten. Bei Hochkirch stieg er vom Rad, lehnte es an einen Straßenbaum und sammelte heruntergefallene Äpfel auf. Dabei wußte er, daß er Verbotenes tat, und sah sich absichernd immer wieder um. »Ein Straßenbaum«, dachte Martin schließlich, »ist für jeden da.« Er weigerte sich einfach, über die Ei-

gentumsverhältnisse nachzudenken. Zehn Minuten später stieg er noch einmal von seinem Gefährt, hockte sich gemütlich ins Gras neben der Straße und begann, sich mit seinem grasgrünen Äpfelvorrat zu befassen. Er biß um die Madengänge herum. Was übrig blieb, war hart und sauer. Aber es füllte den Magen, und Martin fuhr gestärkt weiter.

In Reichenbach hatten die Äpfel ihre Sättigungsfunktion erfüllt. Der Magen war wieder leer, und Martin fühlte sich schwach. Am Marktplatz stellte er sein Rad so neben eine Ladentür, daß er es immer im Auge hatte, ging in das Geschäft und verlangte etwas Eßbares.

»Ich habe Geld, aber keine Marken«, sagte er.

Die junge Verkäuferin sah ihn mitleidig an.

»Ich kenn' Ihn' a bissel Quoark gäm, ohne Läbensmittelmoarken.«

Sie reichte ihm einen kleinen, grauen Pappbecher.

Martin bezahlte, lehnte sich draußen an sein Fahrrad – das immer noch da war – und schleckte gierig mit dem Finger die merkwürdige, quarkähnliche Tunke aus dem Becher. Auf dem Pappdeckel stand »Molkenpaste mit Rhabarber«. Es gehörte einige Phantasie dazu, den Rhabarber rauszuschmecken.

Nur noch fünfzehn Kilometer bis Görlitz!

Nach zwei Kilometern wurde ihm übel, dann bekam er Bauchschmerzen.

Als Martin gegen acht Uhr abends in der Moltkestraße ankam, die jetzt Thälmannstraße hieß, war sein Gesicht so grün wie die Äpfel, die unter der Molkenpaste in seinem Magen lagen.

Aber er hatte sein Fahrrad wieder!

Am nächsten Tag mußte er noch einmal in der Schule fehlen.

Die neue Politik

Gleich nachdem Eva-Maria aus Crimmitschau, dem Fluchtort der Familie, nach Görlitz zurückgekehrt war, drängte Martin sie, wie er in die LDPD, die Liberal-Demokratische Partei Deutschlands einzutreten. Die beiden Geschwister waren zu der Zeit noch allein im Elternhaus. Tante Irma kam mit Katharina erst später. »Heute abend ist eine Versammlung im Evangelischen Vereinshaus auf der Kahle, da kannst du dir ein paar Vorträge anhören und dir von der Partei ein Bild machen.«

Eva wollte nicht. »Was soll ich denn in einer Partei? Wir waren doch eben erst in der Hitlerjugend. Ich will nicht schon wieder was Politisches anfangen.«

»Die Hitlerjugend war eigentlich gar nichts Politisches«, überlegte Martin. »Sie gehörte so zu dem Ganzen dazu. Aber jetzt ist es doch etwas anderes. Es gibt Unterschiede. Und man kann auch seine Meinung sagen, wenn sie anders ist als die der anderen.«

»Wirklich?« Eva schabte sich eine von den Möhren, die Martin gegen ein Paket Soda eingetauscht hatte, biß krachend die Spitze ab und sah skeptisch aus. »Ganz so sicher bin ich da nicht. Und was soll das wohl für einen Sinn haben, wenn ich jetzt Parteigenossin werde!«

»Es ist einfach wichtig, daß die bürgerlichen Parteien stark werden gegen den Kommunismus, der sich überall breitmacht. Wir wollen doch nicht von einer Diktatur in die andere geraten. Wir müssen versuchen, nach Möglichkeit ein Gleichgewicht zu finden.«

»Und warum die LDPD, warum nicht die CDU? Ich denke, die gibt's jetzt auch?«

Martin sah seine unpolitische Schwester verblüfft an.

»Woher weißt'n du das?«
»Da sind neulich vor der Schule mal solche Zettel verteilt worden«, nuschelte Eva mit vollem Mund, »von der CDU. Und die wollten auch, daß ich eintrete.«
»Und vor ein paar Wochen ist die FDJ gegründet worden, die sich als einzige FREIE Deutsche Jugend nennt. Das ist die Jugendgruppe der Kommunisten. Und die hat bisher den meisten Zulauf. Siehste, die schlafen alle nicht. Wir müssen auch irgendwo mitmachen, sonst werden wir ganz schön untergebuttert.«
»So, und warum nun LDPD und nicht CDU?« fragte Eva hartnäckig.
»Die LDPD liegt mir mehr«, sagte Martin einfach. »Und außerdem bin ich schon drin.«
Das war ausschlaggebend. Eva-Maria Brandt wurde Parteimitglied bei der LDPD in Görlitz, zahlte zwei Mark Monatsbeitrag und ging mit Martin zu allen Versammlungen. Die noch kleine Gruppe, der als Parteivorsitzender Walter Henke vorstand, wuchs nur langsam. Henke hatte auf der Berliner Straße ein kleines Reisebüro, dem er weniger Zeit widmete als seiner Parteiarbeit, für die er sich mit glühendem Idealismus einsetzte. Der mittelgroße, schmale Mann mit dem schütteren, streng nach hinten gekämmten Haar verstand es, die Mitglieder seines Kreisverbandes zu motivieren und zu begeistern. Eva und Martin klebten Wahlplakate an jede sich bietende Wandfläche in der Stadt und liefen nun selbst Propaganda für »ihre« Partei, stießen aber größtenteils auf Gleichgültigkeit und Ablehnung. Junge Leute hatten andere Dinge im Kopf als Politik, und die Älteren hatten zunächst nichts mehr damit im Sinn. Auch war die Not zu groß, die Zeit wurde gebraucht, um das Nötigste an Nahrungsmitteln und Kleidern zu besorgen. Ein recht kümmerlicher Tauschhandel trieb dürftige Blüten, der wirtschaftliche Aufbau forderte alle Kräfte. Man glaubte auch nicht mehr recht an die Möglich-

keiten irgendwelcher politischen Parteien. In Görlitz wie überall in der Sowjetischen Besatzungszone war der Druck der Besatzungsmacht zu sehr spürbar. Niemand wagte gegen die neue Diktatur aufzubegehren. Die Kommunisten, die in alle verfügbaren Ämter gesetzt waren, buckelten vor den neuen Herren aus dem Osten und übten ihre Macht, die ihnen nicht in die Wiege gelegt war, rücksichtslos an der Bevölkerung aus.

Martin kam eines frühen Nachmittags ins Kinderzimmer, in dem Eva über Schularbeiten saß.

»Haste mal 'ne Stunde Zeit? Wir sollen zu Herrn Henke kommen.«

Eva, froh über die Unterbrechung, stand sofort auf.

»Was sollen wir denn da?«

»Weiß ich nicht. Er hat mir's durch Peter in der Schule sagen lassen.«

»Und wohin?«

»In sein Reisebüro in der Berliner Straße.«

Die Geschwister trabten los, über den fast menschenleer in der Nachmittagssonne liegenden Wilhelmsplatz, der ja jetzt Karl-Marx-Platz hieß und auf dessen Ostseite noch immer der traurige Sockel stand, der bis 1942 das bronzene Reiterstandbild Kaiser Wilhelms I. getragen hatte, das dann eingeschmolzen worden war. Gegenüber gingen sie durch die Straßburgpassage, dann links die Berliner Straße hoch in Richtung Bahnhof.

In seinem kleinen Laden, in dem außer einem Theaterprogramm, einigen Konzertanzeigen und einem Ankunfts- und Abfahrtsplakat der Bahn eigentlich nichts an ein Reisebüro erinnerte, saß Walter Henke hinter einem klapprigen Tischchen und verkaufte gerade zwei Karten des Stadttheaters für »Figaros Hochzeit«. Eva und Martin warteten geduldig neben der Tür, bis der Käufer draußen war.

Henke führte die Geschwister in einen hinter einem Wollvor-

hang liegenden, winzigen Raum, in dem ein ebenso winziger Schreibtisch unter Bergen von Akten, provisorisch gedrucktem oder auch nur mit der Schreibmaschine geschriebenem Propagandamaterial fast zusammenbrach. Es gab zwei Stühle in dem Zimmerchen. Auf einen setzte sich Henke, den anderen bot er Eva an. Martin mußte stehen. »Sie gehören zu meinen verläßlichsten Mitstreitern«, eröffnete Walter Henke das Gespräch. »Darum möchte ich Ihnen heute einen etwas komplizierten Vorschlag machen. Sie wissen, mit welch rücksichtsloser Vehemenz die rote Partei alle ihr von den Sowjets übertragenen Machtbefugnisse ausnützt, um Alleinherrscher der Sowjetischen Besatzungszone zu werden. Sie nennen sich zwar demokratisch, aber ihre Absichten sind von einem Demokratieverständnis weit entfernt. Genauso nennen sie sich revolutionär und machen kein Hehl daraus, daß sie die bürgerlichen Parteien an die Wand drücken wollen. Bei solchen Plänen ist es wichtig, sich der Jugend zu versichern. Und deshalb legen die Kommunisten Wert darauf, daß die FDJ großen Zulauf hat. Sie veranstalten riesige Aufmärsche, Heimatabende, Tanzveranstaltungen und wer weiß was für ihre Mitglieder. Ganz ähnlich den Veranstaltungen der Hitlerjugend übrigens. Kein Wunder, daß die jungen Leute begeistert sind. Deshalb sind sie auch aufnahmebereit für alle kommunistischen Propagandaparolen, bei denen ein ganz wichtiges Thema der Klassenhaß ist. Und damit bin ich wieder am Anfang meiner Rede angelangt.«
Der Kreisleiter sah seine beiden jungen Besucher prüfend an. »Könnten Sie sich entschließen, dieser FDJ beizutreten?«
Die Verblüffung der Geschwister war perfekt.
»Wir sollen in die FDJ? Warum denn das?«
Martin ahnte, daß dahinter eine besondere Absicht stand.
»Es kommt darauf an, diesen Kreis zu unterwandern«, antwortete Henke. »Jugend ist von Jugend am leichtesten zu beeinflussen. Wenn Sie den FDJlern als ebenbürtig erscheinen,

aber hin und wieder und nur so unter der Hand sozusagen eine andere Meinung äußern, als sie ihnen ›von oben‹ eingetrichtert wird, hat das eine viel größere Wirkung, als wenn wir von unserer Partei aus versuchen, sie zu beeinflussen.«
Eva schüttelte den Kopf. »Das sind doch ganz andere Kreise. Wir kennen ja niemanden dort.«
»Das ist ja das Gute. Sie mischen sich unter die Jungen und Mädchen, singen ihre Lieder mit und versuchen, mit ihnen ins Gespräch zu kommen.«
Wieder schüttelte Eva den Kopf. »Das kann ich nicht.«
Henke sah den Bruder an. »Martin – was sagen Sie dazu?«
Martin zögerte. »Ich muß es mir überlegen.«
»Ja, überlegen Sie es sich beide in Ruhe. Irgendwann geben Sie mir Bescheid, ja? Vielleicht noch vor dem nächsten Verbandsabend. – Ich muß Sie ja wohl nicht an die Vertraulichkeit unseres Gesprächs erinnern. Vielen Dank, daß Sie gekommen sind.«
Martin und Eva saßen auf einer Bank auf dem Karl-Marx-Platz und besprachen das Ansinnen ihres LDPD-Kreisverbandsvorsitzenden.
»Ich geh' nicht in die FDJ«, widersetzte sich Eva. »Ich mag diese Leute nicht. Und außerdem – wenn das rauskommt, was soll ich dann meinen Freundinnen sagen? Die Wahrheit ist doch unmöglich.«
Auch Martin konnte sich nicht mit dem Gedanken anfreunden.
»Man wird uns mit Mißtrauen begegnen«, sagte er, »zu Recht.«
Eva kaute an dem Riemen ihrer Strohtasche.
»Ich könnte mit den Jungs und Mädels nicht reden. Sie würden's merken, worauf ich hinaus will. Ich käme mir vor wie ein Spion.«
»Spionage ist es nicht«, meinte Martin bedächtig. »Eher Sabotage.«

Er stand auf. »Ich werde mit Tante Irma darüber sprechen.«
Die Mutter ins Vertrauen zu ziehen, hätte keinen Sinn. Sie war eben erst aus Marburg gekommen und fand sich nur schwer in der veränderten Stadt zurecht. Sie wäre über diese Verbindung mit der kommunistischen Jugend empört und entsetzt gewesen. »Sie sind alle daran schuld, daß euer Vater abgeholt wurde«, war ihre unumstößliche Ansicht.
Tante Irma bewahrte in allen Situationen kühle Distanz. Mit ihr konnte man darüber reden.
»Ja«, sagte Eva-Maria abschließend und stand auf. »Das werde ich auch tun.«
Tante Irma riet ab. »Sie werden sehr schnell merken, was eure Absichten sind. Ihr werdet dort die weißen Raben sein. Es ist auch nicht ungefährlich. Wer sich mausig macht und gegen den Strom schwimmt, wird konfisziert, ohne Rücksicht auf sein Alter.«
»Schlimmstenfalls werden wir wieder rausgeschmissen«, stimmte Martin zu.
»Nicht schlimmstenfalls – bestenfalls! Nein, Martin, macht da nicht mit. Geh zu diesem Herrn Henke und teile ihm mit, daß er in dieser Angelegenheit nicht mit euch rechnen kann.«
Und Martin ging – drei Tage später. In diesen drei Tagen hatte er noch einmal das Für und Wider bedacht. Und nun war er entschlossen, gegen Tante Irmas Rat zu handeln. Er würde doch in die FDJ eintreten, und er würde vorsichtig sein. Die Idee war richtig.
Als er vor dem Reisebüro in der Berliner Straße stand, war es geschlossen. Er klopfte und rüttelte an der Tür und wußte dabei sofort, daß das vergeblich war. Schließlich fragte er im Seifenladen nebenan.
»Der Herr Henke? Nu, dän hamse doch abgeholt, vorgestern. Mit Polizei und in Handschellen. Der hat woll mit seine Partei und solche Sachen zu viel gemosert gegen die neue Obrigkeit, die wa jetze ham. Das ham die ni gerne, da wärn se tücksch.«

Martin stand wie vom Donner gerührt.
»Weiß man, wo sie ihn hingebracht haben?«
Die Seifenfrau zuckte die Schultern.
»Ich weeßes ni – und ich häng' mich doa nich rin. Ins Gefängnis wird a erschte moal gekommen sein.«

Der seit langem anberaumte Kreisparteiabend fand eine Woche später statt. Der Saal im Evangelischen Gemeindehaus war voll. Nahezu alle Mitglieder der Görlitzer LDPD hatten sich versammelt. Sie wirkten zornig und gedrückt zugleich, eine kopflos gewordene Gemeinschaft. Ans Pult trat der stellvertretende Vorsitzende Robert Sommer und teilte der Versammlung offiziell mit, daß Walter Henke verhaftet worden sei. Die Gründe hierzu seien unbekannt.
»Wir wissen bisher nichts Genaueres: Auf jeden Fall bedauern wir ihn.« Das war in der politischen Umgebung, in der sich die kleine Partei zu behaupten versuchte, äußerst mutig.
Dann stellte er sich zur Verfügung, die Geschicke des Kreisverbandes zu lenken, bis sich die Lage geklärt habe. In kurzen Sätzen umriß er seine private, berufliche und nun auch politische Laufbahn und schloß mit dem Vorschlag, über seine einstweilige Ernennung zum Kreisvorsitzenden durch offene Wahl mit Handzeichen abzustimmen.
Die Zustimmung war überwältigend. Nur fünf Neinstimmen und elf Enthaltungen. Die meisten waren froh, daß wieder einer bereit war, die Fäden in die Hand zu nehmen.
Robert Sommer blieb Parteivorsitzender bis 1950. Seit 1946 war er zweiter Bürgermeister der Stadt. Er war ein Mann des Ausgleichs und der Anpassung, wie ihn sich die Funktionäre der größten Partei, der nun entstandenen SED, wünschten. Seinem Beispiel folgten die Vorsitzenden und später auch die Mitglieder der CDU und der NDP. Sie schlossen sich zu den sogenannten Blockparteien zusammen, die mit den Jahren immer mehr an Eigengewicht verloren, bequeme, unterge-

ordnete Vereinigungen, die in der alles beherrschenden Politik der SED und der hinter ihr stehenden Sowjetunion bedeutungslos wurden.

Der Schicksalsweg Walter Henkes verlor sich im Ungewissen.
Vielleicht führte er über Bautzen nach Rußland.
Wie der Herbert Brandts.

Jungsein – trotzdem

Im August wurde Eva-Maria achtzehn. Tante Irma hatte ihr erlaubt, ein kleines Fest zu geben. Dreierlei war dabei wichtig: die Garderobe, das Essen und die Gästeliste.
Was deren weiblichen Teil betraf, gab es keine Schwierigkeiten. Eva lud fünf Freundinnen ein, von denen drei schon ihre festen Freunde hatten. Es fehlten also noch vier junge Männer, denn sie und Katharina waren auch noch »unbemannt«. Martin sprang mit drei Mitschülern ein, die wie er eigentlich längst aus dem Schulalter heraus waren.

Als diese Frage geklärt war, blieben noch die beiden anderen. Es war üblich, daß geladene Gäste mit ein paar Lebensmittelmarken ihren Anteil zum Festessen beisteuerten. So ließ sich ein Kartoffelsalat mit kleingeschnittenen Gurken und Tomaten planen und eine limitierte Anzahl Bockwürste. Martin erbot sich, beim Bäcker Gerlach an der Ecke Emmerichstraße gegen Kartoffelmehl eine Extraportion Roggenbrötchen einzutauschen. Zu trinken gab es neben Selter als große Attraktion selbstgekelterten Wein. Die kleinen Trauben, die an der Südwand des Hauses reichlich wuchsen, hatte Martin im Oktober des Vorjahrs heruntergeholt, zu Maische gepreßt und in einem Kübel gären lassen. Eine langwierige Prozedur, bis aus der trüben Tunke endlich ein klares Getränk herausgefiltert werden konnte, das tatsächlich einem bekömmlichen, recht sauren Wein ähnlich war. Immerhin füllte es ein rundes Dutzend Flaschen und wurde sorgfältig in Vaters Weinkeller verwahrt, der ansonsten leer war. Weihnachten hatte die erste geöffnete Flasche noch leicht bitter geschmeckt. Der Wein war zu jung und brauchte noch Lagerung. Jetzt aber war er gereift, und Martin spendierte fünf ganze Flaschen.

Der in den Nachkriegsmonaten üblicherweise gereichte »Fusel«, ein meist selbstgebrannter Kartoffelschnaps, wurde von Tante Irma abgelehnt. Nur allzu leicht überschritten die jungen Leute ihre Grenzen. Ein riesiger Nachholbedarf auf allen Gebieten machte sich unter ihnen breit, das Gefühl, etwas versäumt zu haben, gemischt mit uneingestandenen Ängsten, es könnte schon bald wieder ein Krieg kommen und mit ihm die eben überstandenen schrecklichen Jahre.

Ein ungeheurer Lebenswille bestimmte das Denken und Handeln vor allem der jungen Menschen. Die Jugend der Jahrgänge 1920 bis 1930 war eigentlich übersprungen worden. Durch Ernst, Angst und Trauer waren sie gegangen. Jetzt wollten sie endlich fröhlich sein. Dazu waren ihnen Mittel recht, deren Folgen sie oft nicht übersahen. Das aber mußte in normalen Bahnen gehalten werden.

Im Hause Brandt hatte Tante Irma das Zepter in der Hand. Sie war zu keinem Risiko bereit. Bei allem Verständnis für ihre Schützlinge mußte sie doch dafür sorgen, daß keiner etwas zu bereuen hatte. Also: Wein (in Maßen), Wasser und Apfelsaft, aber kein Fusel. Es war nie gut, von einem Extrem ins andere zu fallen. Daß aber die bevorstehende Geburtstagsfeier nach den gegebenen Möglichkeiten liebevoll ausgerichtet wurde, war das Anliegen der mütterlichen Frau. Sie wußte: Eva-Maria litt darunter, daß die Mutter keine Anstalten machte, nach Görlitz zurückzukehren. Sie blieb in Marburg bei Emmy und Johannes.

Auch der Tag, an dem ihr drittes Kind das bemerkenswerte Alter von achtzehn Jahren erreichte, war für sie kein Anlaß, die Heimreise anzutreten. Das Haus ohne Herbert würde ein Schock für sie sein. Sie schrieb einen liebevollen Brief und schickte ein Päckchen, das wochenlang unterwegs war und lange nach dem Geburtstag eintraf.

Eva-Maria wurde nur schwer mit der Enttäuschung fertig, zum ersten Mal in ihrem Leben an diesem Tag ohne beide Eltern zu sein. Ihre dankbare Liebe zu Vaters Schwester wuchs in diesen Wochen.

Da es ab achtzehn Zigarettenmarken gab, hatte Eva mit zäher Energie rauchen gelernt. Sie hielt das für unumgänglich als Zeichen eines beginnenden Erwachsenseins. Martin hatte in den Blumenkästen auf den hinteren Balkons Tabakpflanzen gezogen, für die man nach Größe und Gewicht beim Tabakwarenhändler auch ohne Marken Zigaretten bekam. Eva erwarb von ihm zwei der ziemlich locker gefüllten, oval gepreßten Stengel – gegen einen Teil ihres von Tante Irma zugeteilten Taschengeldes, Martin war ein unbestechlicher Geschäftsmann –, schloß sich in Emmys ehemaliges Jungmädchenzimmer ein und begann vor dem Spiegel zu rauchen. Immer tiefer versuchte sie den Rauch einzuziehen, bis sie plötzlich selbst merkte, wie sie grün im Gesicht wurde. Mit einem Hechtsprung rettete sie sich aufs Bett, das mit ihr zu schaukeln begann, ob sie die Augen offen hatte oder geschlossen. Sterbensübel war ihr dabei. Sie konnte nichts weiter tun als abwarten, bis sich dies Elend wieder verzogen hatte. Zum Abendessen erschien sie kreidebleich, aber mit glänzenden Augen und verkündete: »Ich kann jetzt rauchen!«

Die so wichtige Garderobenfrage war inzwischen auch befriedigend gelöst worden. Beide Schwestern waren zu Theodor Otto gewandert, dem Textilgeschäft in der Berliner Straße, in dem im ersten Stock eine Tauschzentrale florierte. Eine große Menge Kleider, Blusen, Röcke, Schuhe und Handtaschen ging dort von Hand zu Hand. Jedes angelieferte Stück bekam ein Preisschildchen angeheftet und wurde damit zur feilgebotenen Ware. Wer nichts Passendes für sich fand, bekam dann den Preis ausbezahlt. Aber irgend etwas ergatterte man immer. Was der eine nicht mehr mochte, war für den andren neu und nützlich. Eva kam auf diese Weise zu ihren ersten hochhackigen Pumps, mit denen sie sich überaus erwachsen vorkam.

Obwohl Görlitz in den ersten Nachkriegsjahren wenig bot, was den Erlebnishunger und den Nachholbedarf einer Jugend, die sechs Jahre Krieg hinter sich hatte, stillen konnte, hatten die jungen Leute dieses Wenige schnell herausgefunden. In den Kinos liefen die ersten Filme an, im Weinberghaus gab es dünnen »Muckefuck« und strohtrockenen Streuselkuchen. Mittags standen die Schüler von der »roten« und der »blauen Penne« vor dem Lyzeum und holten ihre »Flammen« ab, und nachmittags gingen sie paarweise auf die Landeskrone oder in den Schellergrund. Abends wurden Feste gefeiert, so oft es ging und sie nur den leisesten Anlaß dazu hatten. »Hausball« wurde das hochtrabend genannt, vielleicht aus neidvoller Sehnsucht nach dem, was ihnen ihre Mütter von ihrer Jugend erzählt hatten. Die jungen Mädchen zogen sich phantasievolle Kleider an, die sie aus irgendwelchen Stoffresten oder Vorhängen zurechtgeschneidert hatten. Statt Blumen brachte man der Hausfrau Lebensmittelmarken oder Naturalien. Und es wurde getanzt! Auf einen Plattenspieler – man nannte ihn noch Grammophon – wurden die schwarzen Schellackplatten gelegt, und dann erklangen »Wochenend'

und Sonnenschein, und du und ich im Wald allein ...« oder »Ich brauche keine Millionen, mir fehlt kein Pfennig zum Glück ...«. Sie tanzten und sie sangen dazu, sie waren verliebt und eifersüchtig, sie, die mit einem Schlage alles das haben wollten, was sich bis dahin ihrem Jungsein verweigert hatte.
Eva, die trotz der allgemein kärglichen Ernährung zur Fülle neigte – »Kälberspeck«, nannte es Tante Irma tröstend, »aber gut proportioniert« – drehte sich in dem neuen Theodor-Otto-Fähnchen vor dem zu kleinen Spiegel, in dem man nur die obere Körperhälfte, und, wenn man auf einen Stuhl stieg, die Unterpartie sah.
»Ach, Katharina«, seufzte sie, »ich könnte vor Neid erblassen, wenn ich deine dünne Grazie sehe.«
Katharina, die damit beschäftigt war, das dreizehnte Loch in ihren Strümpfen zu stopfen, reagierte gelassen.
»Dafür kriegst du beim Tanzen mehr Schwung.«
In der Küche stand Tante Irma vor einer Riesenschüssel Kartoffelsalat und schnitt großzügig die letzte grüne Gurke hinein. Da würde es eben morgen zum Frühstück nur Margarinebrote und den Majoran-Grieß-Aufstrich geben, der unter der Bezeichnung »künstliche Leberwurst« die Haushalte erobert hatte. Jetzt war Evas Fest wichtiger. Die länglichen Roggenbrötchen waren sternförmig auf eine Kuchenplatte geschichtet, der in Scheiben geschnittene Margarinewürfel lag auf einem ovalen Teller. Tante Irma betrachtete den Aufbau und dachte flüchtig an ihr elegantes Heim in Danzig, in dem sie an der Seite ihres Mannes viele noble Gesellschaften gegeben hatte. Mit noch nicht fünfzig Jahren war der Arzt an einer Blutvergiftung gestorben. Irma, deren Dasein sich durch den Tod des Mannes einschneidend veränderte, hatte es damals verstanden, das Leben wieder in den Griff zu bekommen, als sie mit drei Kindern zurückblieb. Im Krieg starb ihre Jüngste bei einer Tumor-Operation. Ihr Danziger Heim hatte sie verloren. Ihr Sohn geriet als junger Militärarzt in russische Ge-

fangenschaft. Nur ihre Tochter Helga war hier in Görlitz bei ihr. Tante Irma gelang es mit bewundernswerter Energie, die Fäden, die sich jedem anderen verwirrt hätten, immer wieder geordnet in der Hand zu behalten.

Die Küchentür öffnete sich, und eine aufgeregte Eva-Maria schob sich hinein. »Kann ich dir was helfen?«
»Nimm die Brötchen mit ins Eßzimmer«, wies Tante Irma sie an. »Und stell die Teller und das Besteck vom Buffet auf den Tisch.«
Weingläser hatte der rührige Martin wieder mal durch Tausch organisiert, leider aber nur acht, für die übrigen sechs mußten Saftgläser genügen.
Um Punkt sieben Uhr klingelte es. In Eva-Marias Gesicht schoß eine heftige Röte. Katharina sah sie verwundert an.
»Was is'n los – bist du in irgendwen verknallt?«
»Ach wo, bloß aufgeregt. Meinst du, es klappt alles?«
»Na klar, das wird'n doller Abend – bei der Besetzung!«
Den Tisch im Eßzimmer, dem größten Raum des Hauses, hatten sie an die Wand geschoben, die Teller, Gläser, Bestecke und das bescheidene Mahl darauf drapiert. So blieb in der Mitte des Zimmers genügend Platz zum Tanzen. Das Grammophon stand auf einem Hocker vor dem riesigen, goldbraunen Kachelofen, der ihnen glücklicherweise, weil nicht transportabel, erhalten geblieben war.
Schallplatten hatten sie sich überall zusammengeborgt, und als alle Gäste da waren, als die erste, leichte Verlegenheit verflogen und der Ton lockerer geworden war, stürzten sie sich hungrig auf das Essen und die Getränke, fanden sich paarweise und begannen zu tanzen. Nicht alle waren tanzbegabt. Sie hatten ja in den vergangenen Kriegsjahren, in denen Tanzverbot herrschte, wenig Gelegenheit zum Üben gehabt. Die Mädchen hingen in den Armen ihrer linkischen Partner, ergeben oder ungeduldig, je nach Temperament, und stolperten

über den Fußboden. Wenn dabei hier und da kleine Zärtlichkeiten in die Mädchenohren geflüstert wurden, waren die ungelenken Tanzschritte nicht mehr so wichtig.
Zwei oder drei der jungen Tänzer führten ihre »Damen« geschickt nach Foxtrott- und Walzertakten. Dazu gehörte auch Martin. Er war musikalisch und hatte ein gutes Rhyhtmusgefühl. Und gerade er war es, der während einer Tanzpause, als sich alle hungrig auf Kartoffelsalat und Würstchen stürzten, vorschlug:
»Wollen wir nicht alle in die Tanzstunde gehen? Alle, wie wir hier sind?«
Der Plan wurde begeistert aufgenommen. Die einzige zur Zeit betriebene Tanzschule war die in der Ferdinand-Lasalle-Straße, die einmal Friedrich-Wilhelm-Straße geheißen hatte. Wie alles, was an Preußen erinnerte, hatte auch dieser Name in den Görlitzer Straßenbezeichnungen weichen müssen. Wie »Bismarck«, »Moltke« und »Wilhelm« wurde er gelöscht und durch die Namen nie vorher gehörter Kommunisten und Sozialisten ersetzt. Die Bewohner mußten in ihrem vertrauten Görlitz umdenken. Wenigstens die alten Handwerkerstraßen in der Altstadt hatten noch ihre Namen behalten. Der Obermarkt allerdings war zum Leninplatz geworden.
Vierzehn junge Leute beschlossen an diesem Augusttag 1946, sich gemeinsam bei Frau Neumeyer zum Tanzunterricht anzumelden, die in der Ferdinand-Lasalle-Straße im Erdgeschoß eines gediegenen Mietshauses eine schöne Wohnung mit großzügig geschnittenen Räumen zur Miete hatte, von denen zwei »privat« blieben, während die drei anderen durch stets offene, zweiflügelige Türen miteinander verbunden waren. Hier wurde unterrichtet oder auch an kleinen Tischen geplaudert, die rings an den Wänden postiert waren. Musik kam aus dem Plattenspieler, einem »hochmodernen« Gerät, das zehn Platten zugleich aufnahm und en suite spielte.
Im September fanden sich fast alle Teilnehmer von Evas Ge-

burtstagsfeier dort ein, wurden hochoffiziell miteinander bekannt gemacht (zur Tanzstunde gehörte immer noch der obligatorische Benimm-Unterricht) und bemühten sich mit der Disziplin, die ihre bisherige Erziehung geprägt hatte, die ersten (Tanz-)Schritte in eine von Hoffnung und Erwartung getragene Zukunft zu tun.

Nur Katharina war für dieses Unternehmen mit ihren knapp fünfzehn Jahren noch zu jung. Zwei von Martins Mitschülern hielten die zusätzliche Geldausgabe für überflüssig und ihren finanziellen Möglichkeiten nicht entsprechend.

In den drei »offiziellen« Räumen der Frau Neumeyer schoben sich die Paare im vorgeschriebenen Kreis zu den Klängen der »Caprifischer«, »In the mood« oder »Machen wir's den Schwalben nach ...« herum.

Um zweiundzwanzig Uhr wurden die Lichter gelöscht, denn von dreiundzwanzig Uhr bis fünf Uhr morgens war Sperrstunde. Da waren die Straßen in der ohnehin nicht sehr belebten Stadt wie leergefegt. Frau Neumeyers Tanzschüler ordneten sich erneut zu Paaren, und es war oft spannend, wer wen nach Hause brachte, wenn es sich nicht gerade um »altgediente« Liebespaare handelte.

Eva-Maria wurde von Martin nach Hause gebracht. Sie trennten sich im oberen Stockwerk ihres Elternhauses, nachdem sie mit Hilfe eines riesigen Schlüsselbundes das schmiedeeiserne Einfahrtstor, die Haustür, die schön geätzte Glastür und schließlich oben die Entréetür geöffnet hatten. Martin ging den langen Flur hinunter bis zu seinem notdürftig wieder eingerichteten Jungenzimmer. Eva-Maria zog es wie so oft erst einmal in die Küche, wo sie noch eine Scheibe Brot zu ergattern hoffte. Nicht selten traf sie dort Katharina, die auf dem Küchentisch saß, mit den Beinen baumelte und mit vollem Mund nuschelte: »Da kommst du ja endlich. Willste auch was?«

Das war immer die sicherste Methode, nicht verpetzt zu werden, dieses »Willste auch was?«. Natürlich wollte Eva auch

was, und mit einer dicken Brotscheibe in der Hand hockte sie neben der Schwester und erzählte das Neueste.
»Na?« fragte Katharina, »haste nu endlich 'n Knilch? Biste in einen verknallt?«
Eva seufzte. »Verknallt schon, aber der weiß es nicht. Martin und ich gehen immer zusammen heim. Weißt du, Martin hat auch bloß so'n doofes Mädchen, mit dem er nicht ganz glücklich ist.«
Katharina kaute gleichmütig das rationierte und daher verbotene Brot weiter. »Warum hat er sich die denn ausgesucht, wenn er sie nicht mag?«
Eva krümelte etwas von der kostbaren Sonderzuteilung auf den Tisch. »Die tanzt gut, und er tanzt gern. Und die, die er haben wollte, hat einen andern.«
»So'n Quatsch. Kann er sich denn nicht durchsetzen?« Katharina ergriff sofort Partei. Beide Schwestern liebten den einzigen Bruder zärtlich. Eva-Maria hatte im Moment aber doch mehr Überblick.
»Was willste denn machen, wenn die dumme Kuh sich in einen andern verguckt?« Die »dumme Kuh« war ihre älteste Freundin Anneliese.
Bei aller Freundschaft – Martin stand ihr näher.
»Na, dann sei mal froh, daß du Martin für dich hast«, schloß Katharina das Gespräch und gähnte. »Ich geh' jetzt ins Bett.«
Eva-Maria nickte. »Er fordert mich auch am meisten zum Tanzen auf. Bloß gut, daß wir in der Stunde genau paarweise sind, sonst würde ich wohl meistens sitzenbleiben. Mit so'ner Dicken will keiner tanzen.«
Katharina tätschelte die runden Wangen der älteren Schwester. »Laß mal, Evi – von einem lieben Menschen kann nicht genug da sein.«

Die Tanzstunde fand ihren Höhepunkt in ihrem Abschlußball in der Stadthalle unten am Neißeufer. Nichts war aufregender

für die Tanzschülerinnen als die Garderobenfrage. Ein langes Kleid zu tragen war der Traum der Heranwachsenden von 1946/1947. Dabei gab es kaum Stoff, um sich selbst etwas zu nähen, von Kaufmöglichkeiten ganz zu schweigen. In ganz Görlitz hing kein Abendkleid im Schaufenster, und die Kleiderschränke der Mütter waren durch Krieg und Flucht auch leer. Da wurden mit viel Phantasie alle Möglichkeiten weitgehend ausgeschöpft: Gardinenstoffe, zwei aufgetrennte Kleider zu einem, seidene Morgenröcke von ehedem wurden zu jugendlichen Tanzkleidern umfunktioniert. Der Knüller war der meterlange, hellblau eingefärbte Verbandsmull, den die Arzttochter Brigitte Schulz mit geduldigem Fleiß zu einem reizenden Ballkleid zusammengenäht hatte.
Auch die jungen Herren trugen phantasievolle Anzüge. Nur wenige kamen in abendlichem Schwarz oder Dunkelblau. Meist war das Eleganteste, das sie auftreiben konnten, eine Kombination aus einfarbiger Hose und gemustertem Jackett. Es war das Zeichen der Zeit, und niemand stieß sich daran. Und dies war immerhin eine Zeit, die die gesellschaftliche Etikette der Vorkriegszeit noch nicht abgelegt hatte. Die jungen Ballbesucher von 1947 aber hatten in ihrer armseligen Nachkriegsgarderobe dasselbe erhebende Ballgefühl wie ihre Eltern ein Vierteljahrhundert vorher, die nach dem Ersten Weltkrieg und mitten in der Inflation ähnliche Schwierigkeiten zu überwinden hatten; aber auch dasselbe Gefühl wie ihre Großeltern, die sechzig Jahre früher, eingebettet in eine mehr als vierzigjährige Friedenszeit, ihre Bälle in eleganten Roben besuchten. Hier wie dort waren es erwartungsvolle junge Mädchen, die mit Herzklopfen, mit dem Wunsch, zu gefallen und aufzufallen, mit der Freude aufs Tanzen und einen Flirt kamen. Und die Empfindungen der jungen Herren waren ähnlich. Hier aber mag es Unterschiede gegeben haben. Wer jetzt zum Ball ging, hatte harte Jahre hinter sich. Einige ältere waren Soldaten gewesen und eben aus der Ge-

fangenschaft zurückgekommen. Zu frisch war noch die Erinnerung, zu kurz der Rückblick auf furchtbares Erleben.
Es war doch nicht mit der Jugend der Eltern und Großeltern zu vergleichen.

Eva-Maria betrat an Martins Seite den großen Ballsaal in der Stadthalle von Görlitz. Irgendwoher hatte Tante Irma ein paar Meter rosa Baumwollspitze aufgetrieben, die eine Schneiderin in der Hospitalstraße mit viel Geschick und unter Ausnutzung jeden Zentimeters zu einem langen Kleid mit sacht ausgestelltem Rock und winzigen Puffärmeln verarbeitet hatte. Evchens Fülle wurde geschickt kaschiert durch den sogenannten »Prinzeßstil«, und da ihre Bewegungen trotz ihrer fast siebzig Kilo leicht und grazil waren, wurde sie hin und wieder doch zum Tanzen aufgefordert.
Die Stimmung im Saal war ausgezeichnet. Alle Tische waren besetzt, dazwischen liefen die Gäste mit wohlgefüllten Tellern zu ihren Plätzen. Was es zu essen gab, mußte von den Ständen selbst abgeholt werden, die in den Seitengängen Kartoffelsalat, Bratklopse und mit Margarine und Kochwurst belegte Roggenbrötchen anboten.
Getränke wurden zu den Tischen gebracht: Limonade, Selters, Bier und große Tabletts mit Batterien von Stampern, vollgefüllt mit dem scharfen Fusel, dem Kartoffelschnaps. Wein gab es ebensowenig wie Sekt. Darin unterschieden sich die Bälle von 1947, 1922 und 1885 doch weitgehend. Das Deutschland nach dem verlorenen Zweiten Weltkrieg war bitterarm, es war ein paar Etagen tiefer gerutscht. Seine Jugend, die im Sommer 1947 in der Görlitzer Stadthalle, direkt neben der neuen Grenze zu Polen, ihr Fest feierte, versuchte dennoch, etwas von dem Glanz in ihren mühsamen Alltag zu holen, von dem die Eltern erzählt hatten. Sie waren alle voller Zukunftsneugier. Der Krieg war vorbei, es wurde nicht mehr geschossen und nicht mehr zerstört. Man mußte jetzt mit

dem zurechtkommen, was noch da war, und man mußte neu anfangen.
Sie fingen an mit Fröhlichsein, mit Verliebtheiten, mit einem Schuß Sorglosigkeit, der zur Jugend gehört.
Natürlich war Eva-Maria auch verliebt. Nur hatte sie das Pech, daß der, der das Ziel ihrer Träume war, mit einer ihrer Freundinnen »ging«. Auf diesem Ball tanzte er endlich mit ihr, ahnungslos, welche Gefühle er in ihr zum Aufruhr brachte. Aus irgendeinem Grunde brachte er sie sogar heim. »Heimbringen« war eine unerhört aufregende Angelegenheit. Am Einfahrtstor zum Elternhaus wurde Eva-Maria in ihrem rosa Spitzenkleid geküßt, lange und ausgiebig. Sie dachte weder an Martin, der wohl gerade endlich einmal ein anderes Mädchen nach Hause brachte, noch an die Freundin, die zweifellos verbriefte Rechte auf Küsse solcher Art hatte. Nach dem letzten steckte sie den Riesenschlüssel in das Schloß des schmiedeeisernen Tores, schloß auf und auf der anderen Seite wieder zu, schwebte die Einfahrt zur Haustür entlang und landete Minuten später selig in ihrem Bett im Kinderzimmer, vorsichtig, um Katharina nicht zu wecken. Da lag sie mit offenen Augen, neben ihrem auf den Boden gefallenen rosa Abendkleid, und machte ein Gedicht. Sie war achtzehn Jahre alt, und sie war sich dessen kaum bewußt, daß ihre Jugend fast schon zur Hälfte an ihr vorbeigegangen war, die Zeit, von der ihre Mutter immer gesagt hatte, daß sie die schönste war.
Aber nicht nur diese Äußerlichkeiten bestimmten das Erwachsenwerden. Solange der Vater dagewesen war, hatten die Brandt-Geschwister auch in schwierigen Situationen nie das Gefühl der Sicherheit und Geborgenheit verloren. Erst als er hinter den Görlitzer Gefängnistoren verschwunden war, trat das Leben mit Entscheidungsforderungen an sie heran, merkten sie, daß sie niemanden mehr fragen konnten, daß sie lernen mußten, die Antworten selbst zu finden. Aber Tante Irma war noch da. Auf sie war unbedingter Verlaß, sie war

Rat und Zuflucht für die noch so unerfahrenen jungen Menschen. Die einst so reiche, verwöhnte Frau aus Danzig scheute sich vor keiner Arbeit und Verantwortung. Sie kochte, kaufte ein, nähte, flickte und heizte im Winter die Öfen. Sie leitete die Heranwachsenen in vielerlei praktischen Dingen an, war für sie da, wenn sie ihr Herz ausschütten wollten, und gab ihnen Rat aus der Fülle ihrer Erfahrungen. Ohne Tante Irma wären die Geschwister recht mühsam mit den neuen Gegebenheiten fertig geworden.

Der neuerliche Aufenthalt in ihrer Heimatstadt, in der sie eine unbeschwerte Kindheit verbracht hatten, und das tägliche Zusammensein mit Gleichaltrigen verzögerte das Erwachsenwerden.

Ende September kam Hanna aus Marburg. Sie hatte schwer mit sich kämpfen müssen, diese Heimreise anzutreten. Schließlich siegte ihr Pflichtgefühl über eigene Wünsche, die sie bei Emmy und Johannes in Marburg hielten. Dort wurde sie verständnisvoll umsorgt. In Görlitz warteten Hunger und Entbehrung, das ohne den geliebten Mann so veränderte Haus und drei noch immer schulpflichtige Kinder auf sie. Aber da war auch Irma, die bisher alle Pflichten wahrgenommen hatte, die eigentlich ihr, Hanna, oblagen, und die ihr treu zur Seite stehen würde.

Hanna trat die lange, beschwerliche Reise an. Auf dem Bahnhof in Görlitz standen ihre drei Kinder und starrten der schmal gewordenen Frau entgegen, die mit Mühe die hohen Stufen des Eisenbahnwagens hinunterstieg. Hanna war einundfünfzig, sah aber wesentlich älter aus. Das Leid hatte sie zart und zerbrechlich gemacht. Als sie ihre Kinder sah, stürzten ihr die Tränen aus den Augen. Sie war wieder in der Stadt, in der sie zweiunddreißig glückliche Jahre verbracht hatte und deren Anblick sie erneut in tiefsten Kummer riß. Sie lagen sich weinend in den Armen, Eva und Katharina schluchzten mit, und sogar Martin, der Weichherzige, kämpfte mit den Tränen.

Bei allem guten Willen: Hanna fing sich nicht. Sie brach völlig zusammen und verließ sich auf Irma, die ohne zu fragen und zu zögern die Zügel im Hause Thälmannstr. 3 in der Hand behielt. Dabei wurde Hanna immer schmächtiger und elender. Wenn Eva-Maria mittags aus der Schule nach Hause kam, geschah es immer wieder, daß Tante Irma ihr die Entréetür öffnete und resignierend mitteilte:
»Ich habe deine Mutti ins Bett tragen müssen. Sie hat wieder zu viel Tabletten geschluckt. Wo sie die nur immer her hat?«
Hanna nahm Schlaftabletten, um die traurige Wirklichkeit nicht ertragen zu müssen. Sie nahm sie abends und morgens und in großen Mengen: Nach einigen Wochen möglichst geheimen Ausspionierens kamen die Brandt-Kinder dahinter, daß ihre Mutter das immer noch vorhandene Prestige des Vaters nutzte und alle ihr bekannten Apotheken in der Stadt, die in langen Jahren von der Firma Brandt beliefert worden waren, um Schlafmittel anging. Keiner mochte der bemitleidenswerten Frau ihre Bitte versagen. Sie wußten ja alle nicht, daß Hanna mit ihrem Tablettenröhrchen sofort zum nächsten Apotheker ging und dort dieselbe Bitte aussprach.
Als Eva und Katharina versuchten, das Versteck für den Tablettenvorrat zu finden und die Medikamente wegzunehmen, wurde Hanna böse. Es gab Geschrei und Tränen, und die Schwestern resignierten schließlich.

Hamsterfahrten

Auf dem Wilhelmsplatz – Karl-Marx-Platz – wuchsen in langen Beeten, sorgfältig gepflegt, Kohlrabi, Kohlrüben und Kartoffeln. Die Schülerinnen des Lyzeums flanierten während ihrer Pausen daran vorbei, zu zweien und zu dreien, und kauten die dunklen, klitschigen Roggenbrötchen, die gegen Gutschein bei der Schulsekretärin abzuholen waren. Hungrig waren alle. Für die meisten jungen Mädchen war diese Schulspeisung das einzige Frühstück, und das Mittagessen nach Schulschluß war auch dürftig. Rüben schienen im Nachkriegsdeutschland am besten zu wachsen. Es gab Kohlrüben, Zuckerrüben und Runkelrüben, eine Rübenart, die vorher dem Vieh vorbehalten war.

»Wir sind jetzt eben auch Viecher geworden«, stellte Eva-Maria sarkastisch fest, als die ersten Runkelrübenschnitzel dampfend und säuerlich riechend auf den Tisch kamen.

Im Garten der Thälmannstraße 3 wuchsen längst nicht mehr nur Rosen, Iris und Dahlien. Kohl, Blattsalat und Mohrrüben gediehen nicht schlecht unter den Stachelbeerbäumchen und Himbeersträuchern. Erdbeeren hatte es schon immer gegeben, und im »Gang«, der Toreinfahrt neben dem Garten, standen auf der Seite zum Nachbargrundstück fünf, sechs Pflaumenbäume, die im Herbst reiche Ernte brachten. Im Garten standen zwei Apfelbäume und im Hof zwei Birnbäume, die kleine, graue Bergamotte und die herrliche Williams Christ. Das alles war eine große Hilfe für die Küche. Aber die heranwachsende Jugend konnte nicht von Obst und Gemüse allein leben. Und so viel war es auch wieder nicht, daß es in den Winter hineinreichte. Die Konservierungsmöglichkeiten waren begrenzt. Zwar hatte Tante Irma im großen Wirtschaftskeller noch eine Anzahl ganzer Weckgläser gefunden, aber nur vereinzelt lagen die dazu nötigen Gummiringe darin, und es fehlte auch das Heizmaterial, um das Weckgut bei entsprechender Hitze in dem altmodischen Kohleherd einzuwecken. Zur Erntezeit aber verstanden es Hanna und Irma meisterhaft, mit nur einem geschlagenen Eiweiß eine märchenhafte Stachelbeer-Baiser-Torte oder eine an Marzipan erinnernde Kartoffeltorte zu backen.

Um die dringend benötigten sonstigen Lebensmittel dazu zu bekommen, waren alle drei Brandt-Kinder in ständigem Hamstereinsatz. Beliebter Ausgangspunkt für diese Hamsterfahrten war die Kreisbahn, die man erreichte, wenn man mit der Straßenbahn 1 nach Rauschwalde fuhr. Dort reihte man sich ein in die große Schlange der Wartenden, hatte Glück, wenn man mit dem ersten überfüllten Zug mitkam, und dann ging es »über die Dörfer«.

Am besten waren die dran, die eine Anlaufadresse hatten. Für Eva und Katharina war das ein kleines Kätnerhaus in Liebstein, in dem sie vor ein paar Jahren die erste Hochzeit ihres Lebens miterlebt hatten, als ihr geliebtes Kindermädchen Hilde den hübschen, blonden Rudolf heiratete. Hildes Eltern nahmen die beiden Mädchen freundlich auf, bewirteten sie mit knusprigen Kartoffelpuffern und Apfelmus, einer Delikatesse, die sie seit Kindertagen nicht mehr genossen hatten. Aber ihnen etwas in die schlaffen Rucksäcke zu stecken, fiel ihnen nicht ein. Eva und Katharina bedankten sich wohlerzogen für das Mittagsmahl und machten sich auf den Rückweg zum Kreisbahnhof Königshain-Liebstein.

»Wenigstens haben wir nicht so viel zu schleppen«, meinte Eva versöhnlich, »und außerdem bin ich endlich mal satt.«

Katharina wischte mit einem aufgegriffenen Zweig nachdenklich über den Feldweg.

»Weißt du, Evi, ich glaube, die haben selber nicht viel. Und da war es doch prima, daß sie uns zum Essen eingeladen haben. Wir dürfen einfach nicht denken, daß alle, die auf dem Land

wohnen, nun überreich mit Lebensmitteln gesegnet sind. Die haben doch bloß zwei Kühe im Stall, und sehr viel Acker gehört auch nicht zum Haus.«
Eva-Maria blieb stehen und sah sich um.
»Sind wir weit genug weg von ihnen?« fragte sie. »Dann wird ihnen dieser Acker nicht gehören.«
Katharina sah sie verständnislos an. »Ist denn das so wichtig, wem dieser Acker gehört?«
Eva lachte verschmitzt. »Ich will nur nicht gerade unsere freundlichen Gastgeber berauben, wenn ich jetzt meinen kleinen Rucksack mit diesen Rüben fülle.«
Katharina seufzte. »Schon wieder Rüben?«
»Aber Kati, das sind doch die köstlichen Wasserrüben, die wir in Thiemendorf immer gegessen haben.«
»Geklaut haben, meinst du – genau wie jetzt. Außerdem sind es eigentlich Futterrüben.«
»Na und? Sie schmecken aber.« Eva zog eine Rübe aus der Erde, wischte sie an ihrer Jacke ab und schälte mit den Zähnen die dicke Pelle herunter. Sie biß so genüßlich in das saftige, schneeweiße Rübenfleisch, daß Katharina auch Appetit bekam. Die Mädchen bückten sich abwechselnd, um die Rüben an den rauhen Blättern aus der Erde zu ziehen. Eine von beiden blieb immer aufrecht stehen, um die Umgebung zu überblicken und sich abzusichern. Sie stellten ihren Raub so geschickt an, daß kaum zu sehen war, wo etwas fehlte. Die Rüben wurden samt Blättern in den Rucksäcken verstaut, damit nicht herumliegendes Blattwerk die verbotene Tat verriet.
»Wie schnell man doch der Hölle näher kommt«, lachte Katharina, als sie der Schwester half, den Rucksack zu schultern. »Man könnte meinen, wir seien perfekte Diebe von Kindesbeinen an.«
Der Rübensegen hielt lange vor und erweiterte die Schulspeisung der beiden Schwestern und einiger Freundinnen. Da

man damit nichts anderes anfangen konnte, als ihn roh zu essen, war das eine Nahrung außerhalb der Mahlzeiten und vertrieb erfolgreich das Hungergefühl in der langen Zeit zwischen morgens, mittags und abends.

Kurze Zeit später hatte Hanna aus dem kleinen Ort Zodel nördlich von Görlitz die Nachricht bekommen, daß auf dem Gut der befreundeten Familie von Enkersheim Gemüse abzuholen sei. Allerdings wäre man dort dankbar für ein paar Stearinkerzen und einige Päckchen Backpulver. Hanna beauftragte ihre Töchter, den für beide Seiten hilfreichen Tausch vorzunehmen. Kerzen und Backpulver wurden auf die unvermeidlichen Rucksäcke verteilt. Die Schwestern zogen los und versicherten, am frühen Sonnabendabend wieder zurück zu sein. Bei den Enkersheims waren sie schon öfter gewesen und mit den Töchtern befreundet.

Hanna bat außerdem, im Pfarrhaus Zodel vorzusprechen und auch dem Pfarrerehepaar Schall ein paar Kerzen zu bringen, allerdings nicht in Erwartung einer Gegengabe.

Eva und Katharina fuhren mit der »Zwei«, die nach Biesnitz ging, zum Hauptbahnhof, mischten sich unter die Menschenmenge auf dem Bahnsteig und warteten auf den Zug, der hier endete. Weiter ging es nicht mehr. Der Viadukt über die Neiße war gesprengt, nahezu alle Verbindungen nach dem Osten abgebrochen.

Polen, das vor Jahresfrist mit grausamer Härte seine ihm im Potsdamer Abkommen als Protektorat zugesprochenen Gebiete östlich von Oder und Neiße »von staatsfeindlichen deutschen Elementen gereinigt« hatte, schirmte sich ab gegen jede Gelegenheit, Deutsche wieder in das Land zu lassen, das jahrhundertelang deutsch war. Die von Ostpolen nach Schlesien umgesiedelte Bevölkerung wurde nur schwer seßhaft in dem ihr fremden Gebiet. Auch diese Polen hatten sich ihr Schicksal nicht ausgesucht. Sie lebten wie auf Abruf, mit gepackten Koffern sozusagen, immer in der Angst, die vertriebenen Deutschen würden zurückkommen und das ihnen geraubte Eigentum zurückverlangen. Das hinderte sie lange Zeit, Wurzeln zu schlagen und selbst etwas für das durch die letzten Kriegsmonate trostlos zerstörte Land zu tun.

Schon bald nachdem Schlesier, Pommern, Ost- und Westpreußen aus ihrer Heimat vertrieben worden waren, wobei Zigtausende von Frauen, Kindern und Greisen ihr Leben lassen mußten, verfiel und verkam das deutsche Land. Die Gleichgültigkeit der polnischen Bevölkerung gegenüber den Gebieten, die ihr zugeteilt waren und in denen sie zu leben hatten, war für deutsches Verständnis unbegreiflich. Der Haß gegen alles Deutsche von den beiden polnischen Parteien, der Arbeiterpartei und der Sozialistischen Partei, der von der Miliz und der Soldateska geschürt wurde, war die eigentliche Grenze zwischen den beiden Nationen. Er war selbst an der Reichenberger Brücke spürbar, der einzigen Verbindung zwischen Görlitz-Ost und Görlitz-West, die seit dem Sommer 1946 nur noch von Polen benutzt werden durfte. Die vertriebenen Schlesier, die zurück in ihre Heimat wollten und sich wochenlang in großen Mengen vergebens an dieser Brücke stauten, waren zu niedergedrückt und erschöpft, um ihrerseits noch Haß zu empfinden. Sie waren nur noch verzweifelt, als ihnen klar wurde, daß eine Rückkehr unmöglich sei. Görlitz-Ost, das jetzt Zgorzelec hieß, wurde zu einer polnischen Stadt. Es war über die Neiße hin sichtbar, wie das Vertraute sich in das Fremde verwandelte.

Das erste Sichtbare waren im August 1946 die brennenden Felder. Dies war die Art der Polen, Weizen und Roggen zu ernten. Weithin erkennbar zogen Rauchschwaden aus der östlichen Umgebung über die Stadt. Der Brandgeruch wehte bis in die Innenstadt von Görlitz.

Die Straßen hinter der Reichenberger Brücke belebten sich rasch nach dem Einzug der polnischen Bevölkerung. Auf den

Bürgersteigen schob sich die Menge der Fußgänger von einem der schnell eröffneten Geschäfte zum anderen, in denen es erbärmlich wenig zu kaufen gab. Der Verkehr auf den Straßen war dagegen gering und unterschied sich darin nicht von dem westlichen Teil der Stadt.
In den Fenstern der Häuser gab es selten Gardinen, statt dessen wurde reichlich Farbe verbraucht. Die polnische Bevölkerung strich die gediegenen grauen Stuckfassaden der Häuser aus der Jahrhundertwende hellblau, rosa und grün an, eine Verzierung, die nur wenige Jahre hielt und dann traurig abblätterte, ohne erneuert zu werden. Dazwischen hingen auf allen Balkons Tag und Nacht Leinen voller Wäsche. Es wurde sozusagen Flagge gezeigt.

In den sechziger Jahren erhob sich hinter den Häusern der Prager Straße, der Breslauer Straße und des Rabenberges in staunenswerter Geschwindigkeit eine Häuserfront in Plattenbauweise von beachtlicher Höhe, ein kleines Manhattan. Die Görlitzer rieben sich die Augen. Sie glaubten, nicht richtig zu sehen. Eine ganz neue Skyline entstand da im Osten.
Wo das polnische Zgorzelec aufhörte, war es mit einem Gürtel von Ödland umgeben: Keine Felder, keine Wälder, nichts als graubraune Leere. Die Neiße trennte innerhalb kürzester Zeit zwei grundlegend fremde Städte.

Der Zug nach Cottbus kam mit zeitgemäßer Verspätung. Ebenso zeitgemäß war die restlose Überfüllung. Hunderte von Fahrgästen strömten auf den Bahnsteig, und Hunderte warteten darauf, sich auf den geleerten Zug stürzen zu können. Im Handumdrehen waren die Abteile voller Menschen, wobei die, die einen Sitzplatz ergattert hatten, nicht unbedingt bequemer reisten als die gedrängt um sie Stehenden, die sich bei jedem Schlingern des Zuges aneinander festhalten mußten und oft genug auf die Sitzenden fielen. In den Gängen der Waggons standen sie, an Abteiltüren und Fenster gelehnt. Nicht nur durch die Türen, auch durch die herabgelassenen Fenster kletterten die Reisenden. Dabei gab es Gezänk und Geschrei. Als der Zug abfuhr, standen die Letzten auf den Trittbrettern, ein nicht ungefährliches Unterfangen. Auf dem Bahnsteig blieb eine Anzahl Enttäuschter zurück und richtete sich darauf ein, mehrere Stunden bis zum nächsten Zug zu warten.

Die beiden Brandt-Schwestern hatten es gerade noch geschafft, in den Wagengang nahe der Tür zu gelangen. Das war ihnen ganz recht, denn sie hatten nur eine Station bis Ludwigsdorf zu fahren. So war es leichter, aus dem Zug zu kommen. Von dort bis nach Zodel waren es nur noch fünf Kilometer, die sie, zum größten Teil durch Wald, zu Fuß zurücklegen mußten.

Als sie bei dem winzigen Bahnhof ausstiegen, stand Isa, die jüngere der beiden Gutstöchter, mit dem Fahrrad da.

»Das hatte ich gehofft«, lachte Eva und klemmte ihren Rucksack auf den Gepäckträger. Der von Katharina wurde an die Lenkstange gehängt, und vergnügt schwatzend setzte sich das Kleeblatt in Bewegung. Sie hatten sich viel zu erzählen, sie lachten und alberten, daß ihnen der Weg kurz erschien und die reichliche Stunde, die sie dazu brauchten, ihnen gar nicht bewußt wurde.

Im Gutshaus nahmen sie an der großen Mittagstafel mit Platz, an der alles saß, was im Hause wohnte: Die Familie, die Arbeiter und das Hauspersonal. Das war ein gutes Dutzend Personen, und alle langten bei dem einfachen Mahl tüchtig zu. Es gab große Schüsseln voller Pellkartoffeln, dazu »Stippe«, eine dicke, weißliche Soße aus Wasser, Zwiebeln, Speck und Mehl. Wer wollte, konnte hinterher noch frische Pflaumen essen, die in einem Körbchen herumgereicht wurden.

»Ihr bekommt auch noch welche mit«, versprach Frau von Enkersheim. Eva und Katharina bedanken sich artig und

dachten daran, daß gerade die Pflaumenbäume in der Thälmannstraße diesmal besonders gut trugen.
Isa fragte: »Wann geht euer Zug nach Görlitz?«
»Um sieben. Aber vorher müssen wir noch ins Pfarrhaus.«
»Dann müßt ihr um fünf Uhr losgehen«, entschied die Gutsfrau. »Mit den gefüllten Rucksäcken kommt ihr langsamer voran.«
»Soll ich nicht ...?« fragte Isa.
Die Mutter zögerte. »Nein, Isa«, bestimmte sie schließlich. »Du bist dann auf dem Rückweg allein – ich möchte nichts riskieren.«
»Was will deine Mutter nicht riskieren?« fragte Eva später, als sie im Garten gemeinsam Schoten pflückten.
»Ach, weißt du, hier treibt sich manchmal so ein Gesindel herum, besonders im Wald«, plauderte Isa. »Es ist schon ein paarmal vorgekommen, daß Frauen überfallen worden sind, gerade wenn sie allein waren. Ich hab' ja keine Angst. Wenn ich mein Rad habe, bin ich schnell weg. Aber Mütter sorgen sich nun mal.«
Katharina nickte. »Ich tät's auch, wenn ich ein Kind hätte.«
Isa pulte die Erbsen aus der Schale und schob sie sich in den Mund. »Na, ihr seid ja zu zweit«, kaute sie, »was soll euch da schon passieren.«
Eva-Maria sagte nichts. Sie dachte in erster Linie an die schweren Rucksäcke, die sie nun fünf Kilometer weit schleppen mußten. Es würde kein Zuckerschlecken werden.
Um fünf Uhr nachmittags schulterten sie ihr Gepäck. Sie hatten aus Zeitungspapier gedrehte Tüten mit Bohnen, Pflaumen und Tomaten gefüllt bekommen. Alles hatten sie selbst gepflückt oder aufgelesen. Ihre Hände rochen nach dem typischen Geruch sonnengereifter Tomaten, pelzig-herb. Isa brachte sie noch auf den Weg zum Pfarrhaus und versprach, bald wieder nach Görlitz zu kommen.
Bei Pfarrer Schall wurden die Schwestern freundlich begrüßt

und mit gleicher Freude das Päckchen Kerzen entgegengenommen. Der alte Pfarrer bestand darauf, den jungen Mädchen einen Gasttrunk anzubieten, und seine zierliche, weißhaarige Frau lief sofort in die Küche. Sie kam mit zwei Gläsern Milch zurück, die Eva und Katharina in Verlegenheit versetzten. Sie waren beide noch satt von all den Genüssen im Gutshaus, außerdem hatte Eva in ihrem ganzen Leben noch keine Milch gemocht. Errötend gestand sie es ein, worauf eines der Gläser verständnisvoll beiseite gestellt wurde. Katharina verbot ihre gute Erziehung, den zweiten kostbaren Beweis der Gastlichkeit auch zurückzuweisen. Sie trank die Milch in kleinen Schlucken, bis das Glas leer war.

Indessen mußten sie erzählen, wie sich die Mutter wieder zu Haus eingelebt hätte und wie sie mit ihrem schweren Schicksal fertig wurde. Die Zeit verging rasch, bis Eva mit einem Blick auf die vor den Russen auf abenteuerliche Weise gerettete Armbanduhr entsetzt feststellte, daß es fast sechs Uhr war.

»Unser Zug geht um sieben, und eine Stunde brauchen wir mindestens bis zum Bahnhof!«

»Wir haben doch noch Möhren aus dem Garten für euch.« Die Pfarrfrau lief wieder in die Küche und kam mit einem großen Bund Mohrrüben zurück.

»Bei mir geht nichts mehr rein«, rief Katharina schnell, »mein Rucksack ist bis oben hin voll.«

»Na, dann kriegt's Evchen.« Pfarrer Schall öffnete mit freundlichem Lächeln den zweiten Rucksack, der auch voll war. »Wenn man ein bißchen nach unten stukt, geht's schon.«

Die Mohrrüben wurden obenauf gepackt, die Strippe fest zugezogen und die Klappe darüber gezurrt. Seitlich wippte der Buschen gefiederter Mohrrübenblätter heraus.

Der Abschied war kurz. Die Packerei hatte wieder kostbare Minuten gekostet. So schnell sie mit der Last vorwärtskamen, schlugen die Mädchen den Weg zum Wald ein. Solange sie durchs Dorf gingen, erschien ihnen das Vorwärtskommen durch den Wechsel der Häuser rasch zu gehen. Aber im Wald, den der Weg durch immer gleiche Baumreihen endlos durchlief, glitt das Ziel in unerreichbare Ferne. Die Träger der Rucksäcke drückten auf die Schultern. Über ihnen erklang der häßliche Schrei eines Eichelhähers. Als Antwort darauf plötzlich Vogelstimmengezeter aus allen Richtungen. Dann war es wieder still. Sie hörten nur das Knacken trockenen Holzes, wenn ihre Füße auf herabgefallene Äste traten.

»Wie spät ist es, Evi?«

»Schon halb sieben.« Eva-Maria blieb stehen und holte tief Luft.

»Kathinka, das schaffen wir nie.« Sie versuchte, unter den Rucksack zu fassen. »Ich schwitze wie ein Affe. Es klebt alles an mir.«

Sie zog die Hand hervor und erstarrte. Eine rote Flüssigkeit tropfte von ihren Fingern.

»Was ist denn das? Blut?«

Katharina zog die Schwester auf die Mitte des Weges.

»Dreh' dich mal zum Licht.«

Dann fing sie an zu lachen. »Weißte, was da tropft? Das sind die zermatschten Tomaten. Da hat der Pfarrer zu doll draufgedrückt, als er durchaus noch die Mohrrüben reinquetschen wollte.«

Eva war verzweifelt.

»Was mach' ich denn jetzt? Es wird doch alles dreckig. Ich glaube, es läuft mir schon an den Beinen runter.«

»Arme Evi, es hilft nichts, du mußt es mit Fassung tragen: Den Rucksack, die Tomaten und dein Schicksal.«

Plötzlich hörten sie ein Knacken, das nicht von ihren Füßen kam. Beide Mädchen fuhren herum.

»Hast du was gesehen?« flüsterte Katharina.

»Ich glaube ja«, gab Eva tonlos zurück. »Da hat sich jemand hinter einem Baum versteckt.«

Mit weit aufgerissenen Augen sahen sich die Schwestern an. »Los«, kommandierte Eva, »wir gehen weiter, möglichst schnell.«
Der Waldweg war breit und mit einem dicken Nadelteppich bedeckt. Sie liefen, so schnell sie mit ihrer Last konnten, sie keuchten und drehten sich immer wieder um. Es schien ihnen, als verkürzte sich der Abstand zwischen ihnen und ihrem Verfolger. Immer, wenn sie zurückschauten, versteckte er sich am Rand des Weges hinter einem Baumstamm.
»Ob er Waffen hat?« Katharina standen Schweißperlen auf der Stirn. Sie stolperte über eine Wurzel. Eva hielt sie am Ärmel, damit sie nicht hinfiel.
»Vielleicht hat er ein Messer.« Ihr fiel plötzlich ein, daß Isa gesagt hatte: »Ihr seid zu zweit, da ist es nicht so schlimm.«
Im Laufen warf sie einen abschätzenden Blick nach hinten.
In dem Augenblick lief der Mann quer über den Weg und blieb auf der anderen Seite wieder hinter einem Baum stehen. Er hatte einen merkwürdig weiten Mantel an, der seine dünne Gestalt umflatterte. Wenn die Rucksäcke nur nicht so schwer wären! Rennen konnte man damit überhaupt nicht.
»Wenn wir sie jetzt hinwerfen und fortlaufen«, schoß es Eva durch den Kopf. Sie warf einen Seitenblick auf Katharina. Das schmale Mädchengesicht war wachsbleich, der Mund trotzig und angstvoll zusammengepreßt. Sie atmete schwer durch die geblähten Nasenflügel. Katharina war so tapfer. Sie dachte offenbar gar nicht daran, die kostbare Fracht einfach wegzuwerfen.
Der Weg machte eine Biegung nach rechts. Es war tröstlich, den Verfolger dadurch aus dem Blickfeld zu verlieren. Aber er war ja noch irgendwo hinter ihnen.
Plötzlich fing Eva laut an zu singen: »Wem Gott will rechte Gunst erweisen, den schickt er in die weite Welt ...«
Katharina fiel ein. Sie sangen etwas zittrig, aber zweistimmig, wie sie es gewohnt waren. Das Singen gab ihnen Mut. Sie

sangen, bis der Bahnhof in Sicht war. Irgendwann war die Gestalt hinter ihnen im Wald verschwunden. Vielleicht hatte ihr Gesang sie vertrieben.
Ihr Zug war längst weg. Der nächste sollte planmäßig um einundzwanzig Uhr dreißig kommen, es waren aber schon vierzig Minuten Verspätung angesagt.
Katharina half Eva, den durchnäßten Rucksack auf die Erde zu setzen. Sie wuchtete ihren daneben und sagte befriedigt: »Wo man singt, da laß dich ruhig nieder, böse Menschen haben keine Lieder. Siehste, Evi, das war'n böser Mensch, den haben wir mit unseren Liedern verprellt.«
Sie setzten sich zu den anderen Wartenden auf die herumstehenden Bänke und merkten erst jetzt, wie abgekämpft sie waren.
Der Zug war schon gerammelt voll, als er auf dem kleinen Bahnsteig hielt. Die Mädchen konnten samt ihren Rucksäcken nur noch auf der äußeren Plattform unterkommen. Katharina schnallte ihren Rucksack ab und klemmte sich ihn zwischen die Beine. Eva behielt ihren vorsichtshalber auf dem Rücken. »Vielleicht kann ich ein paar Reste für 'ne Tomatensuppe retten«, lachte sie gequält.
Der rote Saft lief ihr weiterhin den Rücken hinunter. Die Gurte des Rucksacks schnitten ihr in die Schultern.
Hinter den Schwestern schoben und drängten sich immer noch weitere Fahrgäste auf den Waggon, alle mit Säcken und Taschen beladen. Die letzten standen auf den Trittbrettern und klammerten sich an die Haltestangen. Ein paar ganz Wagemutige hatten sich auf den Wagendächern plaziert. Mit grellem Pfeifen setzte sich die Lokomotive in Bewegung, stieß dunkle Wolken aus ihrem Schornstein und hüllte damit die mit der Menschenfracht überladenen Eisenbahnwagen ein. Es war eine schwierige, gefährliche Fahrt. Dennoch waren die übermüdeten Fahrgäste hochzufrieden, überhaupt mit ihrem Hamstergut weitertransportiert zu werden.

In Görlitz torkelten Eva und Katharina todmüde durch den Bahnsteigtunnel und die Bahnhofshalle. Zu dieser späten Stunde standen keine Polizisten mehr da, um das Beutegut der Heimkehrenden zu kontrollieren.
Zu Hause machte ihnen Tante Irma mit blassem Gesicht die Wohnungstür auf. »Endlich, Kinderlein. Ich habe mir große Sorgen gemacht.«
»Zu Recht«, murmelte Eva-Maria. Sie knallte ihren Rucksack auf einen Küchenstuhl und setzte sich auf den nächsten. »Ach, Tante Irmi, sind wir kaputt!«
Als sie alles erzählt hatten, als sie frisch gewaschen in ihren Betten lagen, knipste Eva das Licht aus, kuschelte sich in ihre Decke und seufzte zufrieden: »Uns geht's doch gut, Kathinka, was?«

Die Clique

Bei Schulschluß – gegen halb zwei – standen stets ein paar Jünglinge aus dem nahen Gymnasium vor dem Porzellangeschäft Ecke Jakobstraße. Wer eins hatte, lehnte sich über die Lenkstange seines Fahrrades. Sie warteten, bis ihre Auserwählten die breite Treppe der Luisenschule hinunterkamen, um sie nach Hause zu begleiten. Daran hatte sich nichts geändert. Es war schon vor dem Krieg so gewesen, und während des Krieges standen neben den Schülern oft blutjunge Soldaten, die den kurzen Heimaturlaub für möglichst ausgiebige Spaziergänge mit ihren Freundinnen nutzten.
Das Geplänkel war dasselbe geblieben.

Die Garderobe der jungen Damen hatte sich verändert. Vor 1939 florierten die großen Textilhäuser Otto Straßburg und Theodor Otto ebenso wie das Jugendstil-Kaufhaus Strauß, das Karstadt übernommen hatte. Aber auch die Stoffe von Eduard Schulze am Postplatz wurden in Mengen gekauft und entweder eigenhändig oder mit Hilfe einer Schneiderin verarbeitet. Das betraf die »Zivilkleidung«. Immer öfter aber kamen die jungen Mädchen auch in »Kluft« zur Schule, in der Uniform der Jungmädel und des BDM, besonders dann, wenn sie am frühen Nachmittag »Dienst« hatten.

Im Krieg dann, vorwiegend in den letzten Kriegsjahren, wurde oft – der Not gehorchend – ein zu klein gewordenes Kleid mit einem Stück Stoff verlängert oder erweitert, das nicht ganz zum Kleid paßte. Aber die Phantasie der Frauen und Mädchen hatte einen weiten Spielraum und wurde unterstützt durch Vorschläge und Zeichnungen in Modezeitschriften und Zeitungen.

Jetzt – nach dem Krieg – waren sie in der Beziehung noch viel ärmer dran.

Dieses Armsein erstreckte sich auch auf alle anderen Gebiete. Das Töten hatte aufgehört, aber das Sterben ging weiter. Lange war ein Winter nicht so kalt und erbarmungslos gewesen wie der von 1946 auf 1947. Lebensmittel, Kleidung und Heizmaterial waren Mangelware geworden. In die Öfen wanderte gesammeltes Reisig und Kohlengrus, ein Braunkohlenstaub, der viel Dreck machte und die Wärme nicht lange hielt. Briketts gab es nur auf Zuteilung und in geringen Mengen. Es war üblich geworden, zu einer Abendeinladung statt des früher obligaten Blumenstraußes ein bis zwei Briketts mitzubringen. Hin und wieder wurden auch in einem alten Briefumschlag ein paar Fett-, Fleisch- oder Brotmarken überreicht, mit einer korrekten Verbeugung vor der Dame des Hauses.

Trotz der entbehrungsreichen Zeit hatten Erziehung und gute Manieren kaum gelitten. Die Armut war nur äußerlich.

Auch in Görlitz ging der Hungertod um. Es gab viele einsame, ältere Menschen, die weder die Kraft noch die Möglichkeit hatten, irgendwelche Beziehungen anzuknüpfen, die ihnen etwas mehr auf den Tisch gebracht hätten, als es die kärglichen Lebensmittelzuteilungen und die kümmerlichen Renten vermochten. Eine Sozialfürsorge gab es noch nicht. Und jeder war sich selbst so sehr der Nächste, daß er häufig die Not im Nachbarhaus nicht sah. Wenn dann mal wieder so ein armseliger Körper gefunden wurde, aus dem der letzte Atemzug schon vor Tagen oder Wochen ausgehaucht war, gab es außer Bestürzung oder Mitleid oft genug nur resigniertes Achselzucken. Die Zeiten machten hart, und man war froh, wenn man für sich selbst und die Kinder genug bekam, um das ewige Hungergefühl in Grenzen zu halten.
Der Speisezettel war ohnehin wenig abwechslungsreich. Hauptnahrungsmittel waren Kohl, Kartoffeln und getrocknete Rübenschnitzel, zwischen denen beim Aufweichen oft genug tote Maden schwammen. »Schweinefutter« nannten es die Görlitzer verächtlich, aber sie aßen es. Hin und wieder gab es im Hause der Thälmannstraße 3 eine Zuteilung »ganze« Graupen, die Tante Irma »Kälberzähne« nannte und mit einem Bund Wurzelzeug zur Suppe aufkochte. Einmal hatte Martin drei Bockwürste auftreiben können, die, in dünne Scheiben geschnitten, in den Topf mit den Kälberzähnen wanderten. Bei Tisch wurden die Scheiben abgezählt und auf die Teller verteilt, und auch Tante Irma stellte mit einem zufriedenen Seufzer fest: »Kinder, geht's uns gut!«
Alle wurden von der schmalen Nachkriegskost dünn, nur Eva-Maria nahm zu, auch wenn sie Tante Irmas Graupensuppe ohne Fett und Fleisch löffelte. Einmal wöchentlich stellte sie sich auf die Waage in der Straßburgpassage, warf zehn Pfennige in den Münzenschlitz und wartete gespannt auf das Ergebnis, das nach einigem Scheppern und Surren auf einem Kärtchen ausgeworfen wurde.

Tief deprimiert stieg sie dann von dem Trittbrett der Waage wieder hinunter, jede Woche einmal. Hundertvierzig Pfund! Es änderte sich kaum etwas auf der Wiegekarte. Sie sah ja auch ihr Spiegelbild, wenn sie in der Jakobs- oder Berliner Straße an den Schaufenstern entlanggging. Es war nicht verwunderlich, daß sie es zu einem fahrradschiebenden Anbeter noch nicht gebracht hatte. In diesem Alter hielt man sich vornehmlich an grazile junge Mädchen, und die gab es reichlich.
Katharina war eine rührende Beraterin.
»Du mußt dich eben schick anziehen«, schlug sie vor.
Aber gerade da lag ja der Hase im Pfeffer. Woraus sollte man schicke Sachen zaubern? Mutter Hanna und Tante Irma waren ja froh, daß sie über Schleichwege alte Vorhänge ergattert hatten, längst nicht genug für die vielen Fenster im Haus. Daraus konnte man unmöglich Kleider machen, zumal man sie in Ermangelung einer Nähmaschine mit der Hand nähen mußte.
»Erinnerst du dich noch an das in Auflösung begriffene Luftwaffen-Uniform-Depot auf unserer Flucht?« fragte Eva die Schwester.
Katharina lachte. »Und ich hatte schon gefürchtet, daß wir mit dem ›Beutegut‹ jahrelang in Fliegerblau rumlaufen müßten.« Dann wurde sie ernst. »Vati hatte es so gut gemeint, als er alle die Uniformen in unser Auto stopfte. Er war immer so vorsorglich.« Der Gedanke an den nach Bautzen verschleppten Vater hüllte ihr Gesicht in tiefen Kummer.
Eva fuhr mit dem Kamm durch ihre vollen, dunklen Haare.
»Wenn ich jetzt so'n Mantel hätte! Ich würde alle Knöpfe abtrennen und mir einen schönen Rock machen lassen. Ist aber alles in die Luft geflogen, kurz bevor wir von den Tschechen gefangengenommen wurden. Weißt du noch, wie die Daunendecken der Eltern in der Luft zerstoben, als die Panzergranate unser Auto traf?«
Sie klopfte nachdenklich mit dem Kamm auf die Hand.

»Eigentlich haben wir doch Unglaubliches erlebt. Nach unserer Freilassung jeden Tag ein Dreißig-Kilometer-Marsch – zu Fuß! Und arm wie die Kirchenmäuse. Na ja, zu übermäßigem Reichtum haben wir es seitdem auch nicht gebracht.«
Katharina packte ihre Umhängetasche aus stoffbezogener Pappe zusammen und verschloß sie mit dem übergroßen Druckknopf.
»Was hast du vor?« fragte Eva-Maria.
»Schuhe kaufen. Kommst du mit? Auf dem Postplatz sind neue Strohschuhe eingetroffen – ganz hübsch.«
Eva rutschte vom Tisch, auf dem sie gesessen hatte, und korrigierte die Schwester: »Du bist nicht zeitgemäß, Käthchen. Das heißt jetzt ›Platz der Befreiung‹, wie unsere schöne Moltkestraße zur Thälmannstraße geworden ist. Klar komme ich mit, du kennst doch meinen Schuhfimmel.«

Die Phantasie, der Fleiß und der Aufbauwille der Deutschen nach dem verlorenen Krieg waren bewunderswert. Sie machten buchstäblich aus nichts alles möglich. Das Kunstgewerbe blühte plötzlich. In dem Glasereilädchen neben der Luisenschule wurden außer Bilderrahmen auch noch handgemalte Sprüche, Lampenschirme, Schreibunterlagen und Fotoalben aus festem Ölpapier verkauft. Aus Preßpappe gab es Buchhüllen, Brieftaschen und sogar Fülleretuis. Ein beliebtes Arbeitsmaterial war Stroh. In einfallsreichen Mustern wurde es auf Albendeckel, Kästchen jeder Größe und Taschen geklebt. Der augenblickliche Renner waren also Strohschuhe. Es gab sie ohne Bezugschein, sie waren sommerlich leicht, und nach spätestens zwei Monaten lösten sie sich in Wohlgefallen auf. Wer es sich leisten konnte, holte sich dann ein Paar neue, sofern sie wieder in den Schaufenstern standen.
Überall in der Stadt hatten sich Schneiderinnen und Heimarbeiterinnen etabliert. Wer eine Nähmaschine besaß und nur einigermaßen nähen konnte, bot seine Dienste für geringen

Lohn oder – lieber noch – für einige Lebensmittel an. Genäht wurde aus allen möglichen Stoffen, von Gardinen bis zur Wehrmachtsdecke, und bis spät in der Nacht. Viele der Frauen standen nach Mitternacht auf, weil dann für wenige Stunden die Stromsperre aufgehoben war, und nutzten das elektrische Licht. Wer Kerzen hatte, konnte auch die Stunden davor mit Arbeit füllen. Geschlafen wurde wenig, gegessen auch. Eben nur so viel, daß man über die Runden kam.

Wenn aber aus einer unansehnlichen Decke ein Kindermäntelchen oder aus einem Blümchenvorhang ein Sommerkleid wurde, lag der Lohn nicht nur in Geld und Nahrung. Das Ergebnis krönte befriedigend die Mühe.

Ein typisches Produkt Heimarbeiterfleißes, das lieber unter der Hand als in den Geschäften verkauft wurde, waren die Bast- und Schnurtaschen. Sie wurden um sternförmig aufgespannte Schnüre im Kreise gewebt, schneckenförmig von der Mitte ausgehend, ein Faden oben, ein Faden unten. Es wurden Farben und Muster hineingewirkt, bis kreisrunde Taschen entstanden, die an einem breiten Riemen aus Papierschnur über der Schulter hingen. Sie waren schick und modisch und erfüllten ihren Zweck.

Die jungen Menschen der Nachkriegszeit hatten ihren Zukunftsglauben, ihren Lebenswillen nicht verloren. Sie waren nicht oberflächlich. Sie setzten sich fraglos ein im Kampf um ein Minimum an Lebensqualität. Aber sie hatten auch ihre Wünsche, wie Jugendliche zu allen Zeiten in aller Welt. Trotz der Entbehrungen retteten sie sich ein Quantum an Humor und Daseinsfreude. Wer zwischen fünfzehn und fünfundzwanzig war, haderte in den seltensten Fällen.

In dieser Zeit bildete sich die »Clique«. Sie fand sich im Hause des Unternehmers Dr. Lonner zusammen, dessen bildhübsche Tochter eines Tages zum »Hausball« einlud. »Hausball« hieß nach Möglichkeit ein langes Kleid, und wenn es aus gefärbten Laken war. »Hausball« hieß, tanzen nach neuesten

Grammophonplatten. Und in diesem Fall – bei Lonners – versprach es sogar einen lukullischen Abend. Ein Dutzend junger Gäste fand sich zusammen, die in Erwartung der kommenden Genüsse zum großen Teil nach dem Frühstück nichts mehr gegessen hatten. Sie tanzten, tranken Selters, Apfelsaft und in begrenzten Mengen Kartoffelschnaps, den »Fusel«. Einer hatte eine Flasche »Alkolat« mitgebracht. Nach etwa zwei Stunden erschien die Hausfrau, freundlich jeden begrüßend und eine Schale Plätzchen herumreichend. Jeder der wohlerzogenen Gäste nahm bescheiden ein kleines Gebäckstück vom Teller, bis Frau Lonner schließlich aufmunternd bat: »Ach bitte, nehmen Sie doch zwei!«
Die leeren Mägen, in denen sich Fusel, Alkolat und Apfelsaft mengten, garantierten einen überaus fröhlichen Abend.
Es wurde nun weniger getanzt. Dafür wurden Pläne geschmiedet für ein neues Beisammensein in gleicher Runde.

Ein nächster Höhepunkt war der Kostümball in der großen Wohnung von Evas Freundin Annemarie und deren Eltern am Postplatz. Es war ein umwerfendes Ereignis. Kein junges Mädchen, das sich nicht gern verkleidet – und auch die jungen Herren machten begeistert mit. Die hohen Räume im Haus am Postplatz waren geradezu geschaffen für solcherlei Feste. Zeitgemäß wurden Lebensmittelmarken gesammelt und rechtzeitig bei den Gastgebern abgegeben. Die Eingeladenen kümmerten sich beim Fundus der Oper und im Verleih um stilvolle Kostüme, und was dann in der Wohnung am Postplatz auftauchte, war ziemlich perfekt: Seidenhosen und bestickte Jacken, Reifröcke und weiße Rokkokoperücken. Mozart hätte seine helle Freude gehabt ...

Eva-Maria hatte Mühe, sich in ihr altrosa Seidenkleid zu zwängen, das sie aus Eitelkeit natürlich eine Nummer zu klein ausgesucht hatte.

»Halt' die Luft an, sonst krieg' ich die Haken nicht zu!« schrie Katharina. Eva stoppte ihre Luftzufuhr, bis sie krebsrot im Gesicht war.
»Wie die Königinmutter sehe ich aus«, jammerte sie, als sie ihr frisches, junges Gesicht im Spiegel betrachtete.
»Das ist auch nicht wichtig«, meinte Katharina ungerührt. »Du wirst auch noch den entsprechenden König dazu finden.«
Kein bißchen war die jüngere Schwester neidisch auf das festliche Vergnügen, das die Geschwister vor sich hatten. Martin sah sehr attraktiv aus in seinem Kostüm, als er Eva im Kinderzimmer abholte.
»Setz die Maske auf«, wies er sie unterwegs an.
»Ach, wozu«, wehrte die Schwester resigniert ab. »Mich erkennt ja sowieso jeder an meiner Taillenweite.«
Dann tanzte sie dennoch vergnügt den ganzen Abend – am meisten natürlich mit Bruder Martin.
Als sich alle um das »Kalte Buffet« niedergelassen hatten, das aus Kartoffelsalat, Bockwürsten und mit Leberwurstersatz beschmierten Roggenbrötchen bestand, drehten sich die Zukunftspläne um die bevorstehenden Weihnachtsferien. Sie sollten bis in den Januar hineinreichen. Das hieß, daß man noch etwa zehn Tage für eine Skifahrt ins Zittauer Gebirge nutzen könnte. Oliver Rodemanns Onkel hatte in Lückendorf ein kleines Hotel, das mit größter Selbstverständlichkeit als Unterkunft für alle einkalkuliert wurde. Die »Clique« hatte sich inzwischen nach allen Richtungen ausgedehnt. Plötzlich waren es nicht mehr acht, sondern vierzehn, die sich der kleinen Gemeinschaft zugehörig fühlten. Aus sieben Rokkopärchen wurden begeisterte Skiläufer in spé. Zum Thema des Abends wurde unversehens die Möglichkeit der Beschaffung von Skiutensilien, von den Hosen über die Schnürstiefel bis zu den »Brettern«, deren Lederriemenbindungen mit einer Schnalle um den Stiefel geschlossen wurden. Damit konnte

man sowohl Lang- als auch Abfahrtslauf machen, denn der Fuß hob sich mit der Bindung vom Ski. Jeder, der noch Skier von Eltern oder Geschwistern auf dem Boden oder im Keller hatte, meldete sich und bot sie großzügig an. Als das endlich geklärt und das Buffet bis auf den letzten Krümel leergeputzt war, wurde wieder eine Platte aufgelegt, Rudi Schuricke sang: »Ganz leis erklingt Musik ...«, und die Rokkokopärchen wiegten sich in inniger Umarmung.

Während in Nürnberg beim Kriegsverbrecherprozeß Todesurteile gefällt und vollstreckt wurden, die übrigen Verantwortlichen der Naziregierung zu langen, oft lebenslangen Gefängnisstraßen verurteilt wurden; während unter dem Einfluß der sowjetischen Besatzungsmacht in Mitteldeutschland die SED durch Zusammenschluß der KPD mit der SPD entstand, war die Jugend Deutschlands weitgehend unpolitisch. Sie gingen weiter zur Schule, schmiedeten Pläne, feierten ihre kleinen Feste und waren verliebt. Dabei waren sie genügsam und bescheiden und hatten noch die Fähigkeit, sich über etwas Außergewöhnliches wie eine Extrazuteilung an Lebensmitteln, ein Paar geerbte Schuhe oder ein Stück Seife aus einem Auslandspäckchen zu freuen. Inländische Seife war blaßgelb, butterweich und roch nach Bittermandel. Man konnte mit dem Fingernagel Kerben hineinziehen, Stückchen davon abbrechen oder sie mit den Händen formen. Sie war ohne viel zu schäumen blitzschnell verbraucht.
Der zweite Nachkriegswinter war bitterkalt. Jeden Morgen zog Tante Irma im Kinderzimmer in der Thälmannstraße 3 die Rollos hoch und weckte die beiden Schwestern mit ihrer singenden Stimme: »Minus achtzehn Grad! Ausziehen – anziehen. Frühstück in der Küche.«
Anziehen hieß: alle Nachtgewänder, Hemd, Hose, Jacke und Socken tauschen mit fast denselben Kleidungsstücken, nun aber für den Tag. Die Zimmertemperatur schwankte um den

Nullpunkt, manchmal rutschte sie sogar noch darunter. Waschen und Zähneputzen unterstützte Tante Irmas Kessel warmen Wassers, der rasch entleert werden mußte, damit das Wasser für den Muckefuck darin aufgesetzt werden konnte.

Auf dem Weg zur Schule biß die Kälte ins Gesicht. Die Temperatur in den Klassenräumen war auch nicht geeignet, die erstarrten Glieder auftauen zu lassen. »Was soll ich eigentlich in der Schule mit'm eingefrorenen Geist?« ließ sich Renate Jühlich mit tiefer Stimme vernehmen. Das Gelächter der Mitschülerinnen machte alle munter, erst recht, als sie sich im Chemieunterricht gegen ein geöffnetes Fenster, das für Frischluft sorgen sollte, wehrte: »Erfroren ist schon mancher, erstunken noch keiner.«

Mitte November wurde die Schule wegen Kohlenmangels geschlossen. Das bedeutete aber nicht etwa Winterferien für die Schülerinnen. Sie wurden vielmehr als Gäste in der Mittelschule am Marienplatz aufgenommen, und zwar nachmittags, weil der Vormittagsunterricht den dort heimischen Klassen vorbehalten war. Die Schulstunden an den grauen, früh dunklen Nachmittagen waren für Lehrer und Schüler gleich unerquicklich. Aus Stromersparnisgründen wurde das elektrische Licht spät angeknipst und funzelte kümmerlich aus den zwei, drei nackten Glühbirnen, die von der Decke hingen. Eva-Maria hatte sich eine der hintersten Bänke neben Freundin Annemarie ausgesucht und kämpfte gegen die Müdigkeit an, bis ein kräftiges Armerütteln und Annemaries vernehmliches Zischeln sie weckten: »Eva, du bist dran!«

In Deutsch oder Geschichte halfen ihr zwei, drei Stichworte, um den Faden zu finden, aber in Mathematik blieb sie hoffnungslos hängen. Daß fast der ganze Unterrichtsstoff mitgeschrieben werden mußte, weil es kaum Bücher gab – die der letzten zwölf Jahre waren übel beleumdet, und neue, von der kommunistischen Ideologie durchsetzte, gab es noch nicht –

war eine Hilfe gegen die Übermüdung. Selbst schreiben verlieh mehr Konzentration als nur zuhören.
Möglicherweise hatten die armen, unterernährten Lehrerinnen und Lehrer mit ähnlichen Ermüdungserscheinungen zu kämpfen, denn bald darauf einigte man sich, den Unterricht der beiden Schulen im Austausch auf Vor- und Nachmittag zu legen, so daß die Luisenschülerinnen dreimal wöchentlich bei Tageslicht und entsprechend munterer dem Pensum folgen konnten.
Für die Brandt-Schwestern war dies eine besonders erfreuliche Änderung. Hatte doch das Gymnasium am Klosterplatz auch seit einiger Zeit wegen Kohlenmangels seine Pforten geschlossen und die Schüler über die Stadt verteilt. Hanna und Irma hatten sich geeinigt, Martins Abiturklasse für den Unterricht das große Eßzimmer in der Thälmannstraße 3 anzubieten. Der Ruscheweytisch, ein mächtiges Möbel, wurde viermal ausgezogen, Stühle aus allen Zimmern und leihweise von befreundeten Familien zusammengeholt, und der goldbraune Fayenceofen, der bis zur Decke reichte, kräftig eingeheizt. Dazu mußte jeder der angehenden fünfzehn Abiturienten beisteuern. Sie klingelten, kamen die gewendelte Treppe herauf und drückten dem, der geöffnet hatte, ein Zeitungspäckchen mit ein bis zwei Briketts in die Hand, die dann für das nächste Einheizen in der Küche gestapelt wurden.
Für Eva-Maria und Katharina war es eine aufregende Sache, nach dem Klingelzeichen die Tür zu öffnen und die jungen Herren – der älteste war fünfundzwanzig und kriegsversehrt – mit leicht verlegenem Lächeln den langen Korridor hinunter zum letzten Raum rechts zu geleiten. Wie unfrei und verklemmt sie im Umgang mit dem anderen Geschlecht erzogen waren, kam darin zum Ausdruck. Daß hinter der Eßzimmertür alsbald ernsthaft gearbeitet wurde, bewies die Stille, die nur durch die Stimme des Lehrers unterbrochen wurde. Lau-

schen wurde mit der Zeit langweilig. Die Mädchen verkrümelten sich wieder, richteten es aber ein, gegen Unterrichtsschluß möglichst in der Nähe zu sein.

Ein neues Jahr hatte begonnen, eines der schweren Nachkriegsjahre, das so viele an den Rand der Überlebensfähigkeit trieb. Die Älteren sahen voller Sorge in die nahe Zukunft. An die Ferne zu denken wagten sie kaum. Die jungen Menschen aber gingen mit einer Mischung aus Erwartungsfreude und Nachholbedarf in diese neue Zeit.
Auf dem im Jugendstil erbauten Görlitzer Bahnhof traf sich mehr als ein Dutzend fröhlicher junger Leute, denen die Mühsal der Nachkriegsjahre nicht anzumerken war. Sie hatten sich das meiste, was sie zu ihren Skiferien brauchten, zusammengeborgt. Von Görlitz ging es nach Zittau. Dort mußten sie umsteigen und fuhren mit dem schmalgleisigen Bimmelbähnchen ins Gebirge, Richtung Oybin.
»Hat jemand einen Fotoapparat mit?«
»Mensch, ist der Rucksack schwer! Was hast'n du da alles reingepackt?«
»Vorsicht, Kinners, die Skier fallen gleich um.«
Einer hatte einen richtigen Stollen mitgebracht und bot ihn großzügig allen an.
»An ein Messer haste aber nicht gedacht, was?« grinste Oliver und zog, als er das betretene Gesicht des Spenders sah, selbst eins aus der Tasche. Erwartungsvoll scharten sich alle um das braune Prachtstück, das Oliver auf seinen Knien balancierte. Die Klinge rutschte ab und in Olivers Daumen.
»Autsch! Habt ihr Zement zum Backen genommen?« Er lutschte zornig an der Wunde. Dietmar lachte:
»Oliver sucht bloß einen Grund zum Daumenlutschen. Rückerinnerung an die sonnige Kindheit.«
»Oder das Messer ist stumpf«, überlegte Eva.
»Das isses«, nickte Hans, nahm das Messer und fuhr mit dem

Daumen über die Klinge. »Darauf kannste nach Rom reiten.«
»Was machen wir nun?«
Die Mitreisenden amüsierten sich. »Rinbeeßen«, griente ein alter Mann, der selbst kaum noch Zähne im Mund hatte.
»Ich nicht!« wehrte Peter ab. »Es gibt ja kaum Zahnärzte im Lande.«
Einer nach dem anderen machte einen Rückzieher. »Der erste Biß ist der schwerste.«
Eva-Maria traute sich. Sie faßte den Stollenlaib mit beiden Händen und bohrte ihre kräftigen Zähne vorsichtig und langsam in die Kruste. Es war still geworden in dem Abteil. Nur das Rattern und Schlingern in den ausgeleierten Schienen war zu hören.
»Knack«, sagte Helga in die Stille hinein. Aber Eva schüttelte den Kopf. Sie holte ihre Zähne aus dem widerspenstigen Kuchen und setzte an derselben Stelle noch einmal an. Und dann war sie »durch« und begann zu kauen. Der Applaus war riesig, sie genoß ihn.
»Na, wie schmeckt's?« »Gut«, brabbelte Eva und spuckte dabei ein paar Krümel aus dem Mund. »Ein bißchen trocken.«
Der Stollen ging von Mund zu Mund, verbreitete Weihnachts- und Ferienstimmung und wurde bis zum letzten Brocken weggeputzt. Das allerletzte Stück bekam der zahnlose Alte und lutschte zufrieden darauf herum, bis es sich aufgelöst hatte.
In Jonsdorf hielt das Bähnchen. Die junge Gruppe samt Rucksäcken, Koffern und Skiern ergoß sich auf den Bahnsteig. Vor dem kleinen Bahnhof stand ein vom Hotelier Rodemann geschickter Hoteldiener mit einem klapprigen, offenen Lattenwagen, auf den das ganze Gepäck geworfen wurde. Obenauf kamen die Skier, die sie vorsichtshalber mit zwei dicken Seilen festzurrten. Dann ergriffen ein paar – in Ermangelung eines Pferdes – die Deichsel, andere schoben die Fuhre, und los ging es über holprige Straßen in Richtung

Lückendorf. Lange Strecken trabten sie durch den Wald und füllten die Stille mit Gelächter und Zurufen. Mit der Länge des Weges aber wurden sie schweigsamer. Die fast sechs Kilometer bis zum Hotel dehnten sich und strengten an. Im Ziehen und Schieben des Gepäckwagens wechselten sie sich ab. Mit Erleichterung wurde das endlich auftauchende Hotel begrüßt und augenblicklich ungeniert vereinnahmt. Nachdem sie ihre Zimmerschlüssel in Empfang genommen und ihre wenigen Sachen ausgepackt hatten, fanden sich alle im Speiseraum zum Abendbrot zusammen, aßen die von »Onkel« Rodemann spendierten Brote, auf denen Sülzwurst lag, bei der sich im Sülzgallert allerdings nur wenige Fett- und Fleischstückchen verirrt hatten. Dazu gab es dünnes Bier und nach Chemie schmeckende Limonade. Inge hatte als Attraktion eine Tüte Walnüsse mitgebracht, aber den Nußknacker vergessen. Sie machten sich einen Sport daraus, die Nüsse auf dem Fußboden mit ihren Stiefeln aufzutreten.

Lange blieben sie an diesem ersten Abend nicht auf.

Die etwas umständliche Reise hatte sie müde gemacht. Eine herrliche Woche lag vor ihnen. Eine Woche, von der sie Erlebnisse aller möglichen Art erwarteten. »Jungsein ist alles«, pflegte Eva-Marias Großtante Schennerle zu sagen.

Gefrühstückt wurde immer spät, aber immer gemeinschaftlich. Beim Skifahren trennten sich die Könner und Anfänger voneinander. Die ersten fuhren zur Lausche, dem imposanten Berg, den man von der Terrasse des Hotels aus in fast greifbarer Nähe liegen sah, und hatten dort schöne, lange Abfahrten, die sie sich mit mühseligen Aufstiegen erkämpfen mußten.

Zu den anderen gehörte natürlich Eva. Sie trödelte beim Anschnallen der Skier immer besonders lange, war froh, wenn alle schon vorausgingen und stakste dann hinterher, möglichst weit zurück, um der Gefahr zu entgehen, sich vor der ganzen Gesellschaft zu blamieren. Wenn sie zu den übrigen stieß, rutschte sie mit Todesverachtung und weichen Knien den nächsten Abhang im Schuß hinunter, gewann mächtig an Fahrt und setzte sich unten in einer riesigen Schneewolke auf den Hosenboden. Es tat weh, aber Eva verbiß den Schmerz und fand sich mit der Gewißheit ab, nie eine rasante Sportlerin zu werden.

Schier unerschöpfliche Energien hatten die jungen Skiläufer. Am späten Nachmittag kamen sie hungrig und abgekämpft zurück ins Hotel. Aber sie dachten gar nicht daran, müde zu werden. Dazu war die Zeit viel zu schade. Nach dem Abendbrot spendierte der Wirt ein oft zu großzügiges Quantum an »Fusel«. Konrad setzte sich an das klapprige Klavier und spielte am laufenden Band die Schlager der Saison, und die hochmusikalische Doris sang dazu die »Caprifischer«. In den Refrain fielen die Freunde ein. Schließlich wurden noch die aktuellen Schallplatten auf den Plattenspieler gelegt und dudelten jeden Abend zum Tanz: »Mona Lisa ...«, »Winke, winke, mit den Händen, mit den Augen, mit dem Mund ...«, und zum Schluß: »Machen wir's den Schwalben nach ...«. Dazu wurde aber nicht »... bau'n wir uns ein Nest« gesungen, das wäre Zukunftsmusik gewesen, die noch weit im Felde lag, sondern: »... hau'n wir uns ins Nest.« Es klang herausfordernd, und das sollte es auch, wenngleich es in dieser Zeit und in diesem Kreise verwegen schien. Die meisten dieser jungen Menschen waren mit einer fast prüden Moralauffassung erzogen worden. Es gab Dinge, die hatten tabu zu sein, auch wenn das junge Blut dagegen anpochte. Einige von ihnen, vor allem die jungen Mädchen, waren hier zum ersten Mal der elterlichen Obhut entzogen. Sie machten sich kaum ein Gewissen daraus, das Vertrauen, das die ältere Generation in sie setzen zu müssen glaubte, als überkommen zu mißbrauchen. Sie forderten endlich das Recht ihrer Jugend. Sie wollten leben und erleben – alles, was zum Leben gehört.

Vier, fünf Pärchen hatten sich gefunden und »hauten sich ins Nest«.
Eva-Maria hatte ein winziges Einzelzimmer und keinen Freund. Sie wartete interessiert, wie sich die Paarfindung entwickelte. Hin und wieder kam einer der Jungen zu ihr herein, wenn sie mit einem Buch im Bett lag, lehnte sich über ihre Bettdecke und schüttete ihr sein Herz aus über das Mädchen seiner Liebe. Sie hörte zu, versuchte, Ratschläge zu geben aus ihrer ganzen, unschuldigen Unerfahrenheit heraus, streichelte tröstend sein Haar und verfaßte, als er gegangen war, ein Gedicht: »Vertrau auf Gott, vertrau auf dich, und wenn du kannst – vertrau auf mich ...«

Am Ende der »Clique«-Ferien hatte auch Eva-Maria ihren Freund. Es hatte sich ganz selbstverständlich ergeben, daß der schmale, langaufgeschossene Hans mit der dunkelblonden Haarmähne ihr Partner wurde, der, mit dem sie »ging«. Er war sehr musikalisch, tanzte gut und steuerte oft am Klavier zur musikalischen Untermalung der Abende bei, wenn die drei oder vier Schallplatten bis zum Überdruß abgenudelt waren.
Als alle wieder ihre Rucksäcke und Taschen packten, hatte sich die Clique formiert in sieben »feste« Pärchen, die über diese Zeit des Beginns hinaus noch ein volles Jahr zusammenblieben. Nach dem Abitur strömten sie in alle Richtungen auseinander. Görlitz bot keine Möglichkeiten für die Fortbildung junger Menschen, die trotz oder vielleicht gerade wegen der schwierigen Zeiten akademische Berufe anstrebten. Sie gingen nach Leipzig, Dresden, Göttingen oder Berlin. Ein Jahr aber und ein paar Monate bewahrten sie noch die Freundschaft, die ihren Kreis verband. Vielleicht nicht viel für eine Gemeinschaft mit ihrem Zusammengehörigkeitsgefühl. Aber die Zeiten waren eben launisch und wechselhaft, und die Achtzehn- bis Zwanzigjährigen standen vor einem Umbruch, an der Schwelle zum Berufsleben, zum Erwachsensein.

Kunst, Kultur und Liebe

Schon wenige Monate nach dem Waffenstillstand im Mai 1945, nachdem die Wellen der Gewalt, Plündereien und Vergewaltigungen verebbt waren, sorgten die sowjetischen Marschälle für den Aufschwung der »Kultura« im Lande. Umgehend waren deutsche Künstler bereit, sich selbst und ihren durch nichts zu zerschlagenden Idealismus der guten Sache zur Verfügung zu stellen. Sie wollten nichts als spielen, tanzen, singen, musizieren und sie hatten genügend Publikum, das sich von den Sorgen und Nöten seines schwierigen Alltags nur zu gern ablenken ließ.

In Görlitz erschienen Plakate an den Litfaßsäulen und Anzeigen in der »Lausitzer Rundschau«, die Konzertabende mit Bully Buhlan, Peer Baedeker und Rudi Schuricke ankündigten, Tanzmatineen in den Filmtheatern und Sinfoniekonzerte im großen Saal der Stadthalle an der Neiße. Die erste »Görlitzer Musikwoche« fand schon im Juni 1946 statt. Das Theater, einst Sprungbrett großer deutscher Künstler zu nationalem Ruhm, wie Otto Gebühr, Viktor de Kowa, Arno Assmann und Werner Finck, öffnete unter seinem Intendanten Willy Bodenstein mit der Spielzeit 1946/1947 seine Pforten. Ein anspruchsvoller Spielplan mit »Rose Bernd«, »Nathan der Weise« und »Faust« auf der Sprechbühne, mit »Tannhäuser« und Verdis »Maskenball« im Opernrepertoire fand begeisterten Zuspruch. Die Görlitzer strömten zu den Veranstaltungen. Sie waren ebenso hungrig nach leichtem Frohsinn wie nach geistiger Kost. Zu kaufen gab es sowieso nicht viel. Man gab gern sein Geld für Konzert- und Theaterkarten aus, die ohnehin nicht viel kosteten und so gefragt waren, daß man im Musikhaus Stricker in der Straßburgpassage schon seine Beziehungen spielen lassen mußte, um an die begehrten Billetts zu kommen.

Ein »Kulturbund zur demokratischen Erneuerung Deutschlands« wurde ins Leben gerufen, wobei zweifelhaft blieb, was mit einer »demokratischen Erneuerung« gemeint war, wenn man nicht gerade die Weimarer Republik als demokratische Basis betrachtete.

Die Jugend stürzte sich auf alles, was geboten wurde, heißhungrig, mit einem enormen Nachholbedürfnis. Sie ging ins »Resi« oder in den Biesnitzer »Burghof« tanzen, nannte die größeren Tanzveranstaltungen im Hotel »Stadt Dresden« oder in der Stadthalle »Ball«, und die jungen Damen trugen lange Kleider.

Neben den Hausbällen gab es Hausmusikabende. Sie fanden häufig in dem Kreise statt, zu dem die Brandt-Geschwister gehörten, entweder bei Dr. Schroeder gegenüber, oder eben in der Thälmannstraße 3. Das große Eßzimmer war noch immer der Versammlungsraum der Familie und ihrer Freunde. Alle Stühle des Hauses wurden zusammengetragen und in den Kachelofen reichlich Braunkohle gelegt, die später von den Gästen nachgeliefert wurde. Dann kamen Gert Schroeder und Konrad Bittmann mit ihren Geigen, Günther Hormann setzte sich ans Klavier, und Beethoven, Mozart oder Ravel beherrschten den Raum. Manchmal trug auch Eva-Maria zu dem Kunstprogramm bei. Mit schwingender Stimme las sie ihre Gedichte vor, die sie in einem in Ölpapier gebundenen Diarium niedergeschrieben hatte. Ihre Produktivität kannte keine Grenzen. Es gab viele Gemütsbewegungen, die Evchen in Verse formen mußte, von einem inneren Drang angetrieben.

Ihr zweiter Abendbeitrag lag auch im Musikalischen: Sie sang Kunstlieder. Eva hatte keine Mühe gehabt, die Mutter um die Genehmigung für Gesangstunden zu bitten. Sie hatte in Tante Irma eine warme Fürsprecherin, die alle künstlerischen Ambitionen des jungen Mädchens unterstützte.

»Eine Gabe ist eine Aufgabe«, pflegte sie zu sagen, und meinte damit »eine Verpflichtung, der man dienen muß«.

Eva wurde bei Fräulein Klaus am Wilhelmsplatz angemeldet. Es war aufregend für sie, verhieß es doch den ersten Schritt in die künstlerische Zukunft, die sie sich erträumte. Die Gesangsübungen nahm sie mindestens ebenso ernst wie ihre Schulaufgaben, um nicht zu sagen: Sie nahm sie noch ernster. Obwohl das Pensum der letzten Klasse einen gehörigen Grad an Fleiß und Gewissenhaftigkeit erforderte, huschelte Eva meist ihre Aufgaben herunter, verweilte ausgiebiger und mit Freude an den Leistungen für den Deutschunterricht, am ausgiebigsten aber am Klavier, wo sie sich infolge der zu früh abgebrochenen Klavierstunden nur mit zwei Fingern begleiten konnte. Hin und wieder gewann sie Katharina für ihre Begleitung, Katharina, die sie an Musikalität übertraf und die das Klavierspiel nie aufgegeben hatte. Mit Engelsgeduld hörte sie sich die Gesangstiraden der älteren Schwester an, tippte mehrmals eine Taste und half ihr, den richtigen Ton zu finden: »A – a – a ...« Für beide kam dann die Erlösung in Schumanns »Mondnacht« oder Mozarts »Schlafe, mein Prinzchen, schlaf ein«, zu dem Eva sogar die Obertönekringel singen konnte: »Hahahahahahahaha«.

»Nicht so laut«, kritisierte Katharina, wenn Evas Stimme sich im eigenen Kunstgenuß zu überschlagen drohte, »dabei fällt ja jedes Baby aus dem Bett.«

Fräulein Klaus, die die Wände ihrer Räume mit unzähligen Bildern aus ihrer Künstlervergangenheit geschmückt hatte, verstand es, ihr Schülerensemble zusammenwirken zu lassen. Es gab nicht nur Einzelunterricht, es wurden auch Duette und Terzette gesungen, und ein Höhepunkt war zweimal im Jahr ein Gesangsabend, zu dem Publikum gebeten wurde. Einmal wurde dazu auch das große Eßzimmer im Hause Brandt angeboten. Es war schon zu so vielen unterschiedlichen Gelegenheiten nützlich gewesen. An einem lauen Septemberabend – die Fenster zum Garten waren alle geöffnet – sollte dort in Kostümen gesungen werden, ein Vorhaben, das Eva in hellstes Entzücken versetzte. Sie hatte mit ihrem Partner, einem jungen Bäckergesellen mit Tenorbegabung, ein Rokkokoduett zu singen. Nach der Schule holte sie sich beim Kostümverleih in der Annengasse ihr am Vortag probiertes Reifrockkleid mit weißer Perücke ab. Das Haus, in dem sie bis zum vierten Stock klettern mußte, roch herrlich muffig nach alten Stoffen. Eva zahlte die Leihgebühr, bekam dafür die Herrlichkeiten und hüpfte, mit einer riesigen Papiertüte in der einen Hand, der Schulmappe in der andren und einem Schmetterlingsgefühl im Herzen die steilen Stufen hinunter. Die vorletzte übersah sie in ihrem inneren Jubel und stürzte den Rest der Treppe hinunter auf den Steinboden. Die Tüte war zerrissen. Benommen und mit klopfendem Herzen sammelte Eva alles auf, versuchte, die Utensilien wieder »tragbar« zu machen und spürte dabei einen heftigen Schmerz im Zahnfleisch ihres Oberkiefers. Sie fuhr mit der Hand hinein und verspürte einen süßlichen Geschmack im Munde: Die Hand war voll Blut. Und die Metallschiene, die seitlich aus der Schulmappe hervorstach, war auch blutig. Sie war ihr beim Fallen ins Zahnfleisch gerutscht. Eva stopfte sich ein Taschentuch wie einen Knebel in den Mund und machte sich mit weichen Knien auf den Heimweg.

Zu Hause wurde natürlich nur wieder Katharina ins Vertrauen gezogen. »Du mußt das Tante Irma sagen«, drängte die entsetzt. »Du kannst ja eine Blutvergiftung kriegen. Guck dir doch mal die alte, dreckige Schiene an!«

Eva schüttelte den Kopf. »Dann darf ich heute abend nicht singen – und ich hab' mich doch so darauf gefreut.«

Beim Mittagessen schluckte sie mühsam ein paar Löffel von der üblichen Graupensuppe hinunter und erklärte, vor Aufregung Bauchschmerzen zu haben, was ihr anstandslos geglaubt wurde.

Gleich nach dem Essen wurde das Zimmer umgestaltet in einen Zuschauerraum, der zwanzig bis fündundzwanzig Personen faßte. Die Flügeltür zum Wohnzimmer wurde geöffnet, damit auch dort noch ein paar Zuhörer sitzen konnten. Die »Künstler« kamen vom Flur her durch die zweite Flügeltür zu ihren Auftritten. Umgezogen wurde sich im Kinderzimmer und im Elternschlafzimmer, streng geteilt nach Männlein und Weiblein.

Evas rechte Wange und die Oberlippe waren geschwollen. Trotzdem sang sie tapfer ihr Schäferduett mit ihrem Bäcker-Tenor:

»Leise, leise schleicht ein Schatten in den Garten durch die dunkle Nacht ...« und turtelte verliebt mit ihm hinter ihrem Fächer. Am Schluß bekamen sie von Wohlwollen getragenen Applaus, den Eva genoß und für den sie mit schiefem Lächeln dankte.

Gleich danach war Tante Irma im Umkleidezimmer. »Kind, was hast du?«

Eva versuchte, den Mund zu öffnen und zeigte ihr die Wunde.

»Es tut jetzt ziemlich weh«, nuschelte sie.

Ihren nächsten Auftritt mußte sie nun doch aufgeben. Sie sollte Fräulein Doktor Pfitzners Gesang zu Mozarts Wiegenlied mit den Obertönen begleiten. Bei den hohen Tönen mußte man den Mund weit öffnen, und das war jetzt unmöglich.

Während Hanna sich im Kreise des wohlmeinenden Publikums als Mutter der begabten Tochter ahnungslos feiern ließ, stand Tante Irma in der Küche und kochte Kamillentee.

Beim nächsten Gesangsabend – diesmal in der Wohnung von Fräulein Klaus – sang Eva mit glasklarem Sopran die Oberstimme zu »Schlafe, mein Prinzchen, schlaf' ein ...«. Die Wunde war verheilt. Sie konnte ihren Mund wieder weit aufmachen, wie es sich für diese Partie gehörte.

Ein knappes Jahr später sang Eva-Maria bei ihrer Abiturfeier, begleitet von dem von allen Schülerinnen geliebten Musiklehrer Fischer. Sie war furchtbar erkältet, die Aula ungeheizt, aber Fischer bestand darauf, daß sie Schuberts »Die linden Lüfte sind erwacht« sang. »Das schaffst du schon.« Und sie schaffte es.

Das Görlitzer Stadttheater stand in den ersten Nachkriegsjahren unter der besonderen Obhut des russischen Stadtkommandanten Nestorow. Er war ein Theaterbegeisterter, fehlte bei keiner Premiere, saß breit und zufrieden in seiner Ehrenloge und ließ alle am Theater Beschäftigten in regelmäßigen Abständen sein Wohlwollen in Form von gutgefüllten Freßpaketen spüren. Das war eine begehrte Auszeichnung in einer Zeit, in der vier Fünftel der Bevölkerung hungerten. Der Dank für diese Wohltat wurde in bestmöglicher Leistung erbracht: Tschaikowskis Nußknackerballett, beispielsweise, oder eine Oper, die er besonders liebte. Es war ein friedlicher Austausch in beschwerlichen Zeiten, in denen es nur wenigen gelang, das noch immer existente Feindbild abzubauen.
Nestorow nutzte seine Machtstellung, seiner Liebhaberei uneingeschränkt frönen zu können. Allerdings schien er von der Intelligenz und Aufnahmefähigkeit des deutschen Publikums nicht allzu viel zu halten. Damit es das ihm Dargebotene auch recht verstehen konnte, mußte vor Beginn jedes Stückes die Dramaturgin vor den Vorhang treten und den Inhalt erklären. Daß diese Erklärungen vorgelegt und erst genehmigt wurden, wenn eine der Kommandantur genehme Tendenz erkennbar war, verstand sich von selbst. Leichte Salonstücke galten als unverfänglich – bis auf »Die spanische Fliege« von Arnold und Bach, eine Boulevardinszenierung, die mit Spanien wenig zu tun hatte. Aber Spanien war als faschistisch verschrieen, hatte eine Fusion mit den Nazis hinter sich, kurzum, das Stück sollte gestrichen werden. Erst als die findige junge Dramaturgin Anni Holz dem zuständigen Kulturoffi-

zier versicherte, daß in diesem Fall eine Fusion mit Tschaikowski dominierend sei, wurde von sowjetischer Seite grünes Licht gegeben. Der Offizier, ein nicht ungebildeter Mann, hatte zwar mit Staunen die schier unglaubliche Behauptung zur Kenntnis genommen, daß der große russische Komponist an der »Spanischen Fliege« beteiligt sein sollte. Immerhin aber erwartete er mit Spannung den Abend der Premiere und damit die Lösung des Rätsels.
Die Ensemblemitglieder des Görlitzer Theaters konnten sich in den schwierigen Nachkriegsjahren aufeinander verlassen. Winkelmann, der zweite Dirigent, der immer im Schatten des ersten stand und nie recht zum Zuge kam, sah seine große Stunde nahen.
Er übernahm ungefragt den musikalischen Part am Flügel. Von dem Ballett, das an einem Schauspielabend frei hatte und zum größten Teil zum Hamstern von Kartoffeln und anderen Lebensmitteln über Land ausgeschwirrt war, standen gerade vier junge Tänzerinnen zur Verfügung. Als sich der Vorhang hob, erklang als »Vorspiel« zur »Spanischen Fliege« Tschaikowskis Nußknackersuite, schwungvoll getanzt in phantasievoller Choreographie. Damit war die Premiere gerettet. Das Stück lief reibungslos über die Bretter. Die Görlitzer hatten wieder mal einen Lichtblick in dunklen Zeiten. Und Kommandant Nestorow hatte Humor genug, die gelungene List zu tolerieren.

Eva-Maria ging ins Theater so oft sie nur konnte. Ihr Wunsch, Schauspielerin zu werden, erfüllte sie mehr und mehr. Alles, was mit Theater und Literatur zu tun hatte, fesselte und beglückte sie. Katharina gab ihr die Stichworte zu den Rollen, die sie auswendig lernte. Sie schrieb Gedichte und kleine Geschichten und wurde von Tante Irma in ihrem Tun bestärkt: »Du hast Talent, mein Kind – nutze es.«

Durch die junge Dramaturgin Anni Holz, die bis zu ihrem Abitur auch – wie Eva-Maria – Luisenschülerin gewesen war, bekam Eva Kontakt zu Ina Nass, der jugendlichen Naiven des Görlitzer Ensembles. Ina war fröhlich und unkompliziert. Durch sie erlangte Eva den ersehnten Eintritt durch den Bühneneingang und durfte hautnah Theaterluft schnuppern. Oft saß sie stundenlang in Inas Garderobe, und während die junge Schauspielerin auf der Bühne mit Charme und Pfiff die »Ingeborg« von Curt Goetz darstellte, lernte Eva lateinische Vokabeln oder las den »Hyperion« von Hölderlin, der ihr als Wahldichter im Abitur aufgegeben worden war. Ein paarmal geriet sie in Verlegenheit, als Ina strahlend von ihrer leichten Muse in ihre Garderobe zurückkam und Eva mit erhobenen Armen gerade deklamierte:
»Ihr wandelt droben im Licht auf weichem Boden, selige Genien!«
Die Freundin lachte. »Du kannst es wohl nicht erwarten, Eva. Muß es denn gleich so hochdramatisch sein?«
Durch Ina kam Eva leichter an die begehrten Theaterkarten heran, manchmal bekam sie sogar Freikarten. Dann saß sie, meistens Katharina neben sich, über die Brüstung im ersten Rang gelehnt und lauschte begierig der wunderbar geschulten, tragenden Stimme der Johanna Bassermann, bewunderte den perfekten schlesischen Dialekt von Eva Müller in Hauptmanns »Rose Bernd« und verließ ergriffen das Haus, das das Ziel ihrer Wünsche war – mit einem Rest schlechten Gewissens dem fernen Vater gegenüber, von dem sie wußte, daß er strikt gegen diese Pläne gewesen war.
Das Schicksal Herbert Brandts lastete unverändert schwer auf der Familie. Evas mutiger Gang vor einem Jahr zur Polizei in der Gartenstraße, wo sie nach dem Verbleib des Vaters und seiner Akte gefragt hatte, endete als Fiasko.
»Wenn er im Krieg nicht erschossen wurde, dann wird er eben jetzt erschossen. Gründe wird's schon geben«, sagte der

Polizeibeamte ungerührt. Er hatte an den entsetzten Mädchenaugen vorbeigesehen und die Akte zugeknallt. Aus. Fertig. Was noch?
Herberts Spur ließ sich bis zum KZ Bautzen verfolgen, dem »Gelben Elend«. Jede noch so vage Nachricht griffen die Brandts begierig auf, aber es wurde keine klare Linie daraus. Irgendwer sagte einmal, er wäre Herbert Brandt in Bautzen begegnet, dann sei er möglicherweise mit einem Transport nach Rußland gekommen.
Rußland war sein Schicksal.

»Ich weiß jemanden, der dir Nachhilfe in Latein geben kann«, verkündete Martin eines Tages, nachdem sich Eva-Maria ein Vierteljahr vergeblich mit den unregelmäßigen Verben abgequält hatte. Ein Jahr Lateinvorsprung der Klasse aufzuholen war allein nicht zu schaffen. »Der wohnt in der Struvestraße, hat im März Abitur gemacht und wartet auf seinen Studienplatz. Ich hab' schon gefragt, er wird's machen.«
Eva machte sich auf den Weg, klingelte im Haus in der Struvestraße im ersten Stock und teilte der öffnenden Hausfrau höflich ihr Begehren mit.
»Aber bitte – kommen Sie doch herein«, bat Frau Hansen lebhaft.
Kurz darauf betrat ihr Sohn das Wohnzimmer, Joachim Hansen – groß, blond, mit ernsten, hellgrünen Augen.
»Haben Sie Ihre Bücher mitgebracht?« fragte er. »Dann können wir gleich anfangen.«
Eva errötete. Sie hatte. Nur vorsichtshalber, obwohl sie an einen so spontanen Beginn des Unterrichts gar nicht ernsthaft gedacht hatte. Die Stunde kostete fünf Mark und verging rasch. Eva arbeitete konzentriert und mit schneller Auffassungsgabe. Ihr Ehrgeiz trieb sie an, vor ihrem jungen Lehrer zu glänzen.
Schon nach kurzer Zeit schrieb sie befriedigende Arbeiten,

hatte das Klassenniveau nahezu erreicht und strebte danach, es zu überflügeln. Joachim Hansen war mit seiner Schülerin höchst zufrieden. Es lief darauf hinaus, daß sie nur noch die Hälfte der Nachhilfestunden intensiv arbeiteten. Die andere Hälfte der Zeit führten sie lange Gespräche über Musik und Literatur, Philosophie und Anthroposophie, über Gott und die Welt. Sie verstanden sich glänzend und siezten sich immer noch. Auch bei jungen Leuten dauerte es damals oft lange, bis sie zum »Du« fanden.

Eines Tages erbat sich Eva von Tante Irma den kostbaren Rest eines sorgsam gehüteten Likörs, deckte im Eßzimmer einen kleinen Seitentisch und bot Joachim außer Tee und Kartoffelmehlplätzchen mit leicht zittriger Stimme das »Du« an. Joachim stand feierlich auf, tippte die beiden Likörgläschen aneinander und sagte: »Na also! Ich an Ihrer Stelle hätte mir das Du längst angeboten.«

Eva verschluckte sich an dem süßen Zeug und hustete eine Weile. Dann mußten sie lachen, übten die neue Anrede und fühlten sich von etlichen Zwängen befreit.

Im Winter besorgte Joachim Karten für Sinfoniekonzerte in der Stadthalle. Sie saßen in der letzten Reihe – »Nicht weil es da billiger ist«, beteuerte der musikalische Joachim, »sondern weil die Akustik hier einfach besser ist.«

Oder sie gingen ins Stadttheater, vornehmlich zu Opernaufführungen. Sie hörten den »Figaro« mit Traute Richter, die später in Berlin sang, und den »Tannhäuser« mit Bernd Aldenhoff, der später nach Dresden ging.

Für Eva kam der Kunstgenuß erst an zweiter Stelle. In erster Linie genoß sie es, neben Joachim Hansen zu sitzen, der in den Kreisen Gleichaltriger als Weiberverächter galt und der nun doch »eine« hatte, mit der er »ging«. Ihre Beziehung zu Hans fand damit ein Ende. Man mußte ja klare Verhältnisse schaffen. Eva konnte nur in einen verliebt sein, und das war sie nun – sattsam und mit ganzem Herzen. Die langen Gespräche mit dem Freund auf ebenso langen Spaziergängen zum Weinberghaus oder auf die Landeskrone bereicherten sie. Joachim, der seine humanistische Bildung auch mit dem Abitur noch nicht abgeschlossen hatte, war ein unermüdlicher Leser und verarbeitete mit der ihm eigenen Intelligenz alles, was er aufnahm, zu beider Vorteil. Dabei blitzte durch alle Diskussionen immer seine Ironie hindurch, eine Art bitterer Humor, der Eva manchmal erschreckte. Er war erst zwanzig Jahre alt, aber er hatte oft die abgeklärte Weisheit eines erfahrenen Mannes und war für Eva eine geistige Autorität. Neben Joachim im Konzert zu sitzen, ließ sie musikalisch werden. Mit ihm auf dem Weg zum Weinberghaus über die Wiederkehr des Lebens zu sprechen, ließ sie über die Banalität des schlechten Pflaumenkuchens hinwegsehen, für den man auch noch alberne Kuchenmarkenschnipsel abgeben mußte. Auf der Landeskrone tranken sie dünnen Ersatzkaffee, aßen sauren Rhabarberkuchen und stiegen auf den Bismarckturm, um Görlitz von oben zu betrachten. Sie liebten ihre Heimatstadt und fanden sie schön. Und dann lief Joachim die Stufen vor ihr hinunter, und als sie nachkam, fing er sie in seinen Armen auf. Ach Achim! Neben allem Glück vergaß Eva nicht, daß sie nahezu siebzig Kilo auf die Waage brachte, und das schränkte ihre Unbefangenheit schon wieder beträchtlich ein. Dabei war doch diese Äußerlichkeit das letzte, was den intelligenten jungen Mann in seiner Zuneigung gehemmt hätte.

Der erste ersehnte Kuß war für Eva-Maria wie ein Verlöbnis. Sie waren sich so nahe gekommen, waren reich geworden durch eine lange Zeit gegenseitigen Sichverstehens.

Eva gehörte plötzlich nicht mehr zur »Clique«. Sie hatte sich isoliert. Sie gehörte zu Joachim, mit ganzem Herzen.

Marburg

Im Juni 1947 tauchte plötzlich Emmys Mann Johannes in Görlitz auf. In Marburg wurde das zweite Kind erwartet, Eva-Maria sollte als Kindbetreuerin für das erste einspringen. Johannes selbst hatte eine feste Anstellung als Arzt in der Marburger Universitätsklinik und konnte sich um den kleinen Sohn nicht kümmern, wenn Emmy ins Krankenhaus mußte. Eva war sofort für die Idee entflammt. Das Abenteuer, irgendwo über die »grüne Grenze« zu gehen – denn mit einem Interzonenpaß war selbstverständlich nicht zu rechnen, den bekamen nur Geschäftsleute mit glaubhafter Dringlichkeit – hatte einen großen Reiz. Zudem ein paar Wochen von der Schule befreit zu sein, falls das Baby erst nach Ablauf der großen Ferien kommen sollte, war auch kein schlechter Gedanke. Einzig die Trennung von Joachim war schmerzlich. Katharina tröstete sie:

»Das frischt die Liebe auf. Denk' mal, was für glühende Liebesbriefe er an dich schreiben wird.«

»Ja«, seufzte Eva, »aber ob die überhaupt ankommen? Mit der Post kann man doch gar nicht mehr rechnen.«

Zu Hannas Erleichterung fand sich eine Freundin, die die Reise mitmachen wollte. Gisela wollte auch zu ihrer älteren Schwester nach Westdeutschland, und zu zweit, meinten die beunruhigten Mütter, war das Unternehmen weniger beängstigend.

Von Görlitz fuhren die beiden Mädchen mit dem Zug bis Halberstadt. Dort mußten sie in einer schmutzigen, überfüllten Bahnhofshalle die Nacht verbringen. Die Weiterfahrt bis zur Grenze im Harz war erst gegen Morgen möglich. Auf den schmalen, harten Bänken war an Schlaf nicht zu denken. Übernächtigt und mit schmerzenden Gliedern standen Eva und Gisela um fünf Uhr früh wieder auf dem Bahnsteig. Die Riemen der Rucksäcke schnitten in die Schultern, und ihre Augen brannten, als sie dem einfahrenden Zug entgegensahen. Sie fuhren bis Stapelburg, dem letzten kleinen Ort dicht vor der Grenze, stiegen auf dem winzigen Bahnhof aus und stolperten die holprige Straße in das Dorf hinein. Sie schlossen sich einer Gruppe Menschen an, die offenbar das gleiche Ziel hatten wie sie: den Schleichweg über die »grüne Grenze«. Alle marschierten schnurstracks dem Dorf zu und verschwanden zum Erstaunen der beiden Mädchen in den Häusern am Ortsanfang. Neugierig schoben sie sich hinterher und standen plötzlich in dem halbdunklen Flur eines Bauernhauses. Die Tür zur Stube stand offen. Drinnen war die Bäuerin beschäftigt, an alle weiblichen Ankömmlinge Schürzen und Kopftücher zu verteilen. Auch Eva und Gisela bekamen die Zuteilung.

»Ihr helft auf'm Felde, und dabei bringt euch der Bauer rüber über die Grenze.« Das war morgens um sieben. Die Männer sollten in der Nacht nachkommen. Treffpunkte jenseits der Grenze wurden verabredet. Es handelte sich offenbar um eine gut eingespielte Organisation in diesem Grenzdorf. Bevor es losging, wurde kassiert. Aus reiner Menschenfreundlichkeit wurde der Aufwand nicht getrieben. Die Bauern machten sich aus der Not der Zeit ein einträgliches Geschäft. Pro Kopf kostete das Unternehmen dreißig Mark. Eva nestelte die Scheine aus ihrem Brustbeutel. Die Bauersfrau winkte warnend mit der Hand.

»Wenn ihr erwischt werdet – das wird euch als erstes abgenommen.«

Sie sollten sich das Geld lieber in die Schuhe stecken. Beide Mädchen hatten eine nicht unerhebliche Summe von den besorgten Müttern mitbekommen. »Geld öffnet Tür und Tor«, hatte Hanna gemeint. Jetzt stand Eva etwas erhöht auf ihrer kostbaren Schuheinlage und lachte: »In welchen Zeiten leben wir, daß wir unseren Reichtum so mit Füßen treten!«

»Hoffentlich laufe ich mir keine Blasen«, unkte Gisela, »die Schuhe drücken plötzlich.«
Auf der Dorfstraße standen mehrere kleine Leiterwagen bereit, auf denen Hacken und Rechen lagen. In kleinen Gruppen traten die Grenzgänger aus den Häusern, nach exakt geplanter zeitlicher Abstimmung, und trotteten hinter den Bauern her auf die Felder. Hinten am Waldrand waren die Patrouillen russischer Soldaten zu sehen. Die Frauen bemühten sich, nicht dorthin zu sehen. Aber hier und da ging doch ein verstohlener Blick hinüber. Sie mußten sich in angestrengter Gelassenheit üben, um glaubhaft die emsigen Feldarbeiterinnen zu spielen. Hacken und Rechen wurden verteilt. Sie bückten sich über die Furchen und begannen, Frühkartoffeln herauszuhacken. Eva arbeitete frisch drauflos, während Gisela, die Feine, Verwöhnte, nichts mit ihrem Werkzeug anzufangen wußte.
»Meine Güte, Eva, du ackerst ja wie Hennecke«, murmelte sie dicht neben der Freundin.
Eva schaute gar nicht auf. »Das haben wir doch mal gelernt, im Krieg, beim Ernteeinsatz, weißte nich mehr?«
»Schon – aber jetzt? Wozu jetzt?«
Eva richtete sich auf und strich sich über die Stirn.
»Wegen der Glaubwürdigkeit – weil wir rüber wollen. Und außerdem macht es einfach Spaß.«
Der Bauer kam auf sie zu.
»Der Russe ist jetzt für eine halbe Stunde weg. Da lauft ihr in den Wald dort drüben, aber nur ihr zwei. Es muß nacheinander gehen. Drüben im Wald geht's einen kleinen Berg hoch. Aber vorher müßt ihr noch durch einen Bach. Seid ganz leise, schwatzt nicht. Wenn sie euch entdecken, schießen sie sofort. Dann müßt ihr euch hinschmeißen und dürft euch nicht rühren. Wenn ihr oben seid, seid ihr drüben, klar?«
Während dieser Information hackten die Mädchen mit gesenkten Köpfen weiter. Eva holte die Feldfrüchte aus den

Furchen, während Gisela eine Kartoffel nach der anderen spaltete. Sie nickten schließlich, sie hatten verstanden.
Zwei Minuten später legten sie die Hacken auf den Boden, banden Schürzen und Kopftücher ab und taten sie dazu. Der Lauf über das weithin überschaubare, flache Feld war beklemmend. Sie atmeten auf, als sie den Waldrand erreichten und im Schutz der dichtstehenden Stämme Deckung fanden. Das Gelände stieg leicht an, senkte sich wieder. Sie hörten das geschäftige Murmeln eines Baches. Aber sie hörten auch Männerstimmen, die sich in nicht allzu großer Entfernung etwas zuriefen. Es klang russisch. Eva und Gisela lagen längst auf dem Moos im Unterholz und rührten sich nicht. Neben ihnen lagen ihre Rucksäcke in feldgrauer Tarnfarbe.
Eva war es gewöhnt, im Walde leise zu sein. Wie oft hatte sie den Vater begleiten dürfen, wenn er in Thiemendorf bei Görlitz auf die Jagd ging. Dabei war Ruhe immer das oberste Gebot.
Gisela hatte die Augen fest geschlossen. Wahrscheinlich glaubte sie, so nicht gesehen zu werden. Eva schaute sich um und richtete sich auf, als sich die Stimmen in der Ferne verloren.
»Los, komm. Sie sind weg.«
Blitzschnell ergriffen sie ihre Rucksäcke und liefen gebückt auf den Bach zu. Er war breiter, als sie gedacht hatten.
»Da müssen wir durch«, flüsterte Eva. »Hilft nix.«
Sie versuchten, in dem Bachbett von Stein zu Stein zu hüpfen. Dabei rutschte Eva einmal ins strömende Wasser. Gisela war schon am anderen Ufer, streckte ihr die Hand entgegen und zog sie heraus.
»Schnell, wir müssen noch da rauf!«
Auf der Anhöhe über ihnen erscholl plötzlich Motorengeräusch.
Durch die lichter stehenden Stämme sahen sie einen kleinen Lieferwagen mit Ladepritsche auffallend langsam fahren.

Offenbar wurde die Gegend nach Grenzüberläufern abgesucht.
»Jetzt haben sie uns erwischt«, flüsterte Gisela resigniert und blieb stehen. Auch der LKW stand jetzt. Auf seiner Plattform saßen schon ein paar aufgelesene Grenzgänger. Aus dem Fahrerhäuschen lehnte sich ein Mann: »Na kommt schon. Ihr seid drüben. Im Westen. Wir bringen euch nach Bad Harzburg.«
Die Mädchen starrten ihn sekundenlang an, dann liefen sie los, die letzte Steigung bis zu dem schmalen Fahrweg, auf dem das Auto wartete. In Evas Schuhen quatschte noch immer das Wasser des Waldbaches. Hilfreiche Hände streckten sich ihnen entgegen. Erleichtert fielen sie auf die Wagenplanken.
»Das kostet zehn Mark«, ließ sie einer der Mitfahrenden wissen.
»Meine Güte, ist das hier toll organisiert«, staunte Eva und griff nach ihrem Brustbeutel. Sie erstarrte. Und während sich das wacklige Gefährt in Bewegung setzte, knüpfte sie die Schnürbänder ihrer Halbschuhe auf.
»Weißt du, Gisela, was hier in meinen Schuhen so gequietscht hat? Das war mein nasses Reisegeld.« Sie zog einen Zehnmarkschein hervor. »Wenn man ihn in den Wind hängt, wird er wieder trocken«, konstatierte sie sachlich und holte auch den Rest des Geldes aus den Schuhen. Dann schlüpfte sie wieder hinein und strahlte: »Jetzt passen sie wieder.«
Im Bahnhof von Bad Harzburg trennten sich die Freundinnen. Sie hatten ihre Züge herausgefunden. Am Abend wollten sie bei ihren Schwestern sein, die eine in Marburg, die andere in Dortmund.
Gisela kaufte für Eva die Fahrkarte nach Marburg und nahm dafür einen der durchweichten Scheine aus dem Schuh entgegen.
»Irgendwann trocknet der ja doch.«

Der Marburger Bahnhof war völlig zerstört. Die ganze Stadt lag zur Hälfte in Trümmern. Irgendwo draußen auf den Einfahrtsgleisen hielt der Zug. Die Fahrgäste stiegen aus und liefen über die Schienen bis zu einer behelfsmäßigen Bretterbude, die als Schalterhäuschen diente. Die Fahrkarten wurden ordnungsgemäß abgeliefert, dann konnte man die von Ruinen gesäumten Straßen betreten. Eva-Maria trabte durch die Stadt, die sie vor zwei Jahren schon kennengelernt hatte, als sie zum ersten Mal über die »grüne Grenze« ging, um Emmy Nachricht von dem Ergehen der Familie nach dem Kriegsende zu bringen. Emmy erwartete ihr erstes Kind, und Eva blieb bei ihr, bis der Junge geboren war, im August 1945.
Der Rückweg von Marburg nach Crimmitschau war beschwerlich und gefährlich gewesen. Nachts, auf der Rhön, peitschten Schüsse über das Feld, das Eva überqueren wollte. Sie hatte sich nicht mehr verbergen können. Plötzlich stand ein junger Russe vor ihr, und mit dem Recht des Siegers nahm er Besitz von ihr. Die unaufgeklärte, jungfräuliche Eva-Maria, die so voller romantischer Träume gewesen war, wurde nachts auf der Rhön vergewaltigt. Knapp zwei Jahre war es her.
Als Eva jetzt durch das noch immer in Trümmern liegende Marburg ging, dachte sie daran. Und sie dachte an Joachim, den sie liebte. Das Russenerlebnis hatte sie verdrängt. Es durfte nichts damit zu tun haben.
In der Schückingstraße lehnte Emmy aus dem Fenster im zweiten Stock. »Gott sei Dank, daß du da bist.«
Winfried war ein süßer Fratz geworden, noch nicht zwei Jahre alt, zierlich und blondgelockt. Eva übernahm ihn mit Freuden und wachsenden Muttergefühlen.
Das nächste Kind kam und kam nicht. Emmy und Eva ließen sich samt Winfried im Bus auf der letzten Bank durch Marburg schuckeln, Emmy sprang vom Tisch und verrenkte sich mit allerlei gymnastischen Übungen – nichts rührte sich. Das Baby, das für Ende Juni erwartet war, blieb im behag-

lichen Mutterbauch. Evas Ferien gingen Anfang August zu Ende, und ihre vornehmliche Aufgabe bestand ja darin, für Winfried zu sorgen, solange Emmy im Krankenhaus sein mußte.
Die Tage waren heiß. Der Sommer lagerte über der Stadt und der Lahn, dem träge an ihr vorbeiziehenden Fluß, an dessen Wiesenufern sich die Studenten mit ihren Mädchen tummelten. Oben am Schloß gab es Konzerte. Mozarts »Kleine Nachtmusik« im Freien. Die alte Universitätsstadt war voller junger Menschen. Eva genoß das. Es war ein aufgeschlosseneres Leben als in dem kleinbürgerlich gewordenen Görlitz, das mehr und mehr durch die vom Kommunismus bestimmte Politik geprägt wurde. Sie empfand hier die Enge der eben verlassenen Heimatstadt überdeutlich. Marburg war so kurz nach dem verlorenen Krieg schon wieder voller zukunftsfroher Studiosi, die nach den vergangenen schweren Jahren einen neuen Sinn im Leben gefunden hatten. Eva konnte sich gut vorstellen, in dieser lebhaften Stadt zu studieren. Sie wußte nur noch nicht, was.
Einmal sah sie ein Laienspieltheater von der Universität. Die jungen Studenten und Studentinnen spielten mit Hingabe Lessings »Minna von Barnhelm«. Eva war eine begeisterte Zuschauerin. Ganz erfüllt kam sie zu Emmy zurück und erklärte: »Ich will doch Schauspielerin werden.« Emmy lachte. »Du spinnst. Das ist wieder das Überkandidelte an dir. Mach' erstmal dein Abitur und studiere was Ordentliches.«
Der zweite Sohn kam Mitte Juli. Sie nannten ihn Peter.
Bis dahin hatte Eva jeden Morgen den Briefkasten inspiziert, zwei Treppen voller Hoffnung hinunter, zwei Treppen enttäuscht wieder rauf. Von Joachim kam kein Brief. Sie wußte, daß die Post noch lange dauerte und unzuverlässig war. Dennoch hatte sie in den drei Marburger Wochen fest mit einer Antwort auf ihre zwei, drei Schreiben gerechnet.
Einen Tag vor ihrer Rückreise lag dann doch ein Brief im Ka-

sten. Sie erkannte sofort die intelligente Handschrift. Es war natürlich kein Liebesbrief. Er war voller Anregungen und Mitteilungen. Aber er war sehr lang, und Joachim hatte genügend Platz gelassen, um zwischen den Zeilen lesen zu können. Das verstand Eva. Und sie war sehr glücklich.

Auch Emmy war glücklich. Sie genoß ihr Söhnchen Nummer zwei und wußte, daß Nummer eins gut betreut wurde. Das allerdings war für Eva-Maria nicht ganz einfach. Für ausreichende Verpflegung zu sorgen war mühsam. Johannes blieb während der Mahlzeiten in der Klinik, aber Winfried mußte zur Genüge versorgt werden, und die Krankenhausverpflegung für Emmy ließ auch zu wünschen übrig. Eva sparte von den Lebensmittelmarken ab, was nur irgend möglich war, und brachte Suppen, Obst und Salate ans Wöchnerinnenbett. Sie selbst kippte beim Einkaufen im Lebensmittelladen einfach um, weil sie sich tagelang fast nur von Blattsalat ernährt hatte. Trotzdem blieb sie mollig, und ihre Gewichtsreduktion war gering. Was zu ihr gehörte, saß fest.

Anfang August, als die nun vierköpfige Marburger Familie wieder zusammen war und Eva begann, sich überflüssig zu fühlen, trat sie den Heimweg per Bahn an. Auch das war in den ungeordneten Zeiten nicht einfach. Eva hatte durch Emmys Vermittlung Eingang in einige studentische Kreise gefunden und war hier und da zu kleinen Geselligkeiten eingeladen worden. Jetzt halfen ihr diese Verbindungen. Sie bekam nach langen Beratungen den Ausweis einer ihr ähnlich sehenden Medizinstudentin geborgt und fuhr mit einem Leipziger Studenten und heftigem Herzklopfen in Richtung Osten. Kurz vor Leipzig mußten alle Reisenden samt Gepäck aus dem Zug steigen und wurden »zur persönlichen Kontrolle« über die Gleise bis zu den außerhalb des Bahnhofs liegenden Überwachungsbaracken beordert. Das Gepäck wurde durchsucht, die Lichtbilder in den Ausweisen gründlich mit den Gesichtern der Fahrgäste verglichen. Eva-Maria, deren be-

helfsmäßige Kennkarte in Görlitz geblieben war, bestand die Prüfung.
Sie und ihr Begleiter verabschiedeten sich in der zerstörten Halle des Leipziger Hauptbahnhofs. »Tschüs« wurde noch nicht gesagt, vielmehr »Auf Wiedersehen«. Aber sie sahen sich nie wieder.

Carpe Diem

Im Oktober bekam Joachim einen Studienplatz in Dresden. Er fand auch eine winzige »Bude« bei der Witwe Günther, nicht weit von der Universität. Neben seinen Studienfächern Mathematik und Physik belegte er ein Semester Philosophie. Er kam, um Eva-Maria das Ereignis mitzuteilen. Die Trennung wurde beiden nicht leicht. Aber sie fanden einen neuen Reiz im Austauschen ihrer Briefe.
Weihnachten war Joachim wieder da. Er schenkte Eva einen kleinen, rotbraunen Römer, ein tiefgeschliffenes Likörglas auf hohem Stiel, legte ihr den Arm um die Schulter und sagte:
»Vielleicht trinkst du später einmal gern aus einem alten Glas.«
Eva stellte das Glas auf die Mitte ihres Weihnachtstisches und legte die anderen spärlichen Geschenke wie einen Kranz drumherum.
»Das ist das schönste, Joachim«, sagte sie, lehnte sich an ihn und betrachtete ihren Nachkriegsgabentisch.
Weihnachten 1947.
Tante Irma hatte in einer Art Dennoch-Optimismus die Fa-

milienpfefferkuchen »Tante Hulda« gebacken, nach stark abgewandeltem Rezept. Statt Honig kam Kunsthonig hinein, und statt Mandeln Haselnüsse. Auch das waren schon auf Geheimwegen mühsam errungene Spezialitäten, die von allen bewundert und gewürdigt wurden.

Das größte Wunder hatte Martin vollbracht. Er trieb zwei Päckchen Stearinkerzen auf – der Tauschhandel mit Kartoffelmehl und Backpulver florierte noch immer – und holte aus den Thiemendorfer Wäldern einen Tannenbaum, den er zusammenband und in mühsamer Fahrt nach Görlitz brachte. Den Stamm hatte er vorn an die Lenkstange seines Fahrrades gebunden, und die Spitze wippte weit über den Gepäckträger hinaus. Irgendwo dazwischen traten seine Füße die Pedale. Wenn abschüssige Wege zu vereist waren, stieg er ab und schob.

Tante Irmas Reaktion schwankte zwischen Entsetzen und Anerkennung, als sie »ihr Jungchen« so ankommen sah.

Hanna nahm kaum Notiz von den Weihnachtsplanungen. Es war der erste Heilige Abend in der Thälmannstraße ohne Herbert. Sie konnte sich selbst ihren Kindern zuliebe kaum aufraffen, Festvorbereitungen zu treffen. Zwar besorgte sie für jeden einige Geschenke, meistens auch durch Tauschgeschäfte. Aber die frühere Freude daran hatte sie verloren.

Am Heiligen Abend, der einmal das schönste Fest des Jahres gewesen war, standen sechs Menschen stumm vor Martins Weihnachtsbaum. Über Hannas Gesicht liefen Ströme von Tränen, Eva-Maria weinte natürlich mit, Katharina kämpfte verbissen gegen das aufsteigende Schluchzen, und Martin hatte die Augenbrauen zusammengezogen und schaute unbehaglich von einem zum anderen. Tante Irma und ihre Tochter Helga standen engumschlungen neben dem goldbraunen Kachelofen und hatten einen wehmütigen Ausdruck auf ihren Gesichtern. Ihre Gedanken waren im geliebten Danzig, das sie vor wenigen Jahren verlassen mußten.

Nach ein paar Minuten beklemmender Stille ging Martin in die Ecke hinter dem Christbaum, klappte den Deckel von dem Harmonium auf, das er vor ein paar Wochen für zweitausend Reichsmark gekauft hatte, setzte sich davor und spielte sanft und hingebungsvoll »Stille Nacht, heilige Nacht«. Tante Irmas Stimme fiel ganz klein ein, Helga und Eva zitterten tapfer mit, nur Katharinas Stimme sang hell und beherzt alle drei Strophen des Liedes. Bei der dritten Strophe hatten sich alle soweit gefangen, daß die Melodie einigermaßen geschlossen durch das große Eßzimmer schwang.

Nach der Bescherung setzten sie sich an den immer noch stilvoll gedeckten Tisch, tranken Apfeltee und aßen ihr Festmahl.

»Unser Weihnachtskarpfen ist ein bißchen geschrumpft«, konstatierte Hanna mit wehmütigem Lächeln und schnitt sich ein Stückchen von dem sauren Hering ab.

»Aber wir haben ein Dach über dem Kopf und brauchen nicht zu hungern«, sagte Irma fest. In ihrem immer schmaler werdenden Gesicht wurden die Lippen dünner und die Augen größer. Sie blickte in die Runde. »Daß mir keiner jammert! Denkt nur an die unzähligen Heimatvertriebenen, was die heute für ein Weihnachten haben. Wie wenig konnten sie für sich retten, und sie können wohl nie wieder zurück in ihre Heimat, nicht nach Schlesien und nicht nach Ostpreußen.«

»Und nicht nach Danzig.« Helga strich liebevoll über die Hand der Mutter. »Aber wir haben ja uns.« Dann sah sie erschrocken zu Hanna hinüber. »Und Onkel Herbert kommt sicher auch bald zurück«, vollendete sie schnell. Hanna nickte. »Es wird wohl kaum eine Familie in Deutschland geben, die nicht irgendwie betroffen ist. Es ist nur eben so, daß jeder denkt, ihn hat es am härtesten gepackt.« Sie schob den letzten Bissen Hering in den Mund und schluckte ihn mit den aufsteigenden Tränen hinunter.

Am nächsten Tag kam Joachim mit seinem Likörglas. Katha-

rina klemmte sich das Buch, in dem sie gerade las, einen neuen Hermann Hesse, unter den Arm und verschwand damit im Nebenzimmer.
»Ich hab' die beiden Liebenden allein gelassen«, erklärte sie auf den fragenden Blick der Mutter.
»Oh, Joachim Hansen ist da?« fragte Hanna zerstreut und schrieb weiter an dem begonnenen Brief. »Ich muß Eva nachher mal sprechen.«
Nach dem Abendbrot rief Hanna die Tochter zu sich.
»Herr Trobach hat euch in der Stadt gesehen, Eva, den Joachim und dich – untergehakt! Kind, das geht nicht. Ihr seid schließlich nicht verlobt.«
Eva sah die Mutter ungläubig an. »Aber Mutti, da ist doch nichts dabei, das machen doch alle. Joachim und ich gehen ja auch nur außerhalb der Stadt spazieren, nie in der Stadt. Also wirklich, Mutti, das sind doch Ansichten von vorgestern.«
Hanna sammelte all ihre Autorität in einer strengen Miene.
»Nein, mein Kind, ich möchte nicht, daß du zu Gerede Anlaß gibst.«
Eva drehte sich wortlos um und verschwand über den Flur im eiskalten Kinderzimmer, das noch immer so hieß, obwohl sie keine Kinder mehr waren. Katharina war gerade dabei, sich die wollenen Nachtsocken über die Füße zu ziehen. Das Flanellhemd war schon unter der Strickjacke verschwunden, und um den Hals hatte sie ein Tuch geknotet.
»Na, was hat's gegeben?« fragte sie und rollte sich mit einem Schwung unter das Federbett. »Igitt, ist das noch kalt!«
»Du wirst es ja bald erwärmen«, tröstete Eva und berichtete wortgetreu von der Unterredung mit der Mutter. »Ich begreife das nicht. Wie kann sie nur so altmodisch sein!«
»Mach' dir darüber keine Gedanken, Evimaus. Es gibt heute wirklich wichtigere Dinge als diese Äußerlichkeit. Auf keinen Fall darfst du Joachim etwas davon sagen.«

Eva schüttelte den Kopf. »Hat Mutti denn vergessen, daß sie auch mal jung war?«

In Joachims Zimmerchen in der Struvestraße hing ein gerahmter Spruch an der Wand: HORA RUIT – CARPE DIEM.
»Es ist mein Wahlspruch«, sagte Joachim, als Eva ihn einmal darauf ansprach. »Man muß sich danach richten. Die Stunde eilt wirklich, die Zeit rinnt einem durch die Finger. Wir müssen den Tag nutzen, erfüllen. Niemand weiß, wie viele Tage er noch hat. Das Leben ist so kurz.« Er sah sie ernst an. »Und weil es so kurz ist, sollten wir gewissenhaft sondieren, mit wem wir es verbringen. Die Zeit ist zu kostbar, um sie mit oberflächlichen Leuten zu verplempern.«
Eva nickte. Sie hatte ihn völlig verstanden.
Und sie nutzten ihre Tage. Sie gingen ins Konzert, hörten dem Dirigenten Ferenc Fricsay im großen Saal der Stadthalle zu, sahen im Kino die »Affäre Blum« und machten trotz bitterer Winterkälte lange Spaziergänge. Sie schlenderten durch die Altstadt, zum Grünen Graben hinunter, an der uralten Nikolaikirche vorbei, die vom ältesten Teil des Görlitzer Friedhofes umgeben war.
»Ich mag Friedhöfe«, sagte Joachim. »Es ist solch eine Ruhe hier. Man kann herrlich nachdenken, wenn man über diese Wege geht.«

Der Beginn des Jahres 1948 brachte Eva angespannte schulische Aufgaben. Im März sollte sie Abitur machen. Bis dahin war noch viel zu bewältigen. Das ehrgeizige Mädchen hatte es sich in den Kopf gesetzt, die Gesamtnote »gut« zu schaffen. Das hieß für Eva ernsthaftes Arbeiten.
Martin hatte sein Abitur im Sommer 1947 gemacht. Die Prüfungen fanden im Gymnasium Augustum, dem alten schönen Gebäude auf dem Klosterplatz, statt. Bei der Abitur-

arbeit in Deutsch – einem Aufsatz über Schillers »Kabale und Liebe« aus sozialkritischer Sicht – hatte Martin die wortgewandtere jüngere Schwester um ihre Hilfe gebeten, was Eva geradezu als Auszeichnung empfand. Sie lieferte eine Arbeit ab, die Martin in Schönschrift auf DIN A4-Bögen übertrug und für die er ein erfreuliches »befriedigend« bekam.

Nun war Eva mit ihrer Reifeprüfung dran. Der Termin für die mündlichen Examen war auf Mitte März festgelegt.

»Hüten Sie sich vor den Iden des März!« warnte Lateinlehrer Sauer. »Sie stehen dann ganz allein da, Sie müssen eigene Leistungen erbringen. Niemand wird Ihnen vorsagen.«

Eva büffelte am liebsten in den Fächern, die ihr leichtfielen: Deutsch, Geschichte, Englisch, Latein. Von den Naturwissenschaften interessierte sie einzig Biologie, das eine sympathische Lehrerin zu einem fesselnden Unterrichtsfach zu gestalten vermochte. Fräulein Doktor Walczuch verstand es, die jungen Mädchen an die Lehre vom Leben heranzuführen, die Bedeutung der Wissenschaft zu erkennen und die natürliche Neugierde zu wecken. Sie war eine herbe, gradlinige Frau mit strenger Frisur und klaren Gesichtszügen. Ihre Intelligenz war gepaart mit Wärme und Menschlichkeit, genau das, was die Jugend dieser ersten Nachkriegsjahre so nötig brauchte.

Dieselben Vorzüge hatte die Klassenlehrerin, Fräulein Schmidt. Schmidtels Zuneigung für ihre Klasse ging so weit, daß sie auch am Nachmittag für die Schülerinnen zu sprechen war, wenn diese etwas auf dem Herzen hatten. Eva verbrachte manche Nachmittagsstunde in der altjüngferlich-dunklen Wohnung in der Konsulstraße. Sie war im letzten Schuljahr zur Klassensprecherin ernannt, und da gab es manches mit der verständnisvollen Lehrerin zu besprechen. Das ging von der kostenlosen Brötchenverteilung in der großen Pause, die manchmal nicht ganz klappte, weil das Kontingent vorzeitig erschöpft war, bis zu den angemahnten, aber nicht gelieferten Schulbüchern. Das seitenlange Mitschreiben des Unterrichtsstoffes wegen der fehlenden Bücher war eine große Belastung für die Abiturienten des Schuljahres 1947/1948. Bisher gültige Schulbücher, in denen die Nazivergangenheit auf oder auch nur zwischen den Zeilen stand, wurden eingestampft. Mit den Neuauflagen, die deutlich kommunistische Tendenzen aufwiesen, kamen die Druckereien nicht nach. Papierknappheit, Maschinenabbau und der Mangel an Arbeitskräften verhinderten eine reibungslose Erfüllung der Aufträge. Unberührt von diesen Veränderungen blieb die klassische deutsche Literatur, die das Fundament für Fräulein Schmidts Deutschunterricht bildete. Eva hatte sich als »Abiturdichter« Theodor Storm gewählt, hatte »Immensee«, »Viola tricolor« und den »Schimmelreiter« gelesen und »Aquis submersus«, das sie am meisten erschütterte. Sie kannte Storms Gedichte zum großen Teil auswendig und wußte über das Leben des norddeutschen Dichters hinreichend Bescheid. Als sie soweit war und sich zufrieden und sicher fühlte, bestellte Fräulein Schmidt sie eines Nachmittags in ihre Wohnung.

»Eva-Maria, ich denke mir, daß Ihr Theodor Storm sitzt. Werden Sie mir nicht böse, Kind, aber Theodor Storm ist mir bei aller Achtung seiner großartigen Werke zu einfach für Sie. Von Ihnen erwarte ich einen Hölderlin.«

Eva war weder zornig noch unglücklich. Sie fühlte sich durch die Anerkennung, die in der neuen Aufgabe lag, herausgefordert und machte sich mit Feuereifer an die Arbeit.

In der frühen Dunkelheit saß sie während der Stromsperren bei einer Kerze stundenlang über Büchern und Heften und verdarb sich gründlich die Augen. Um Ruhe zu haben, setzte sie sich in das Schlafzimmer der Eltern, in dem sie jetzt mit Katharina schlief. Das Kinderzimmer wurde seit geraumer Zeit nicht mehr geheizt und war ein Eiskeller. Katharina kroch ins Bett, klappte die Augen zu und murmelte: »Mach ruhig weiter. Das bißchen Licht stört mich nicht.«

Morgens war Eva hundemüde, und spätestens in der dritten

Unterrichtsstunde fielen ihr die Augen zu. Wenn sie dann zum Beispiel in Latein beim Aufgerufenwerden nicht gleich die richtige Zeile im Buch fand, kam von Studienrat Sauer ein erstauntes: »Aber Fräulein Brandt, von *Ihnen* hätte ich das nicht erwartet.«

Nachmittags war Eva-Maria oft im Theater bei Ina Nass. Bei den Proben durfte sie dann manchmal seitlich neben der Bühne stehen und Theaterluft schnuppern. Noch immer bekam sie dabei das kribbelnde, herrliche Gefühl, und sie schwankte, wenn sie an ihre Zukunft dachte, zwischen Studienplänen und dem Wunsch, zur Bühne zu gehen.

Durch ihre neue Deutschaufgabe mußte sie ihre Theatergänge etwas einschränken. Sie las den »Hyperion« und deklamierte die »Diotima«, wenn keiner zuhörte.

»Wirst du denn nicht die Liebe verlernen? ...«

»Ist es nicht Sünde, zu trauern im Frühling? Warum tun wir es dennoch? ...«

Sie wußte nicht, welche Bedeutung diese Worte schon bald für sie haben sollten.

Im Februar kam Joachim aus Dresden, um an seinem einundzwanzigsten Geburtstag über das Wochenende zu Hause zu sein. Eva hatte ihr Taschengeld zusammengekratzt und schenkte ihm eine Zigarettenspitze aus Elfenbein mit einem Silbermundstück daran, eine kleine Kostbarkeit, für die sie etliche Beziehungen hatte spielen lassen müssen. Solche Luxusartikel gab es tatsächlich hin und wieder. Sie hatten den Krieg überdauert und wurden für adäquate Tauschobjekte oder viel Geld unter dem Ladentisch hervorgezaubert.

Joachim war gerührt. Eva war der einzige Geburtstagsgast und fühlte sich in Anwesenheit von Joachims Eltern leicht befangen. Frau Hansen hatte eine Mohrrübentorte gebacken mit ein paar aufgesparten Eiern und Margarine. Das bißchen Butter, das sie bekamen, wollte sie ihrem Jungen lieber aufs Brot schmieren. Er war sowieso nicht ganz in Ordnung, hat-

te Halsschmerzen und hustete. »Diese ungeheizten Hörsäle in Dresden!« klagte die Mutter. »Da muß man sich ja den Tod holen. Es ist unverantwortlich!«
Joachim schlang sich einen dicken Schal um den Hals, als er eine Stunde später Eva-Maria heimbrachte. Trotz Schnee und Dunkelheit machten sie einen Umweg, den Mühlweg hinunter und durch den Otto-Müller-Park. Die Straßenbeleuchtung war spärlich, im Park war es stockdunkel.
»Man kann sich nur noch fühlen«, lachte Eva leise.
Und sie »fühlten« sich, wärmten sich mit heißen Küssen und heißen Händen.
Kurz nach Weihnachten standen plötzlich Emmy und Johannes mit ihren beiden kleinen Söhnen vor der Tür. Emmy hatte es im Westen Deutschlands nicht mehr ausgehalten. Sie hatte Heimweh. Marburg war ihr nie ein Zuhause gewesen. Obgleich sie genau wie alle anderen Familienmitglieder unter der Abwesenheit des Vaters litt, wollte sie doch wieder »nach Hause«, in die Thälmannstraße, in der alles an eine glückliche Kindheit erinnerte. Hanna, die zufrieden war, alle vier Kinder wieder unter einem Dach zu haben, hatte nach Marburg signalisiert, daß die Parterrewohnung frei sei. Als vierköpfige Familie hatten Emmy und Johannes Anspruch auf etwa die Hälfte der hohen, großzügig geschnittenen Räume. Die übrige Wohnung wurde an zwei weitere Familien vergeben, die mit Emmys Familie das einzige Bad teilen mußten.
Sie waren schnell etabliert. Johannes, der seine Assistenzarztstelle im Marburger Krankenhaus aufgegeben hatte, fand sofort eine neue Anstellung in der ehemaligen Boeters'schen Klinik am Konsulplatz, die jetzt Poliklinik war.
Emmy genoß es, wieder im Schoß der Familie gelandet zu sein. Hannas verkümmernder Lebenswille flackerte ein wenig auf, wenn die Enkelsöhnchen zu ihr ins obere Stockwerk kamen. Dann fiel es ihr wieder ein, daß sie einmal ihren kleinen Kindern, die jetzt groß waren, selbsterfundene Geschichten

erzählt hatte, vom Mäxchen, das im Traum spazierenging, und vom Mariechen, das nur noch »grüne Mäuschen« auf dem Butterbrot essen wollte, und sie erklärte den Enkeln, daß »grüne Mäuschen« einfach Schnittlauch war.

Auch in der Wohnung in der ersten Etage wurden Räume beschlagnahmt. Martin war nach dem Abitur in den väterlichen Betrieb eingetreten und nach Crimmitschau gezogen, um dort mit einem Angestellten die Zweigstelle der Firma zu betreuen. Er lernte dabei mehr als in einem großen Unternehmen mit vielen Arbeitskräften und gewann schnell an Selbstsicherheit und Verantwortungsbewußtsein.

In der Sieben-Zimmer-Wohnung lebten jetzt fünf Personen: Hanna, Irma und die drei jungen Mädchen. Das war für die Nachkriegsverhältnisse im verarmten Deutschland zu feudal. In die Zimmer von Emmy und Martin wurde ein junges Ehepaar aus dem ehemaligen Ostteil der Stadt eingewiesen. Eigentlich sollte es das große Eßzimmer bekommen, dessen Wände alle Feste, allen Jubel, alle Geburtstage, Weihnachtsfeiern und Tanzabende in sich aufgesogen hatten; das mehr Flair hatte als irgendein Raum in diesem Hause, das Kinderzimmer vielleicht ausgenommen. Mit Zittern und Zagen wurde das »eingewiesene« Paar erwartet. Als Hanna merkte, daß den beiden dieser Riesenraum nicht recht behagte, schlug sie rasch den Wechsel zu den beiden kleineren Zimmern vor. Der Tausch wurde vollzogen, und alle waren erleichtert und zufrieden.

Eva-Maria, die sich noch immer nicht über ihre Zukunftspläne im klaren war, führte lange nächtliche Gespräche mit Katharina.

»Am liebsten würde ich in Dresden studieren.«

»Na sicher.« Katharina war der Zusammenhang sofort klar.

»Ja, wo denn sonst?« fragte Eva. »Vielleicht in Leipzig oder Berlin?«

»Wenn's keinen Jockel für dich gäbe, würde ich dir Berlin vorschlagen«, meinte Katharina gelassen. »Das ist zwar auch hoffnungslos kaputt, aber es hat doch sicher mehr Möglichkeiten.«
»Was für Möglichkeiten?« Eva zuckte die Schultern. »Es ist ja eigentlich schade, daß man in Görlitz nicht studieren kann. Dann brauchte ich nicht weg. Am liebsten würde ich Biologie studieren. Oder vielleicht auch Medizin.«
»Irgendwohin mußt du schließlich gehen.« Katharina drehte die Bürste in der Hand, mit der sie eben durch ihre braunen Locken gefahren war. »Mach dir mal keine Sorgen. In zwei, drei Jahren komme ich nach.«
»Ach, Kathinka, bloß gut, daß es dich gibt. Wen hätte ich denn sonst zum Reden!«
Katharina rutschte vom Tisch und gab der Schwester einen Kuß. »Bist ja doch meine Hälfte – meine liebe, dicke Hälfte, vielleicht sogar die bessere.«

Mitten in Evas Abiturvorarbeiten verkündete Hanna eines Abends ihren Beschluß, Eva nach Dresden zu schicken.
»Wenn du dich nicht entscheiden kannst«, sagte sie, »dann werde ich dich jetzt an der Kunstakademie in Dresden anmelden. Mir ist von allen Seiten gesagt worden, daß du schauspielerisches Talent hast.«
Das junge Mädchen war fassungslos. Nach der strikten Ablehnung durch den Vater vor knapp vier Jahren war diese mütterliche Anordnung für sie ein Wunder. Sie fragte noch am selben Abend Tante Irma, wie es zu dieser Entscheidung gekommen sei. Die antworte mit einem kleinen Lächeln:
»Deine Mutter hatte sich immer gewünscht, Schauspielerin zu werden. Das war zu ihrer Zeit und in ihren Kreisen fast unmöglich. Nun will sie eben in dir wahrmachen, was ihr versagt geblieben ist. Willst du es denn aber auch? Dann akzeptiere es doch einfach. Talent hast du ja.«

Plötzlich war also Dresden im Gespräch. Evas Phantasie malte ihr eine herrliche Studienzeit an Joachims Seite aus, beschwingt und glückselig mitten in den Trümmern dieser einst wunderschönen Stadt.

Als Eva-Maria zehn Tage vor dem Abitur zur Aufnahmeprüfung in der Kunstakademie nach Dresden fuhr – sie hatte dazu die Erlaubnis ihres Schuldirektors einholen müssen – lag Joachim in Görlitz im Karolus-Krankenhaus. Eine Woche nach seinem Geburtstag war er wieder zu Hause erschienen und wurde mit einer eitrigen Angina sofort dort eingewiesen. Trotz des massiven Infektes nahm man ihm die Mandeln heraus, was eine schwere Blutvergiftung zur Folge hatte.

Zur selben Zeit bestand Eva in Dresden-Blasewitz ihre Prüfung mit Bravour. Dank ihres glänzenden Gedächtnisses verfügte sie über ein umfangreiches Rollenrepertoire, das sie ihren Prüfern bieten konnte. Stolz quetschte sie sich gegen Abend in den überfüllten Zug, der sie nach Görlitz zurückbrachte. Eine Woche später hielt sie die schriftliche Aufforderung zum Studium, Semesterbeginn Anfang Oktober, in den Händen.

Joachims Zustand verschlechterte sich zusehends. Die Ärzte waren machtlos, als der junge Körper der Krankheit widerstandslos erlag. Die Therapiemöglichkeiten waren eingeschränkt. Penicillin gab es in Görlitz noch nicht.

Eva fuhr fast täglich mit der Straßenbahn nach Rauschwalde ins Krankenhaus, versuchte den Freund mit allem, was ihr einfiel, aufzuheitern und glaubte naiv, damit seine Abwehrkräfte zu mobilisieren.

Johannes bot schließlich Hilfe an.

»Schreib nach Berlin. Deine Patentante ist doch in einem Berliner Krankenhaus tätig. Vielleicht hat sie Beziehungen und kann dir Penicillin besorgen.«

Patentante Erna, Oberschwester im Berliner Albrecht-Achilles-Krankenhaus *hatte* Beziehungen. Sie telegrafierte: PENICILLIN VOM AMERIKANER KOMMT PER EILPOST!

Das Medikament kam tatsächlich zwei Tage später in Görlitz an, Johannes fuhr ins Karolus-Krankenhaus, sprach mit dem Chefarzt, dem der Umgang mit dem Antibiotikum noch fremd war, und beschwor ihn, die Therapie durchzuziehen, bis die vorgeschriebene Menge verbraucht sei, ungeachtet eventuell eintretender scheinbarer Rückschläge. Es war eine schwierige Mission, die er übernahm. Er wagte nicht, seine im Militärkrankenhaus in Marburg gesammelten Erfahrungen anzubieten. Ärzte, die verantwortungsvolle Posten bekleideten, konnten sehr empfindlich sein, wenn sie sich in ihren Kompetenzen bevormundet sahen. Joachims Eltern bestanden jedoch auf der Anwendung des Berliner Medikamentes. Es bedeutet eine letzte Hoffnung.
Joachim bekam Penicillin gespritzt, einmal, zweimal nach Vorschrift. Dann stieg das Fieber leicht an, und sofort wurde die Behandlung abgesetzt. Johannes war außer sich. Er sprach im Einvernehmen mit Joachims Eltern noch einmal bei den Ärzten vor, wurde eisig empfangen und ungehört nach Hause geschickt.
Joachim starb am 23. April. Vater und Mutter waren bei ihm. Mit einem kleinen Lächeln sagte er als letztes: »Es ist nun mal im Leben so, und allen geht es ebenso.«
Eva-Maria, die an Emmys Seite in wilder Verzweiflung durch Görlitz lief und sich kaum von der mitfühlenden Schwester beruhigen ließ, erfuhr am frühen Abend davon. Sie lief ins Elternschlafzimmer, warf sich auf das Bett und empfand eine merkwürdige Erleichterung nach der unsäglichen Anspannung der letzten Tage. Das Schicksal hatte entschieden. Joachim war tot. Katharina stand neben ihr und streichelte wortlos ihr Haar.

Zum Abendessen erschien Eva mit rotgeweinten Augen. Tante Irma stand auf der Glasveranda am gedeckten Tisch, füllte Buttermilchsuppe in die Teller und sagte:
»Mein armes Kind – iß. Das Leben geht weiter.«
Tante Irma mußte es wissen. Sie hatte ihren Mann hergeben müssen und ihre Jüngste und all ihr Hab und Gut in Danzig verloren. Aus all diesen Schicksalsschlägen war sie ungebrochen hervorgegangen, hatte immer wieder Mut gefaßt.
»Was uns nicht umwirft, macht uns stark«, pflegte sie zu sagen.

Joachim wurde in der ältesten Kirche von Görlitz, der fast neunhundertjährigen Nikolaikirche, aufgebahrt.
Als Eva und Katharina vor dem geöffneten Sarg standen, erschraken sie vor den veränderten Zügen des Toten. Die vollen Lippen waren jetzt schmal, die Wangen eingesunken. Nur das wellige, blonde Haar war so geblieben, wie Eva es kannte. Mit leichter Scheu fuhr ihre Hand darüber.

Zur Beerdigung ging Johannes an ihrer Seite, schob seine Hand unter ihren Arm und drückte ihn fest an sich.
Eva war ihm dankbar dafür.

Abitur

Der desolate Zustand des Freundes schon Anfang März war für Eva, die sich intensiv mit ihren Abiturarbeiten zu beschäftigen hatte, eine große Belastung gewesen. Dennoch erreichte sie das sich selbst gesteckte Ziel, die Gesamtnote »gut«. Bis auf Mathematik waren ihre schriftlichen Arbeiten glänzend, was zur Folge hatte, daß sie ausgerechnet in ihrem schwächsten Fach in die mündliche Prüfung kam.

Gerade als sie sich an Kartoffelsalat und klitschigen Roggenbrötchen delektierte, eine Mahlzeit, die die Unterprima den Abiturientinnen traditionell zu spendieren hatte – selbst im Krieg war dieses Mahl üppiger ausgefallen –, gerade da erschien Studienrat Dr. Lange in der Tür und sagte freundlich: »Fräulein Brandt, darf ich Sie bitten?«

Als er das entsetzte Gesicht des jungen Mädchens sah, fügte er begütigend hinzu: »Nur eine kleine Aufgabe, das schaffen Sie schon.«

Eva schluckte den Bissen hinunter, an dem sie gerade kaute, packte ihre Mappe und verzog sich in das sogenannte Vorbereitungszimmer, einen schmalen Raum mit fünf, sechs altmodischen Schulbänken. Ein Lehrer hatte dort immer Aufsicht zu führen, damit sich die Schülerinnen, die sich auf ihre Themen vorbereiteten, nicht untereinander verständigten.

Eva seufzte, als sie auf ihre Bank kroch. Der Lateinlehrer hatte schon recht gehabt: An den Iden des März würden sie ganz allein dastehen, da half niemand. Und heute war exakt der fünfzehnte März.

Sie legte das Blatt mit ihrer Aufgabe vor sich auf das Pult und sah sich hilfesuchend um. Aufsicht führte momentan der Musiklehrer Fischer, der sie wegen ihrer gesanglichen Leistungen besonders ins Herz geschlossen hatte. Ruhig ging er auf sie zu, sagte leise: »Rutsch mal«, und klemmte sich neben sie auf die Schulbank. Beide brüteten mit gesenkten Köpfen über dem »Geheimnis der Flüstergrotte«, in der sich der Schall bricht und zurückgeworfen wird, ob in Punkt A, B oder C, als sich die Tür öffnete und Studienrat Sauer, der gefürchtete Lateinlehrer, den Raum betrat.

Nach einer Schrecksekunde, die Lehrer und Schülerin gleichermaßen lähmte, rettete Fischer die Situation. Er stand auf und fragte gelassen: »Herr Kollege, verstehen Sie etwas von Mathematik?«

Dr. Sauer trat näher, raunte der inzwischen in der Bankmitte hockenden Eva zu: »Rutschen Sie mal«, und quetschte sich nun rechts neben sie. Eva hörte auf zu denken und überließ das vertrauensvoll ihren beiden Helfern. Als Sauer ansetzte, ihr die Lösung zu erklären, wurde die Tür ein weiteres Mal geöffnet. Dr. Lange übersah sofort die Lage und schmunzelte: »Na, nun kommen Sie mal ganz allein ins Prüfungszimmer, Fräulein Brandt.«

Sie ging aber nicht allein. Als sie vor das Prüfungsgremium trat, saß Studienrat Sauer bereits auf einem Stuhl neben der Tafel und tat uninteressiert. Eva malte mit Andacht und Ausdauer eine halbe Ellipse an die Tafel, wischte sie wieder weg, malte erneut und placierte schließlich die drei entscheidenden Punkte A, B und C. Sie las ihre Aufgabe vor, erklärte sie weitschweifig, um Zeit zu gewinnen, und wollte gerade raten: »Der Ton fängt sich in Punkt B«, als sie auf Sauer blickte, der in diesem Moment die Lippen zu einem deutlich sichtbaren »A« auftat, was er mit einem anschließenden, kaum unterdrückten Gähnen vertuschte.

»In Punkt A«, sagte Eva, legte die Kreide auf den Tafelrand und drehte sich aufatmend zu dem Kollegium um. Sie hatte den Eindruck, daß einige der Lehrer ihre Erleichterung teilten. Hier und da zog ein kaum zurückgehaltenes Lächeln über die strengen Züge.

Die Abiturergebnisse wurden am nächsten Tag verkündet. Die Iden des März hatten ihre Schrecken verloren. Caesar und seine Häscher gehörten der Vergangenheit an.
Das Wetter war schlecht, naßkalt, als Eva-Maria ihren letzten Schulweg antrat. Sie hatte wegen des Schneematsches auf den Straßen ihre unförmigen Schaftstiefel angezogen. Im ersten Stock im Zeichensaal hielt Studiendirektor Flögel eine kleine Ansprache, verteilte die Zeugnisse und gratulierte jeder Abiturientin mit Händedruck. Dann defilierten die jungen Damen am Lehrerkollegium vorbei und absolvierten das allgemeine Händeschütteln.
»Und nun«, Herr Flögel räusperte sich, um damit für Ruhe zu sorgen, »nun wird uns Fräulein Brandt eine Probe ihres schauspielerischen Könnens geben, das kürzlich in Dresden so positiv bewertet wurde.«
Eva-Maria erstarrte. Sie hatte keine Ahnung gehabt, daß dieses Ansinnen an sie gestellt werden könnte. Ihr Blick irrte über die erwartungsvollen Gesichter vor ihr, blieb an dem aufmunternden Lächeln der geliebten »Schmidtel« hängen. Die Iphigenie, schoß es ihr durch den Kopf. Die Goethesche Iphigenie hatten sie intensiv besprochen, sie war feierlich und würde dem Augenblick gerecht. Wenn man ihr nur vorher etwas gesagt hätte – wenn sie sich hätte vorbereiten können!
Eva trat vor, in schweren, schwarzen Schaftstiefeln, in einem blauen Wollkleid, das ihre füllige Figur etwas zu straff umschloß, und erhob ihre Stimme, hell und tragend:
»Heraus in eure Schatten, rege Wipfel, tret' ich noch jetzt mit schauderndem Gefühl ...«
Sie hatte ein dankbares Publikum. Alle waren still und hörten zu, die Schmidtel war ergriffen. Sie holte aus ihrer Rocktasche ein Taschentuch und tupfte vorsichtig ihre Nase.

Als Eva zu Hause ihr Zeugnis vorzeigte, holte die Mutter feierlich ein Kästchen hervor und überreichte ihr den Ring mit einem großen Goldtopas, den der Juwelier Hoer im Schwibbogen am Obermarkt in schöner Handarbeit gefaßt hatte. Tante Irma nahm das junge Mädchen in die Arme und flüsterte eindringlich: »Nutze deine Gaben, mein Kind.«

Am nächsten Tag fuhr Eva ins Karolus-Krankenhaus und präsentierte Joachim ihr Abiturzeugnis.
»Das hab' ich dir auch zu verdanken, Achim.«
Er lächelte schwach. »Ich freu' mich, Eva. Es ist schön, daß du es geschafft hast.«

Berlin

Als Joachim tot war und Eva eine trostlose Leere in sich fühlte, war plötzlich Ina Nass da, die junge Schauspielerin vom Stadttheater. Sie saß in Hannas Wohnzimmer, streichelte Evas Haar und sagte:
»Du brauchst jetzt jede Menge Arbeit.«
Und sie redete nicht nur daher, sondern sie kam auch gleich mit konkreten Vorschlägen.
»Du kriegst erstmal bei Karl Lange Schauspielunterricht. Ich habe schon mit ihm gesprochen, er macht das. Er ist ein guter Lehrer. Außerdem wohnt er um die Ecke, in der Blumenstraße. Und dann kannst du ja im Oktober nach Dresden gehen. Auf jeden Fall lerne, daß es dir zu den Ohren rauskommt. Denk an deine Zukunft, das ist jetzt wichtig.«
Eva stopfte ihr Gehirn voll mit Rollen aller Sparten. Täglich ging sie in die Blumenstraße, ließ sich korrigieren und anlei-

ten, paukte und arbeitete hart. Katharina fand, als die Schwester so vollständig in immer neue Rollen schlüpfte, daß gar nichts mehr von ihr übrigblieb.
»Du bist überhaupt nicht mehr du«, bemängelte sie. »Kannst du eigentlich noch irgendwann mal privat sein?«

Im Juni wurde in Deutschland die Währungsreform durchgeführt. Die westlichen Besatzungsmächte fingen am 21. des Monats damit an und gaben der Bevölkerung pro Kopf vierzig D-Mark. Zur gleichen Zeit verlor die alte deutsche Reichsmark ihren Wert. Die Westsektoren Berlins zogen am 24. Juni nach. Diese Maßnahme sollte die inflationäre Entwicklung der alten Währung beenden und durch die neue D-Mark einen wirtschaftlichen Aufschwung Deutschlands ermöglichen.
Die Russen fühlten sich durch dieses Vorgehen überrumpelt. Um in der gebotenen Geschwindigkeit das entsprechende Ostgeld auf den Markt zu bringen, fehlte es an dem dazu nötigen Papier. Darum wurden in Windeseile die alten Reichsmarkscheine mit dem neuen, nun gültigen Wert überklebt, was im Volksmund sofort zu der Bezeichnung »Klebemark« führte. Neues geltendes Ostgeld gab es erst vier Wochen später.
Damit wurde die Teilung zwischen Ost und West perfekt. Die unmittelbare Folge dieser Trennungsaktion war die Blockade Westberlins. Die Stadt sollte »ausgehungert« werden und mit der Zeit den Russen und den deutschen Kommunisten wie ein reifer Apfel in den Schoß fallen. Die politische Insel Westberlin im Roten Meer war Rußland längst ein Dorn im Auge.

Eva fieberte der Dresdner Kunstakademie entgegen. Sie hatte es tatsächlich erreicht, daß sie bei der Witwe Günther dasselbe Zimmer bekam, das Joachim während seiner kurzen Studienzeit bewohnt hatte. Es war winzig, hatte eine ausge-

leierte Bettcouch und einen Ofen, der nicht richtig zog. Außerdem war es viel zu weit von der Kunstakademie in Dresden-Blasewitz entfernt. Es lag eben in der Nähe der Universität, wie es für Joachim sinnvoll gewesen war.
Trotzdem mietete es Eva. Sie betrachtete das Zimmer gewissermaßen als Vermächtnis des toten Freundes.

Im September 1948 durfte Eva-Maria – sozusagen als Belohnung für das mit »gut« bestandene Abitur – zu Martin nach Berlin fahren. Der Bruder war vor ein paar Monaten von Crimmitschau nach Westberlin übersiedelt und fing an, sich in der schon wieder brodelnden ehemaligen Hauptstadt Deutschlands zu etablieren. Nicht nur die große Stadt, die jetzt durch die Eroberer viergeteilt war, reizte Eva. Besonders verführerisch war, daß Martin im amerikanischen Westsektor wohnte, in dem das Leben schon jetzt spürbar freier war und mehr zu bieten hatte als jede andere Region. Martin hatte oft kulinarische Raritäten nach Görlitz gebracht, die dort unvorstellbar waren. Eine Flasche Wein, ein großes Stück Schinken, einmal sogar eine fast ganze Kalbskeule. Das ließ darauf schließen, daß er auch in Berlin mit seinem Organisationstalent etliche lukrative Quellen erschlossen hatte. Ob die immer so ganz astrein waren, wollte keiner der Nutznießer nachprüfen. Eva versprach sich von dem Besuch in diesem Traumland herrliche Zeiten. Zudem sollten in Berlin ja schon Bars und Theater geöffnet sein. Eva stellte sich Luxusabende vor, wie sie sie in den Filmen ihrer Backfischzeit bewundert hatte.
In Görlitz durchquerte sie den etwas verwahrlosten, aber wie alles in der Stadt unbeschädigten Bahnhof, kletterte mit dem kleinen Koffer, der ihre spärliche Garderobe enthielt, in den Zug und sechs Stunden später in Berlin wieder hinaus. Sie fragte sich durch bis zu einer S-Bahn-Station und fuhr über die Friedrichstraße, Papestraße und Großgörschenstraße nach Schöneberg. Auf dieser nur halbstündigen Fahrt schmolzen

ihre Erwartungen von einem Berliner Luxusleben dahin. Was sie aus dem S-Bahnfenster erblickte, übertraf alle ihre Vorstellungen. Sie, die aus einer unzerstörten Stadt kam und von Bombennächten nur gehört hatte, erschauerte bei dem Anblick zerborstener Häuserreihen und aufgetürmter Schuttberge. Noch immer lag Entsetzen auf dem Gesicht des jungen Mädchens, als es in Schöneberg den Zug verließ. Menschen hasteten um sie herum, es waren sehr viele, die Züge waren überfüllt. Eva setzte ihr Köfferchen auf den Boden und blieb einfach stehen. Sie wußte nicht, wohin sie sich wenden sollte. Irgendwann würde Martin sie schon finden. Nach wenigen Minuten stand er neben ihr. »Tachchen, Eva.« Er sagte wirklich »Tach-chen« wie einst der Vater.
»Bloß gut, daß du stehengeblieben bist. Ich hätte dich sonst nicht gefunden.« Martin nahm ihren Koffer.
»Komm, wir können von hier aus laufen. Es ist nicht weit.«
Sie traten auf die Dominikusstraße, mußten ein auf der Straße liegendes Mietshaus umrunden und einer herannahenden Straßenbahn ausweichen. Alle Wegmöglichkeiten waren durch die Trümmermassen eng geworden. Eva blieb stehen.
»Das ist Westberlin?« fragte sie fassungslos.
»Ja, klar. Ostberlin sieht anders aus«, antwortete Martin gelassen. Seine Ruhe war die des an seine Umgebung Gewöhnten.

Auch das Haus in der Martin-Luther-Straße, in dem er seine Wohnung hatte, war zur Hälfte eine Ruine. Der linke Teil war in sich zusammengesunken, die Hausfront lag auf der Straße. Beklommen betrat Eva den dunklen Hausflur, dessen linke Wand breite Risse zeigte. Vorsichtig setzte sie ihren Fuß auf die erste Treppenstufe. »Hält die auch?«
Martin nahm ihren Arm und zog sie mit nach oben.
»Du brauchst keine Angst zu haben, Eva«, tröstete er. »Es gibt viel kaputtere Häuser in Berlin, und trotzdem wohnen Menschen drin. Was sollen sie auch sonst tun?«

Im zweiten Stock schloß er eine geborstene, durch mehrere Latten notdürftig zusammengehaltene Wohnungstür auf. Eva sah sich in dem Flur, von dem drei große Zimmer abgingen, erstaunt um.

»Es ist ja richtig wohnlich hier.«

Mit sichtlichem Stolz zeigte ihr der Bruder die voll eingerichteten Räume: ein Büro, ein Wohnzimmer und ein Schlafzimmer. »Du schläfst in meinem Bett und ich auf der Couch«, entschied Martin galant. »Heute abend gehen wir mit ein paar Freunden in die Queen-Bar. Und morgen in die Oper: »Bohème«. Das wolltest du doch gern – oder?«

Eva nickte begeistert. So hatte sie sich ihre Erlebnistage in Berlin vorgestellt. Und in der Wohnung des Bruders sah man ja nichts von den Zerstörungen. Als sie aber gegen halb acht Uhr abends zum Rudolf-Wilde-Platz gingen, um mit der Straßenbahn zum Nollendorfplatz zu fahren, blieb sie doch wieder erschüttert stehen.

»Guck mal, Martin, dort hängt ein halbes Badezimmer in der Luft. Die Badewanne muß doch jeden Augenblick runterfallen.«

»Die hängt dort oben, seit ich hier wohne«, sagte Martin gleichmütig. »Wahrscheinlich wohnen noch Leute in der Restwohnung dahinter. Irgendwann wird das alles mal abgetragen.«

»Ist das nicht gefährlich? Die Mauern sind doch alle angeknackst.«

Martin zuckte die Schultern. »Sicher ist es gefährlich. Aber eben nicht mehr so wie zur Zeit der Bombenangriffe. Die Menschen fühlen sich nicht mehr so hilflos fremder Willkür ausgesetzt wie noch im Krieg. Sie sehen wieder eine Zukunft vor sich und wissen, daß es jetzt auf sie selbst ankommt. Deshalb packen sie auch so zu und räumen auf und bauen wieder auf.«

Eva sah sich um. »Ich wüßte gar nicht, wo ich hier anfangen sollte«, murmelte sie.

»Das kann ich dir morgen mal zeigen«, sagte Martin, »wenn die Trümmerfrauen auf den Schutthaufen stehen und jeden Stein sauberklopfen. Die fragen gar nicht erst, die fangen einfach an.«
»Und wer sind diese Trümmerfrauen?« wollte Eva wissen.
»Alle möglichen Frauen, Berlinerinnen eben. Zum Teil werden sie dazu verpflichtet, wenn sie beispielsweise eine Nazivergangenheit haben, zum Teil melden sie sich freiwillig. Und nicht nur, weil sie dann eine bessere Lebensmittelkarte kriegen – manche treibt wirklich noch so etwas wie Idealismus. Sie wollen ihre Stadt einfach wieder sauber haben.«
Eva nickte. Sie hatte Verständnis und Bewunderung für diese Frauen. Und es kam ihr plötzlich höchst albern und oberflächlich vor, mit dem Bruder in eine ominöse Bar zu gehen, um die »heißen« Nächte in dem todwunden Berlin zu erleben.

Nur schwer konnte sie sich von den Eindrücken lösen, als sie später mit drei jungen Männern in der Bar saß und sich mit »friedensmäßigem« Essen und Wein verwöhnen ließ.
Martins Freunde schienen in der Schwarzmarktszene festen Fuß gefaßt zu haben und traten mit der Sicherheit derer auf, deren Geldbeutel wohlgefüllt ist.
Später bekam Eva einen Schwips und wurde doch noch ausgelassen. Berlin hatte eben seine zwei Seiten.
Die vier Tage, die die Mutter ihr zugestanden hatte, vergingen wie im Fluge. Tagsüber war sie bis zum Nachmittag sich selbst überlassen. Sie lief durch Schöneberg, entdeckte unter halbzerbombten Häusern kleine Läden und Restaurants, sah den Scharen von Trümmerfrauen zu, die wie ein emsiges Ameisenvolk auf den Schuttbergen standen und unermüdlich Ziegelsteine von Mörtel befreiten. Dazu benutzten sie größere und kleinere Maurerhämmer. Von Hand zu Hand gingen die Steine und landeten zuletzt unten auf der Straße, wo sie sorgfältig aufgeschichtet wurden. Der abgeschlagene

Schutt wurde in Eimern und Kübeln gesammelt und in abfahrbereite Loren gekippt, die auf provisorisch auf den Straßen verlegten Feldbahnschienen standen. Unter den fleißigen Frauen herrschte eine fröhliche, lockere Stimmung. »Ich würde verzweifeln«, dachte Eva-Maria. »Es ist ja kaum ein Ende abzusehen.« Ihre Bewunderung für die Trümmerfrauen war grenzenlos.
Am Abend gingen sie in das notdürftig wieder hergerichtete Theater des Westens und sahen »Bohème«. Der Zuschauerraum und die Bühne waren wieder intakt. Zum Teil hatten die Künstler selbst mit angepackt, um ihr Theater spielbereit zu machen. Der überall vorwärtsdrängende Optimismus in der zerstörten Stadt war überwältigend.
In der Pause bewunderte Eva das romantische Plüsch-Kronleuchter-Ambiente des Theaters. Es war wie eine leuchtende Insel in dem Trümmerfeld, das es umgab. Eine beschwingte Stimmung hatte von dem Publikum Besitz ergriffen. Die Besonderheit des Abends lag auf den Gesichtern, fand ihren Ausdruck in einer zeitgemäß festlichen Kleidung, der man hier und da ansah, daß sie aus Stoffen gezaubert worden war, die vorher einer anderen Bestimmung gedient hatten.
Eva entdeckte mit Entzücken unter den Darstellern die Sopranistin Traute Richter vom Görlitzer Stadttheater. Als ihr bei Mimis Tod die Tränen übers Gesicht liefen, schob ihr Martin ein Stück Schwarzmarktkonfekt in den Mund.

Am nächsten Morgen trat sie die Heimreise an. Sie dankte Martin überschwenglich für die erlebnisreichen Tage. Dann saß sie im Zug auf ihrem Koffer, sah nachdenklich zum Fenster hinaus und ließ noch einmal alle Eindrücke Revue passieren. Sie hatte so viel Gegensätzliches gesehen und erlebt. Sie dachte an die Badewanne, die in einem Schöneberger Haus fast in der Luft hing, und an die Trümmerfrauen, die trotz ihrer harten Arbeit so fröhlich waren; sie dachte an die vielen

kleinen Geschäfte, die zwischen eingestürzten Mauern eine mühsame Existenz führten und von unglaublichem Optimismus und Lebenswillen zeugten. Und sie dachte noch einmal an »Bohème«, an die wundervolle Musik und an Plüsch und Kronleuchter im Theaterfoyer. Berlin war – trotz aller Zerstörung – eine faszinierende Stadt.
Eva war noch erfüllt davon, als sie mit ihrem Koffer durch die Görlitzer Straßen ging. Sie war sich ganz sicher, daß sie irgendwann wieder einmal dort sein würde, in Berlin, dieser tapferen, schillernden, vielseitigen Stadt.

Dresden

Das Wintersemester an der Kunstakademie in Dresden begann zwei Tage nach Katharinas siebzehnten Geburtstag. Der Abschied von der Schwester wurde Eva-Maria schwer. Sie spürte, daß sie mit der Ortsveränderung den besseren Teil erwischt hatte. Katharina blieb in dem immer trostloser werdenden Görlitz zurück. Ihre Jugend, der verheißungsvollste Teil eines Menschenlebens, verkümmerte.
»Noch zwei Jahre«, tröstete Eva, »dann hast du dein Abi und kommst mir nach, irgendwohin, wo ich gerade bin.«
Katharina sagte nichts. Sie sah Eva nur traurig an.
Schließlich fragte sie tonlos: »Soll ich mich auf deinen Koffer setzen?« als Eva das alte Ding als Pappmaché nicht zukriegte.

Als Eva-Maria den Dresdner Hauptbahnhof verließ, blieb sie ergriffen stehen. Da, wo einmal das Zentrum einer großen

Stadt gewesen war, da war nichts mehr. Die Prager Straße, einst die eleganteste Straße Dresdens, lag als riesige Trümmerzeile vor dem fast gänzlich zerstörten Bahnhofsgebäude. Zwischen den Schuttbergen hatten ein paar Unentwegte hier und da Bretterbuden aufgeschlagen. Ein kleiner Handel begann zaghaft zu blühen: Lebensmittel vor allem, in der schlechten Qualität, wie sie die russische Zone hervorbrachte, klitschige Graubrötchen, saure Gurken und Fischbockwürste. Daneben mit rührendem Fleiß und Phantasie gefertigte Strohtaschen, Flickendeckchen und Schreibmappen aus Pappe, mit Bast umstochen. Und Trödel wurde angeboten, das wenige, was in der gemordeten Stadt noch übriggeblieben war.

Langsam ging Eva-Maria mit ihrem schweren Koffer an den elenden Buden vorbei. Es war gut, daß sie vorher in Berlin gewesen war und damit vorbereitet auf den Anblick zerbombter deutscher Städte. Aber Dresden war noch schlimmer als Berlin.

Es schien wie ein Wunder, daß zwischen all den geborstenen Mauern, den Schuttbergen, die die halbe Straße bedeckten, Menschen herumwuselten, die offenbar pausenlos beschäftigt waren. Eigentlich hätte das eine tote Stadt sein müssen. Aber die, die das schreckliche Bombardement am 13. und 14. Februar 1945 überlebt hatten, packten das Leben mit allen seinen Notwendigkeiten unbeirrt wieder an. In der Mitte der Straßen waren die Straßenbahnschienen freigelegt und ausgebessert worden. Es gab wieder Oberleitungsbusse, der Verkehr war in Gang gekommen. Wie in Görlitz und Ostberlin gab es auch in Dresden seit 1948 HO-Betriebe, die eine Verteilerfunktion mit streng vorgeschriebenen Preisen für das begrenzte Lebensmittelkontingent erfüllten.

Eva mußte lange an der Bushaltestelle stehen, bis der Bus kam, der sie ins Universitätsviertel und damit zu ihrem gemieteten Quartier bringen würde. Die Fahrt durch die zer-

störte Stadt war schrecklich. Sie mußte daran denken, was Joachim ihr gesagt hatte, als er das erste Mal zurück nach Görlitz kam: »Es ist grauenhaft – es ist das deutsche Hiroshima.«
Eva hatte Dresden vor seiner Zerstörung nicht gekannt. Aber was sie jetzt sah, übertraf alle Vorstellungen. Es schien unvorstellbar, daß sich aus dem Inferno, dem solche Zerstörung folgte, überhaupt Leben retten konnte. Sie mußte daran denken, daß sie am 12. Februar 1945 in Görlitz als BDM-Mädchen Bahnhofsdienst gehabt hatte und lange Flüchtlingszüge mit Brot und Suppe versorgte, bevor die Züge weiter nach Dresden fuhren. Es waren alles schlesische Flüchtlinge, die einen Tag später in Dresden durch britische und amerikanische Bombengeschwader den Tod fanden. Krieg war etwas Furchtbares. Krieg hatte auch Evas junges Leben gezeichnet. Sie fuhr mit dem Bus durch die Stadt und sah auf einem in sich zusammengefallenen Haus einen frischen Kranz und einen Asternstrauß liegen – Zeichen einer Liebe, die nicht vergessen konnte.

Dreimal in der Woche begann der Unterricht morgens um sieben mit Ballett- und Fechtstunden. Das hieß für Eva-Maria um halb sechs aufstehen und um sechs an der Bushaltestelle stehen. Es war dann noch dunkel und ziemlich kalt. Wenn sie es schaffte, heizte sie vorher noch den Kachelofen in ihrem Zimmerchen an und legte so viel auf, daß sich die Glut bis abends hielt. Wenn sie heimkam, war es schon wieder dunkel. Eva beklagte sich nicht. Sie liebte die Ausbildung und war in jedem Fach fleißig: Sprechtechnik, Atemübungen, Rollenstudium. Der Ballettunterricht war so intensiv, daß alle Schauspieleleven tagelang vor lauter Muskelkater jede Bordkante umgingen. An Treppenauf- und absteigen mochten sie gar nicht denken.
Eva hatte ihre Gesangstudien wieder aufgenommen. Ihr Ge-

sanglehrer, Herr Plathe, hatte eigenartige Unterrichtsmethoden. Er unterrichtete intensiv und eindringlich. Er selbst hatte, sie wußte nicht, wodurch, seine Stimme verloren. Er flüsterte nur und gab so seine Anweisungen.
Evas Studium war kein Zuckerschlecken. Morgens im Dunkeln die Fahrt durch die Trümmer Dresdens, abends im Dunkeln zurück. Dazwischen Rollenstudium, Theaterwissenschaften, wobei ständig mitgeschrieben werden mußte, weil es zu wenig Literatur gab, später Gymnastik, bei der das Fallen über Treppen und Requisiten geübt wurde. Beim Heimweg schmerzten alle Glieder.
Einmal kam Katharina zu Besuch. Die beiden Schwestern genossen das Zusammensein. Sie fuhren mit der Zahnradbahn zum Restaurant Luisenhöhe auf dem Weißen Hirsch, tranken dort Kaffee und aßen schlechten Kuchen. Und sie stellten zum soundsovielten Male fest, daß sie die besten Freundinnen waren, sie, die in der Familie immer die »beiden Kleinen« genannt wurden.
»Nicht wahr, wir gehören zusammen.« Katharina reichte Eva plötzlich über den Tisch weg die Hand und drückte sie fest.
In Evas Studentenbude aßen sie einen riesigen Topf voll Butternudeln, wobei die Butter Margarine war. Dabei erzählten sie und lachten und waren einfach jung.
Die Heimfahrten nach Görlitz waren beschwerlich. Oft stand Eva stundenlang auf dem halb ausgebombten Dresdner Hauptbahnhof, wartete auf den Zug, der meistens Verspätung hatte, quetschte sich, wenn er endlich kam, in ein Abteil oder setzte sich im Gang auf ihren Koffer und schlief halb darauf ein. Wenn sie in Görlitz ankam, torkelte sie todmüde durch den Bahnsteiggang und brauchte dann noch eine Viertelstunde, um über die Jakobstraße bis in die Thälmannstraße zu gelangen.
Hier hatte sich inzwischen einiges verändert. In das bislang so gehütete Eßzimmer war nun doch noch eine fremde Familie

eingewiesen worden. Wichtig war für Eva und Katharina nur noch das Kinderzimmer mit dem kleinen Balkon zum Hof, das für sie Kindheit und Jugend bedeutete und ihnen zum Glück erhalten blieb.

In Dresden litt Eva zunehmend unter dem Einfluß des Kommunismus, der sich auch in den Kunstschulen bemerkbar machte. Die Schauspielschüler hatten stets Zugang zu den Proben des Staatstheaters und nutzten dies weidlich aus. Natürlich war das Verlangen groß, auch einmal auf der Bühne zu stehen und Erfolg zu haben. Auch im zerbombten Dresden wurden hohe Ansprüche an das künstlerische Können gestellt. Dennoch wurde immer deutlicher spürbar, daß die die größeren Chancen hatten, die dem herrschenden Regime zum Munde redeten. Wo Widerstand auch nur vermutet wurde, schlugen Türen plötzlich zu, und jede Protektion wurde vereitelt.
Eva wußte, daß jedes Stück, das zur Aufführung kam, erst ins Russische übersetzt werden mußte, bevor es genehmigt wurde. Das Mißtrauen gegen alles Deutsche saß tief in den russischen Besatzungsmächten. Auf diese Weise aber konnte sich die Kunst im Nachkriegsdeutschland nicht entfalten.
In ihrem Zimmerchen studierte Eva ihre Rollen, bei denen sie leidenschaftliche Ausbrüche nur flüstern konnte, um ihre Wirtin nicht zu stören.
Das Drama Dresden ließ Eva nie los. Wenn sie mit ihrem Studienfreund Wolfgang an den verschneiten Elbwiesen entlangging, war sie bedrückt.
»Ich sehe hier lauter Tote«, sagte sie gequält. Der Freund nickte. Er verstand sie. Aber er hatte diese Bombennacht nicht miterlebt. Vor einem halben Jahr erst war er aus russischer Gefangenschaft gekommen.
»Ich wußte gar nicht, was hier geschehen ist. Meine Mutter hat es mir erzählt. Wenn ich das vorher gewußt hätte, ich hät-

te mich totgeängstigt um sie. Aber sie hat's ja überlebt – Gott sei Dank!«

»Es muß die Hölle gewesen sein«, sagte Eva-Maria leise.

»Ja.« Wolfgang blieb stehen und blickte auf das zerbombte gegenüberliegende Ufer. »Es war ein Teufelswerk. Wozu Menschen fähig sind! Und dann werden sie noch für das Morden belohnt. Es ist unglaublich, wozu der Haß die Menschheit treibt.«

Eva faßte seine Hand. »Aber immer bleiben ein paar übrig, die es besser machen können.«

Wolfgang lachte bitter. »Haß sät Haß. Das ist leider so, seit es Menschen gibt. Und meistens wird uns das Töten befohlen. Wir wollen es ja gar nicht. Wir sind alle friedliebend – oder nicht?«

Eva schob ihren Arm unter seinen.

»Wolfgang, ich lad' dich jetzt zu irgend etwas ein. Laß uns zurückgehen. Wir gehen in die kleine Theaterkneipe, da gibt's sicher was.«

Als sie spät den Heimweg antraten, fuhr kein Bus mehr. Die Straßen waren still und leer. Sie gingen auf der schmalen Mittellinie zwischen den Trümmerbergen. Der Mond schien hell und ersetzte die Straßenbeleuchtung. Oben, auf einem der Mauerreste, lag wieder ein Kranz frischer Blumen. Der herbe Asterngeruch wehte bis zu ihnen. Sie standen still und lehnten sich aneinander.

»Das bleibt«, sagte Wolfgang langsam. »Das ist Liebe. Aber auch Liebe kann in Haß umschlagen.«

Der Unterricht an der Kunstakademie bekam neben aller Kunst mehr und mehr politischen Charakter. Ob das von oben her befohlen wurde oder ob das Lehrpersonal aus überzeugten KP-Kreisen kam, war nicht zu entscheiden. Genau wie am Lyzeum in Görlitz mußten die Klassiker deutlich spürbar modernen, linksgerichteten Dramatikern weichen. Allenfalls ein paar Russen standen auf dem Stundenplan. Go-

gol, Dostojewski, Tolstoi. Ein neues Unterrichtsfach wurde eingeschoben: Politische Sachkunde. Es war das erste Fach, in dem Eva-Marias Lerneifer erkennbar nachließ. Sie bekam ein paar Gehässigkeiten zu spüren, die ihr die Freude am ganzen Studium nahmen. Bei ihren so oft wie möglich unternommenen Fahrten nach Görlitz besprach sie sich mit der Mutter und Tante Irma. Hanna war ratlos.
»Was willst du denn machen? Du kannst doch dort nicht schon wieder aufhören. Halte dich einfach zurück.«
»Dann lassen die mich doch fallen wie eine heiße Kartoffel. Ich bekomme auch keine Chargenrollen mehr am Theater. Aber die muß ich doch haben, die sind der Anfang von allem.«
Eva blickte stumm-auffordernd zu Tante Irma. Was sagst du dazu? Wie üblich kam ein vorsichtig-diplomatischer Rat: »Im Osten wird es überall das gleiche sein. Vielleicht solltest du Martin in Westberlin mal fragen, was er darüber denkt.«
Kurze Zeit darauf kam noch einmal Katharina zu Besuch nach Dresden. Sie war wie immer eine aufmerksame Zuhörerin.
»Es ist unerträglich geworden«, beklagte sich Eva. »Ich weiß nicht, ob es die Russen oder die deutschen Kommunisten sind. jedenfalls reden alle rein mit ihrer unerträglichen Politik. Das hat doch mit der Kunst nichts mehr zu tun. Ich gehe hier noch ganz kaputt. Ich muß immer daran denken, daß die Kerle unseren Vati auf dem Gewissen haben.«
Katharinas Blick war tiefernst.
»Geh nach Berlin, Evi. Martin muß was für dich finden. Dort gibt's doch auch Schauspielschulen, vielleicht sogar noch bessere. Fahr in den Semesterferien hin und guck dich um. Und wenn du erstmal dort bist – ich komme irgendwann nach – bestimmt!«
Eva drückte dankbar die Hand der Schwester.
»Ach, Kathrinchen, jetzt ist mir viel leichter. Du hast natürlich wieder mal das richtige Wort gefunden – wie immer.«

Gleich nach Weihnachten fuhr Eva zum zweiten Mal nach Berlin, fand ein kleines Schauspielstudio in Wilmersdorf und sprach der Leiterin ihre Rollen vor.
»Ich werde dich aufnehmen, mein Kind«, sagte diese gnädig. Daß sie eine Erzkommunistin war, deren Fäden alle nach Ostberlin gingen, erfuhr Eva erst sehr viel später.
Jetzt war sie erstmal froh, der diktatorischen Befehlsgewalt der Sowjetzone entkommen zu sein, die sich seit kurzem DDR nannte. Sie überschattete das Leben der deutschen Bevölkerung in allen Bereichen: Politik, Wirtschaft und Kultur. Die Kommunisten Deutschlands, die auf der Woge des sowjetischen Wohlwollens emporgetragen wurden zu den höchsten Ämtern, regierten plötzlich Stadt und Land. Ob aus politischer Überzeugung oder Opportunismus in Görlitz wie in Dresden und überall in der sowjetischen Besatzungszone – sie schwelgten in ihrer politischen Macht. Dabei fehlten ihnen Toleranz, Bildung und Weitsicht, und das wurde Andersdenkenden zum Verhängnis.
Eva, die durch die Verschleppung des Vaters persönlich betroffen war, strebte fort, sogar aus dem von Joachim »ererbten« Mietzimmer, sogar aus der geliebten Vaterstadt Görlitz, die sich so verändert hatte.
Eva wollte nach Berlin.

Katharina

Das Zimmer, das Eva-Maria in Berlin-Pankow bezog, war winzig. »Wenn du zur Tür reinkommst«, schrieb sie an Katharina, »fällst du gleich zum Fenster wieder raus.« Es kostete fündundzwanzig Ostmark Miete, was die Benutzung der Waschschüssel im vollgestopften kleinen Bad sowie eines Kochtopfes und eines Küchenregals einschloß. Eva, die es immer verstanden hatte, sich nach der Decke zu strecken, war zufrieden. Hauptsache, sie war in Berlin. Die Möblierung ihres Räumchens war spartanisch einfach: ein schmales Bett, ein schmaler Spind, ein wackliges Tischchen und ein Holzstuhl davor. An diesem Tisch saß sie oft nächtelang und schrieb für eine Westberliner Firma Kundenadressen auf Hunderte von Briefumschlägen, die zu Werbezwecken ausgesandt wurden. Viel Lohn bekam sie dafür nicht. Meist saß sie, bis ihr im Morgengrauen die Augen zufielen. Aber es war ja Westgeld, wofür sie arbeitete, und das brauchte sie dringend. Der monatliche Wechsel, den sie über die Mutter von der väterlichen Firma bekam, war für östliche Verhältnisse großzügig. Sie bestritt die Miete und den bescheidenen Lebensunterhalt damit. Da sie sich aber den Luxus leistete, in Westberlin zu studieren, reichte der Rest des Geldes, umgetauscht in Westmark bei einem Kurs von 1 : 5 bis 1 : 7, nicht aus. Ihre Lehrerin hatte zwar alle künstlerischen und politischen Beziehungen in Ostberlin, aber sie wohnte ja in Westberlin und ließ sich das Studienhonorar in Westgeld bezahlen. Eva und ihre Kommilitonen, die alle in einer ähnlichen Misere steckten, waren meistens todmüde, wenn sie vormittags um zehn zum Unterricht im Studio erschienen. Die Leiterin des Unternehmens vermittelte ihnen hin und wieder Komparsenrollen am Deutschen Theater in Berlin-Mitte oder am

Berliner Rundfunk in der Masurenallee mitten im Britischen Sektor, aber fest in russischer Hand. Hier gab es für eine Nacht lang »Publikum spielen« mit Beifallklatschen und Volksgemurmel nach Anweisung siebzig Mark und für eine winzige Rolle mit wenigen Sätzen hundert bis hundertfünfzig Mark, aber eben leider immer Ostgeld. Das Geld wurde noch am selben Morgen in die nächste Wechselstube getragen, um in Westscheinen im Schauspielstudio abgeliefert zu werden.
Eva war viel zu sehr in ihrer Kunstbesessenheit gefangen, um diese unverfrorene Ausnutzung in ihrem vollen Umfang zu erfassen. Ihr Ehrgeiz kannte nur das Ziel, Karriere zu machen. In Studioaufführungen bekam sie kleinere und größere Rollen, die auf Kleinstadtbühnen in der Umgebung Berlins aufgeführt wurden. Sie erhielt dafür neben einem Lob ein paar lächerliche Ostmark aus den Einkünften, die diese Aufführungen brachten. Wann das Studium der einzelnen Schüler abgeschlossen war, bestimmte Frau Bornert, die allein entschied, wer für das Abschlußexamen vor der Bühnengenossenschaft »reif« war.
Im März 1949 gab Eva-Maria das Zimmer in Pankow auf und zog um nach Westberlin. Zufällig war ihr ein Zimmer in der Konstanzer Straße in Wilmersdorf angeboten worden. Ihre Miete mußte sie nun zwar auch in Westgeld entrichten, und sie war doppelt so hoch wie die für das Pankower Zimmerchen, aber sie war nun doch endgültig in Westberlin. Nach hartnäckigem Ämterlaufen bekam sie auch den Zuzug. Nun fiel endlich der lange Weg von der Schönhauser Allee bis zum Hohenzollernplatz weg, der so zeitraubend gewesen war. Eva lief die Düsseldorfer Straße entlang und war in einer knappen Viertelstunde im Studio. Ihre Lebensmittel holte sie weiterhin ein bis zwei Mal in der Woche aus Ostberlin. Ansonsten schränkte sie ihren Bedarf bis zum vertretbaren Maß ein, was ihrer Figur nur guttat. Es gab sowieso nicht allzuviel zu kaufen. Der von den Russen über die westlichen Sektoren

Berlins verhängten Blockade wurde zwar durch die unermüdlich einfliegenden alliierten »Rosinenbomber« entgegengewirkt, die von der Kohle bis zu Mehl und Zucker alles brachten, aber die großzügige Aktion konnte doch nicht den Bedarf der ganzen Bevölkerung decken.
Nach harten Monaten der Entbehrung, die die Westberliner tapfer durchstanden, gaben die Russen nach.
Am 12. Mai 1949 wurde die Blockade aufgehoben. Fast ein Jahr hatten die westlichen Alliierten die eingeschlossene Westberliner Bevölkerung durch ihren unerhörten Einsatz unterstützt, bei dem unter den amerikanischen und britischen Piloten auch Tote zu beklagen waren. Ihnen zu Ehren wurde der Platz vor dem Tempelhofer Flughafen »Platz der Luftbrücke« genannt und ein eindrucksvolles Luftbrückendenkmal errichtet, das die schlagfertigen Berliner wegen seiner Dreizackform »Hungerharke« nannten. Überhaupt waren die Berliner schnell mit solchen Namensgebungen. Der Funkturm hieß »der lange Lulatsch« und Heimweh nach Berlin »die Lange-Lulatsch-Quäle«; das Kongreßhaus im Tiergarten wurde wegen seiner geschwungenen Dachkonstruktion zur »Schwangeren Auster«, und das spitz in den Himmel zeigende Monument vor der Oper zum »Schaschlikspieß«. Die Berliner waren erfinderisch in solchen Dingen.
Am 12. Mai 1949 rollten amerikanische Jeeps über die Autobahn nach Berlin, begeistert von der Bevölkerung begrüßt. Hinter ihnen fuhren hochbeladene LKW in die Stadt ein, und schon am nächsten Tag waren die Auslagen aller Geschäfte voll mit Lebensmitteln und Gebrauchsgütern, von denen die Eingeschlossenen bis dahin nur geträumt hatten. Es war wie ein Wunder. Von diesen so angenehmen Dingen des täglichen Lebens träumten die Menschen in Ostberlin und der DDR allerdings noch vierzig Jahre lang, ehe sie ihnen selbstverständlich werden konnten.
Durch Westberlin ging die Veränderung wie eine Erlösung.

Dafür sorgten nicht nur die plötzlich auftauchenden Apfelsinen und Bananen. Der gesamte Lebensstandard war mit einem Male höher. Es lohnte sich wieder, zu arbeiten, Geld zu verdienen und für sein Geld zu bekommen, was man haben wollte.

Für Eva war das Geldverdienen immer noch schwierig. Wie oft lief sie von Wilmersdorf nach Charlottenburg viele Kilometer zum Ballettunterricht, um die zwanzig Pfennige für die Straßenbahn zu sparen. Aber die Ballettstunden versäumte sie nie. Sie liebte die Bewegung und die körperliche Herausforderung und war froh, daß sie bei ihrer Cousine am Brixplatz nur den halben Preis für den Unterricht zu bezahlen brauchte.

Mit Martin traf sich Eva nur noch selten. Sie hatte zu tun, er hatte zu tun, und da sie telefonisch nicht erreichbar war, wurde die Kommunikation schwierig. Am ehesten trafen sie sich in Görlitz, aber das auch nur noch sporadisch.

Görlitz war mit den Jahren anders geworden, als sie es aus ihren Kindertagen kannte. Je länger Eva fortblieb, desto auffallender war der Unterschied, wenn sie wieder heimkam. Das auch nach dem Krieg noch durch die Görlitzer Jugend geprägte positiv-heitere Leben war ebenso verschwunden wie die, die es bewirkt hatten. Der Lebensstandard stagnierte, sackte schließlich immer mehr ab. Die Stadt hatte einen Trauerrand. Sie wurde nicht gepflegt und schon gar nicht zu neuer Blüte gebracht. Das einst pulsierende Leben versickerte in den rostenden Gullis. Die schöne Stadt an der Neiße kränkelte vor sich hin.

Die Thälmannstraße 3 war inzwischen zu einer Art Mietshaus geworden. In fast jedem Zimmer wohnte eine andere vom Wohnungsamt eingewiesene Familie. Für alle war – natürlich – nur eine Toilette, ein Bad und eine Küche da. Der große Garten wurde kaum noch genutzt, weil sich niemand dafür zuständig fühlte. Handwerker schien es in der Stadt kaum noch zu geben. Kein Haus wurde renoviert oder auch nur notdürftig gepflegt. An Modernisierung wurde sowieso nicht gedacht. Das Niveau der Geschäfte blieb auf einem bestimmten Nachkriegsstandard stehen. Die Kontingente wurden bis auf ein kaum noch vertretbares Minimum beschränkt.

Eva und Katharina teilten sich noch immer das Kinderzimmer mit dem angrenzenden Schlafkabinett, das ihnen zu ihrer Kinderzeit, durch einen Vorhang vom übrigen Raum getrennt, als Bühne diente, auf der sie mit ihren Freundinnen und Freunden Theater spielten. Das Zimmer wurde mit Stühlen vollgestellt und war der Zuschauerraum für die amüsierten Erwachsenen. Die beiden Schwestern sprachen noch oft davon, trotz ihrer Jugend schon mit einer leisen Wehmut.

»Eigentlich ist es noch gar nicht so lange her«, sinnierte Eva. »Denk mal, vor zehn Jahren gab es noch gar keinen Krieg. Es ist erst die Hälfte von unserem bisherigen Leben.«

»Etwas mehr als die Hälfte«, verbesserte Katharina. Sie sollte im Oktober achtzehn werden.

Eva war zu ihrem einundzwanzigsten Geburtstag nach Hause gekommen. Es war Ende August. Überall an den Universitäten gab es Semesterferien, und sie hoffte, ein paar der alten Freunde in der Heimatstadt wiedertreffen zu können.

»Es ist ja schließlich ein Grund zum Feiern, wenn man volljährig wird«, fand Eva. Nur der Platz für die Feierei war ein bißchen beengt. Das große Eßzimmer, das sich für derlei Festlichkeiten anbot, solange die Mädchen denken konnten, bewohnte eine »eingewiesene« Familie.

»Muttis Wohnzimmer«, wurde beschlossen. »Da haben wir die angrenzende Veranda. Das ist Platz genug.«

Im Endeffekt wurde dann Evas Geburtstagsfeier nach unten in Emmys Wohnung verlegt, deren großzügige Räume für Festlichkeiten geradezu prädestiniert waren. Dort konnte

man vom großen Wohnzimmer auf die Terrasse und in den Garten gehen, eine herrliche Möglichkeit für einen festlichen Sommerabend.
Eva wurde im Kreis mehrerer Freunde einundzwanzig Jahre alt und fühlte sich erwachsen. Die große Stadt Berlin, die durch ihr »Inseldasein im Roten Meer« kaum noch Weltstadtgepräge hatte, war immerhin der Hintergrund, vor dem Eva versuchte, für den von ihr gewählten Beruf Format zu bekommen. Daß das schwierig wurde, erkannte sie mit der Zeit. In mancherlei Weise stand ihr ihre gute Erziehung für eine schauspielerische Karriere im Wege. Aber daran ließ sich nach Evas Ansicht nicht rütteln. Sie verzichtete eher auf vielversprechende Künstleraussichten, als mit ungeliebten Managern zu schlafen. In der Beziehung hielt sie sich gut »über Wasser«. Auf diese Weise lernte sie das Metier kennen und war froh, einigermaßen ungeschoren daraus hervorgekommen zu sein.

Katharina schrieb aus Görlitz tiefdeprimierte Briefe.
»Wie kann ich es nur noch aushalten in dieser immer trister werdenden Stadt. Wenn Du doch wenigstens da wärest oder ich bei Dir! Mutti ist auch dauernd in Berlin. Unser ganzes Familienleben existiert überhaupt nicht mehr. Wenn das Vati wüßte!«
Eva las diesen Aufschrei und begriff ihn nicht. Sie hatte auch mit allerlei fertigwerden müssen – warum Katharina nicht? Sei schrieb beruhigende Briefe nach Görlitz, das für sie schon sehr weit weg war.
Ostern 1950 kam Katharina nach Berlin. Sie stand kurz vor dem Abitur. Daß sie Russisch lernen mußte, empfand sie sicher als eine Verbindung zu dem nach Rußland deportierten Vater, dessen Verhängnis es gewesen war, daß er diese Sprache perfekt beherrschte. Katharina litt unsäglich unter dieser Trennung und unter allen, die dafür Verantwortung trugen.

Die ganze einst so geliebte Heimatstadt, die sich nach 1945 so drastisch verändert hatte, war für Katharina zu einer einzigen, unerträglichen Qual geworden.
Görlitz welkte dahin, wurde für junge Menschen immer trostloser. Die Freunde der Eltern und ihre Familien waren im Westen geblieben oder zogen mehr und mehr dorthin.
Katharina fühlte sich allein gelassen in einer Umgebung, die nicht mehr der gewohnten entsprach. Ihr einziger Halt war Tante Irma. Sie bemühte sich nach wie vor, den immer kleiner werdenden Familienkreis zusammenzuhalten.

In Berlin saßen Eva und Katharina in dem gemieteten Wilmersdorfer Zimmer zusammen, erzählten, sangen zweistimmig, wie sie es gewohnt waren, und fanden doch nicht den alten, vertrauten Ton. Irgend etwas hatte sich zwischen sie geschoben – war es die Entfernung, war es die Zeit?
Eva wußte, daß die Schwester mehr als alle anderen unter dem ungewissen Schicksal des Vaters litt. Sie hatte sich verändert in den drei Jahren seit dessen Inhaftierung und ungeklärtem Verbleib. Dazu kam das Gefühl der Verlassenheit, das sie in der veränderten Heimatstadt nur schwer ertrug. Was Eva-Maria nicht wußte: Katharina erlebte in ihrer Görlitzer Einsamkeit eine unglückliche Liebesaffäre, die sie schließlich in die Leere fallen ließ, aus der sie allein nicht mehr zurückfand. Sie machte zwar Ansätze, der Schwester das Erlebnis zu offenbaren, tat es aber so vorsichtig und zurückhaltend, daß Eva die Zusammenhänge nicht erkannte und der Jüngeren keine Brücken baute. Beide Schwestern waren noch zu sehr in ihre engstirnige Erziehung eingebunden, um offen über Dinge sprechen zu können, die offiziell nicht sein durften: eine Liebesbeziehung vor der Ehe zum Beispiel.
Auch Eva hätte Katharina etwas zu berichten gehabt. Vielleicht wäre es ihr in ihrer Ausweglosigkeit eine Hilfe gewesen. Sie war ahnungslos und tat es nicht.

Am nächsten Tag brachte Eva Katharina zur U-Bahn am Wittenbergplatz. Sie nahm dort einen anderen Zug als die Schwester, um ins Funkhaus zu kommen, winkte Katharina noch einmal zu, die nach Schöneberg in Martins Wohnung fuhr. Katharina winkte mit tieftraurigen Augen zurück. Eva ahnte nicht, daß dies der letzte Blick auf ihre junge Schwester war.
Im Rundfunkhaus in der Masurenallee hatte Eva wieder die ganze Nacht zu tun, um sich ein paar Mark zu verdienen. Sie kam erst gegen Morgen zurück in ihr Zimmer in der Konstanzer Straße. Ihre Vermieterin begrüßte sie mit der Nachricht, es sei ein Telegramm für sie gekommen. Sie möge sofort nach Schöneberg in Martins Wohnung fahren. Eva setzte sich umgehend in die U-Bahn und hoffte, eine so dringliche Aufforderung konnte eigentlich nur die Rückkehr des Vaters aus der russischen Gefangenschaft bedeuten. Sie schloß die müden Augen und versuchte, sich auf das unbeschreibliche Ereignis vorzubereiten.
Als sie an der Wohnungstür der Schöneberger Martin-Luther-Straße klingelte, öffnete ihre Mutter die Tür mit steinerner Miene. »Katharina ist tot«, sagte sie. Eva begriff nicht. Sie starrte die Mutter an. Martin stand dahinter, drückte Eva ein paar schwarze Strümpfe in die Hand und sagte auch: »Katharina ist tot.«
Katharina hatte sich das Leben genommen, mit einer Menge Zyankali, die für mehrere Leben gereicht hätte. Sie war am Ende ihres Weges angekommen, aus dem sie kein Zurück mehr fand. Und keiner hatte ihr geholfen, als sie nicht mehr weiter wußte. Das vierte Kind der einmal so in sich gefestigten Familie Brandt war am Leben zerbrochen. Seit der Vater fort war, hatte es in der Familie keinen Zusammenhalt mehr gegeben. Katharinas Tod zerriß das letzte Band.
Martin, Eva-Maria und die Mutter fuhren im Auto nach Görlitz. Eva nickte immer wieder ein. Sie hatte die ganze Nacht im Funkhaus gesessen und gearbeitet. Wenn sie aufwachte,

fiel ihr das furchtbare Geschehen wieder ein. Dann weinte sie, hemmungslos und verzweifelt.

Sie fuhren über Dresden und waren erst am Nachmittag in Görlitz. Tante Irma öffnete die obere Entréetür.

»Irgendwann hören die Tränen auf«, sagte sie. In ihrem Leben gab es kein Weinen mehr.

Katharina lag im Kinderzimmer in dem Bett, das Eva gehört hatte. Sie sah so aus, als ob sie den Tod gar nicht gewollt hätte. Das Zimmer roch süßlich nach verwelkten Levkojen. Eva saß an ihrem eigenen Bett und strich der geliebten Schwester über die weißen Wangen. Sie begriff das Geschehen noch nicht. Auf dem Nachttisch lag ihr Ring mit dem grünen Stein, einem Jaspis, den Katharina immer getragen hatte. Eva nahm ihn und steckte ihn sich an einen Finger. Es war so wenig, was Katharina hinterließ. Der Ring war ihr Vermächtnis. In diesem Kinderzimmer, mit ihrer »kleinen Schwester« starb ihre ganze Kindheit. Am nächsten Tag kam eine Bestattungsfirma, bettete Katharinas Leichnam in einen weißen Sarg und trug ihn vorsichtig die Wendeltreppe hinunter und zum Haus hinaus.

Im Krematorium auf dem Nikolaifriedhof war die Trauerfeier und die Einäscherung, dort, wo auch schon Joachim zur letzten Ruhe gebettet worden war. Der weiße Sarg stand, mit Blumen überhäuft, in der Mitte der Kapelle. Eva hatte einen Vergißmeinnichtkranz daraufgelegt. Sie saß neben ihrer sehr beherrschten Schwester Emmy und starrte während der Trauerfeier unentwegt auf die Oleanderbäume, die rechts und links vom Sarg postiert waren. Superintendent Langer hielt eine tröstliche Rede, obgleich er bei Selbstmord eigentlich nicht mehr zuständig war.

Irgend jemand spielte auf der Empore »Ich bete an die Macht der Liebe ...«

Katharinas weißer Sarg fuhr hinab. Die beiden Metalldeckel schlossen sich über ihm. Es war so endgültig.

Das Görlitzer Haus wurde von seinen Bewohnern aufgegeben. Nur die dort einquartierten Flüchtlingsfamilien blieben zurück. Hanna wollte fort von der Stätte ihrer fünfundzwanzig glücklichen Ehejahre, von den einst so gepflegten Räumen, die jetzt ebenso verändert waren wie ihr armselig gewordenes Dasein.
»Ich kann hier nicht mehr leben«, wiederholte sie immer wieder, sagte es jedem, und ihre unruhigen Augen suchten im Gesicht des anderen nach Verständnis. Das Kinderzimmer hatte sie nach Katharinas Tod nicht mehr betreten, auch nicht ihr ehemaliges Schlafzimmer. Sie schlief in ihrem Wohnzimmer, das sie nur selten verließ.
Irma teilte ihr eines Tages behutsam mit, daß sie mit ihrem Sohn nach Leipzig gehen werde. Er hatte dort an einem der Krankenhäuser eine Arztstelle bekommen.
»Und Helga zieht nach Berlin, zum Studium. Außerdem – du weißt ja, Hanna, daß sie dort kürzlich ihr Herz verloren hat. Es sieht mir sehr nach einer endgültigen Bindung aus.«

Das wäre dann die vierte Verlobung, überlegte Hanna rasch. Sie würde es der Schwägerin ebenso wie der Nichte gönnen, wenn Helga, die sich nichts sehnlicher als eine Familie wünschte, endlich in den ruhigen Ehehafen einlaufen würde.
Am selben Abend besprachen Emmy und Johannes mit der Mutter die nähere Zukunft. Auch sie würden Görlitz verlassen und in die Nähe von Berlin übersiedeln.
»Wir ziehen im Juni nach Kleinmachnow, Mutti, und du kommst mit«, sagte Emmy.
Hanna war sofort einverstanden. Es würde so sein wie in Marburg, harmonisch und friedlich mit der kleinen Familie. Sie packte ihre wenigen Sachen, dazu einen Koffer mit Herberts Anzügen, und verließ das Haus in der Thälmannstraße, aufrecht zwischen Emmy und Johannes gehend.
Es war ein strahlender Sommertag. Die Sonne kam gerade

um die südliche Hausecke herum, tauchte den großen Garten in warmes Gold und warf einen zärtlichen Strahl auf die kleine, metallene Brunnenfigur, den Knaben mit dem wasserspeienden Reiher im Arm. Hinter den drei Menschen fiel die schwere Haustür ins Schloß. Hanna sah sich nicht einmal mehr um.

Hanna wurde sechsundachtzig Jahre alt. Sie hat das Haus in Görlitz nie wiedergesehen.

Aufbaujahre

Die Brandts verließen Görlitz. Das Haus in der Thälmannstraße, das ihr wechselseitiges Schicksal gesehen hatte – die fröhlichen, sorglosen Jahre bis 1939, die oft so schweren Kriegsjahre und die mühselige Nachkriegszeit – war ein Haus voller Tränen geworden. Sie schlossen die Türen hinter sich und zogen nach Berlin.
Berlin wurde ihre Zukunft. Johannes bekam eine Anstellung als Oberarzt an der Charité und bezog mit Emmy und den Kindern ein Haus in Kleinmachnow, einem südlichen Vorort von Berlin. Hanna bekam dort ein Zimmer im ersten Stock. Sie richtete sich ein mit den wenigen Sachen, die sie mitgenommen hatte, und wartete weiter auf ihren Herbert. Ab und zu bürstete sie seine Anzüge aus und hängte sie mit einem resignierten Seufzer zurück in den Schrank.
Im Juli wurde Katharinas Urne auf dem Wilmersdorfer Friedhof in Berlin beigesetzt. Der kleine Zug der Brandtfamilie zog

hinter dem Pfarrer her bis zu der Grabstelle, in die die Urne gesenkt wurde. Eva starrte auf den fremden Mann, der das unscheinbare Gefäß, verhüllt von einem schwarzen Tuch, in seinen Händen trug. Das ist alles, was von Katharina übriggeblieben ist, dachte sie.

Die letzte Ausbildungszeit für den Schauspielabschluß übernahm die von Eva verehrte Johanna Bassermann, die an Ostberliner Bühnen spielte und in Zehlendorf, Westberlin, wohnte. Unter ihrer erfahrenen Führung erarbeitete sich Eva ein beachtliches Repertoire, das ihr half, das Abschlußexamen ohne Mühe zu bestehen. Aber dann ging es mit der Schauspielerei nur schleppend voran. Sie erfuhr, daß es ohne die nötigen Beziehungen schwer war, beim Theater, Film oder Rundfunk Fuß zu fassen. Eines Tages machte sie beim NWDR (Nordwestdeutscher Rundfunk) erfolgreich ihre Mikrophonprüfung. Sie und ihr Schauspielfreund Lothar bestanden glänzend. Nun, glaubte Eva, seien ihr Tür und Tor geöffnet. Mit der schriftlichen Bestätigung in der Hand und lauter Schmetterlingen im Bauch hüpfte sie an Lothars Seite zur nächsten U-Bahn-Station.
»Von jetzt an fahre ich nur noch Taxi«, frohlockte sie und kniff ihn in den Arm, »und kaufe mir jede Menge Klamotten.«
Und dann wartete sie auf ihre Berufung zur nächsten Rundfunkrolle, rief dort an, wurde vertröstet, bekam schließlich ein Angebot als Putzfrau bei einem der Rundfunkredakteure. Wenn sie ihm das Schlafzimmer recht ordentlich aufräumen würde, dann ... vielleicht.
Eines Tages stand ihre Schauspielkommilitonin Renate in ihrem Zimmer. Telefon hatte sie ja nicht. Wer sie erreichen wollte, mußte eben zu ihr kommen.
Renate war aufgeregt. »Du, ich habe einen Typ kennengelernt, der will uns mit einem Filmfritzen zusammenbringen. Kommste mit?«

Eva und Renate hatten ihre Abschlußprüfung – sie hieß anspruchsvoll »Staatsexamen« – gemeinsam abgelegt und waren seitdem ohne Beschäftigung.
»Ein toller Manager soll das sein. Du, das ist *die* Chance! Putz dich fein raus, und sei nicht so aufreizend anständig. Heute abend gehen wir hin.«
Renates Aufregung übertrug sich auf Eva. Beide Mädchen suchten aus Evas spärlichem Fundus heraus, was sie an Kleidung für attraktiv genug hielten, schminkten sich sorgfältig und machten sich auf den Weg, zu Fuß natürlich, denn Fahrgeld hielten sie für eine unnütze Ausgabe. In einer Nebenstraße des Kurfürstendamms klingelten sie an der Wohnungstür, hinter der Stimmen und Gelächter nach draußen schollen. Sie standen plötzlich in einem Raum voller Menschen, voller Zigarettenqualm, bekamen ein Glas in die Hand gedrückt und wurden aufgefordert, recht vergnügt zu sein.
In der Mitte des großen Zimmers stand ein mächtiges Doppelbett, auf dem zwei Männer und zwei junge Frauen lagerten, Gläser und Zigaretten in den Händen. Nach ein paar Minuten kam der Wohnungsinhaber auf sie zu, begrüßte sie jovial und stieß mit ihnen an.
»Nun macht mal lustig mit, Mädels. Prüde sein gilt hier nicht.« Horst Fischer war ein Mann mittleren Alters, so um die fünfzig, etwas salopp, sehr selbstsicher. Und gerade das war Eva in dieser Umgebung nicht. Renate war längst in dem Gewusel untergetaucht, saß in einer Ecke auf irgendeinem Schoß und kicherte. »Komm mal mit.« Fischer nahm Evas Hand und zog sie in die Küche, in der eine heillose Unordnung herrschte. Er setzte sich auf eine Tischkante, zog die junge Schauspielerin vor sich und betrachtete sie eingehend.
»Aus dir mach ich 'ne zweite Sonja Ziemann«, prophezeite er und fuhr mit der Hand durch ihr dunkles Haar. »Das mach ich, wenn du dich nicht so zickig anstellst.«

Evas Augen leuchteten. »Ja?« fragte sie atemlos. »Und was muß ich dazu tun?«
Er stieß sie von sich weg und begann schallend zu lachen. »Wenn du das nicht weißt – ich werde es dir schon beibringen.« Er zog sie an sich und küßte sie.
»Morgen vormittag kommst du zu mir, aber allein. Da fahren wir nach Tempelhof in die Filmstudios.«
Eva-Maria, die Naive, jubelte. Am nächsten Tag stand sie wieder vor der Wohnungstür, hinter der es diesmal still war. Fischer machte auf. Er trug trotz des vorgerückten Vormittags einen gestreiften glänzenden Morgenrock. Das große Bett war zerwühlt. »Hier war noch was los heute nacht«, erklärte er, als er Evas erstaunten Blick sah. »Hast du schon gefrühstückt?«
Eva nickte. Die Situation war bedrückend. Sie hätte hier sowieso keinen Bissen runtergekriegt. Der Mann musterte sie wieder eindringlich.
»Na ja«, sagte er schließlich, »da werde ich mich mal anziehen.« Und als Eva sich suchend umsah: »Du kannst ja solange in die Küche gehen.«
Eva stand an den Herd gelehnt und wartete. Es war alles so peinlich. Am liebsten wäre sie fortgelaufen. Aber da stand ja im Hintergrund die verlockende Aussicht, in den Filmstudios jemandem vorgestellt zu werden, vielleicht sogar eine Rolle zu bekommen. Daß sie Theater spielen konnte, war ihr schwarz auf weiß bescheinigt worden. Sie würde es jedem beweisen.
Fischer stand plötzlich vor ihr.
»Na los, dann wollen wir mal.« Er wirkte gereizt. Eva sah ihn aus dem Augenwinkel an, als sie die Treppe hinuntergingen. Vielleicht hatte er irgendeinen Ärger gehabt? Nicht im Traum kam sie auf die Idee, daß seine Verstimmung mit ihr zusammenhängen könnte. Vor einem eleganten Wäschegeschäft blieb er stehen, wies auf ein sündhaft teures Nachthemd: »Das kaufe ich dir.«

»Ja?« Eva sah ihn verblüfft an. Er grinste. »Wenn ich es dir anziehen darf.«
Es widerstrebte ihr, dem Gedanken zu folgen. Als ob sie sich verkaufen würde für ein Ziel, das sie auch aus eigener Kraft erreichen zu können glaubte.
Welch ein Irrtum das war, sollte sie wenig später erfahren.
In Tempelhof stellte ihr Filmmanager sie einigen bekannten Filmgrößen vor. Oskar Sima stand plötzlich mit breitem Grinsen vor ihnen. »Do hast ja a Herzerl aufg'tan, Horst«, und damit tätschelte er ihre Wange und schlug ihrem Begleiter auf die Schulter.
Zum Mittagessen in der Kantine kam Josef Meinrad an ihren Tisch. »So, so, Fischer, mogst net immer blond – heut mal dunkel?« schmunzelte er. Eva errötete. Offenbar galt sie als Fischers neue Geliebte. Niemand fragte nach ihren schauspielerischen Talenten, obwohl Fischer sie hier und da als Nachwuchselevin bekanntmachte. Im Schneideraum durfte sie einer Cutterin über die Schulter sehen, aber das langweilte sie. Der Manager hatte eine Besprechung und sie wurde während dieser Zeit dort abgestellt. Nach einer halben Stunde holte er sie ab.
»Das war's für heute. Wir fahren zurück.«
Am Kurfürstendamm stiegen sie aus der Taxe. Eva verabschiedete sich. »Willst du nicht noch auf einen Schluck mit raufkommen?«
Sie schüttelte den Kopf.
»Wenn ich jetzt was trinke, am hellichten Tag, werde ich beschwipst.« Sie lachte gequält. Sie wußte auf einmal, daß ihr alle Felle davonschwammen.
Fischer blieb nachdenklich vor ihr stehen.
»Ich würde dich ja mit zum Filmball nehmen, der ist in zwei Wochen. Da könntest du eine Menge wichtiger Leute kennenlernen. Aber da müßtest du vorher schon ein bißchen anschmiegsamer werden.« Blitzschnell fuhr seine Hand an ihre Brust. Eva wand sich aus seinem Griff.

»Aber ich liebe Sie doch gar nicht!« stieß sie hervor.
Ein gellendes Gelächter antwortete ihr.
»Was glaubst du wohl, wie man Karriere macht, dummes Gör.« Sekunden später schlug die Haustür hinter ihm zu.

Eva-Maria war völlig vor den Kopf gestoßen. Sie suchte Rat bei Renate.
»Da hast du Pech gehabt«, tröstete die. »Sie sind nicht alle so. Aber ein bißchen flirten schadet nichts«, meinte sie. Und dann riet sie Eva, sich ihr anzuschließen. Eine kleine Gruppe engagementloser Schauspieler hatte sich zusammengefunden, um auf eigene Faust Kabarett zu machen, eine Schauspielsparte, die Eva gar nicht lag. Eine Zeitlang tingelte sie mit, dann bekam sie eine kleine Rolle am Schloßparktheater. Bis es dazu kam, hatte sie wieder einige recht unverblümte Filmangebote, die mehr ihren Körper als ihr Talent betrafen, ablehnen müssen. Sie fand es entwürdigend und demütigend, wie eine Ware gehandelt zu werden. Lieber gab sie sich mit kleinsten Nebenverdiensten zufrieden und hängte alle Karriereträume an den Nagel. Leben konnte sie von den Gagen nicht, und sie merkte selbst, daß ihr langsam der nötige Schwung verlorenging. Ein Engagement in Thüringen sagte sie ab. Sie wollte nicht wieder zurück in die DDR. Die Ostzone Deutschlands, die sich von den drei übrigen Besatzungszonen immer auffälliger unterschied, bedeutete für sie persönlich der Verlust des Vaters und Katharinas, die Ursachen des tiefen Leides in ihrem jungen Leben. Sie empfand einen unsäglichen Haß auf die Verursacher dieses Leides und wollte nicht einem mehr begegnen.
Im Geheimen hatte Eva-Maria nur eine Sehnsucht: Sie wollte eine Familie gründen, wenigstens vier Kinder haben und alles wieder so aufbauen, wie es in Görlitz verlorengegangen war. Die unumgängliche Wartezeit bis zur Begegnung mit dem Richtigen, der dazugehörte, überbrückte sie mit Büroarbeiten

in Martins Arzneimittel- und Chemikalienfirma. Nach mehreren Anläufen hatte sie erkannt, daß ihr zu einer Schauspielkarriere ihre Erziehung im Wege stand. Sie schaffte es einfach nicht, anerzogene Vorbehalte über Bord zu werfen. Obgleich sie dem einst heißersehnten Beruf, für den sie nun eigentlich startklar war, nachtrauerte, sah sie ein, daß ihr die bedingungslose Hingabe dafür fehlte.
Evas Leben war bescheiden und entbehrungsreich, das Verdienen ihres Unterhalts mühsam. Trotzdem verlor sie nie Mut und Zuversicht. In den zwei Jahren ihres Berlinaufenthalts hatte sie einen Freundeskreis gewonnen, der ständig wuchs. »Jungsein ist alles«, hatte die Görlitzer Großtante Schennerle immer philosophiert. In den schweren Jahren nach dem Krieg bewies es sich wieder. Junge Leute suchten und fanden jeden Anlaß zum fröhlichen Beisammensein. Und Eva war mittendrin. Oft wurde auch diskutiert bis spät in die Nacht hinein. Sie waren ganz Gegenwart und Zukunft. Selten gab es Niedergeschlagenheit oder Pessimismus. Getanzt wurde auf kleinstem Raum, dazu sangen sie die deutschen Schlager, die sich über die Kriegswirren hinübergerettet hatten.
Evas leicht entflammbares Herz fiel von einer Verliebtheit in die andere, aber so richtig, so endgültig blieb es nicht hängen. Bis eines Tages auf einem dieser geselligen Abende der junge Medizinstudent Rudolf Kreder erschien. Blond, fröhlich und aufgeschlossen fügte er sich sofort in den kleinen Kreis ein. Vor einem Jahr erst war er aus französischer Gefangenschaft geflohen. Die drei schweren Jahre, die er dort als blutjunger Soldat durchgestanden hatte, waren Rudolf kaum anzumerken. Erst später erzählte er Eva-Maria davon.
»Ich bin dreimal getürmt, weißt du? Zweimal haben sie mich erwischt und wieder zurückgeschickt. Es war ganz schön spannend.«
»Warst du nicht verzweifelt? Das war doch furchtbar gefährlich. Ich hätte schon nach dem ersten Mal aufgegeben.«

Rudolf lachte. »Aufgeben liegt mir nicht. Außerdem bin ich von Natur Optimist.«
Eva nickte und strahlte ihn an. Das gefiel ihr. Sie tanzte auf lauter rosaroten Wölkchen und bewunderte den Optimisten. Nach einer Stunde verzogen sie sich in einen tiefen Sessel in einer dunklen Zimmerecke, beide in einen, und entwarfen das Haus, das sie einmal bewohnen wollten. Dabei waren sie beide arm wie die Kirchenmäuse. Ihr Reichtum war ihre Phantasie, und die war unerschöpflich.
»Das Wohnzimmer muß groß sein«, bestimmte Eva, »denn vor das eine Gartenfenster kommt der Flügel.«
»Schlafzimmer oben?« fragte Rudolf.
»Natürlich. Und das Kinderzimmer daneben, mit Durchgangstür.«
Rudolf runzelte die Stirn. »Das Kinderzimmer? Da gehen doch höchstens zwei rein. Und wo willst du die anderen Kinder hinstecken?«
Eva sah ihn überrascht an. »Wie viele Kinder wollen wir denn haben?«
Rudolf machte eine weit ausholende Handbewegung. »Na mindestens.«
Eva lachte. »Mindestens! Das ist eine sehr aufschlußreiche Feststellung. Erstmal müssen wir massenhaft Geld verdienen, damit wir das Haus kaufen können. Damit fangen wir an.«

Aber sie fingen nicht damit an. Rudolf hatte noch ein paar Semester bis zum Staatsexamen zu studieren. Dann begann er mit der Promotion, und schließlich verdiente er sein erstes Geld als Assistenzarzt in einem Berliner Krankenhaus.
An einem sonnigen Vorfrühlingstag 1955 heirateten Eva-Maria und Rudolf und zogen in eine kleine Wohnung im Süden Berlins.

Martin hatte die Heiratspläne seiner Schwester, die ihm in den letzten beiden Jahren eine fast unentbehrliche Hilfe im Büro geworden war, mit gemischten Gefühlen aufgenommen.
»Da wirst du ja über kurz oder lang doch aufhören«, argwöhnte er. Zu Recht, wie Eva meinte.
»Schließlich habe ich von Vati nicht nur die kaufmännische Ader, sondern auch den Familiensinn geerbt. Und der ist bei mir stärker. Im Gegensatz zu dir«, fügte sie hinzu.
Martin dachte trotz seiner dreißig Jahre noch immer nicht ans Heiraten.
»Ich bin eben ein Einzelgänger«, sagte er.
»Ach«, Eva schnippte mit den Fingern. »Das redest du dir ein. Du bist ein Arbeitstier und nimmst dir keine Zeit für dein Privatleben. Das bißchen abends ausgehen und mal hier und mal da naschen führt doch zu nichts Ernstem.«
Martin lächelte. »Laß mich«, meinte er gutmütig. »Ich bleibe Junggeselle, das ist mir am liebsten.«
Und dann stand er als Trauzeuge neben seiner Schwester im Schöneberger Rathaus, gratulierte ihr und nahm sie in die Arme. »Schade nur, daß du nun nicht mehr Eva Brandt heißt.« Irgendwie war ihm die Veränderung unbehaglich, so trennend. Für die Fahrt zur Kirche stellte er dem Brautpaar seinen großen weißen Chevrolet zur Verfügung, und als die »königliche« Fahrt am Haus des Büros vorbeiging, stand die ganze Belegschaft auf dem Balkon und winkte mit – Windeln.
Eva und Rudolf nahmen sich diesen Wink mit dem Zaunpfahl sehr schnell zu Herzen. Zügig hintereinander bekamen sie zwei Kinder. Robert, der Erstgeborene, erhielt als Zweitnamen den des geliebten Vaters, Herbert. Keine zwei Jahre später kam Corinna Katharina. Eva hatte lange überlegt und sich mit Rudolf besprochen, ob es richtig war, ihrer kleinen Tochter den Namen der verstorbenen Schwester zu geben. Dann aber empfand sie es wie ein Vermächtnis und entschloß sich dazu.

Martin hatte natürlich recht gehabt, als er Eva-Maria nur ungern aus seinem Büro entließ. Sie war gut eingearbeitet, blieb in den Abendstunden, solange er sie brauchte, und leitete inzwischen auch die Lehrlinge an. Sie war auch noch da, als sie schon hochschwanger war und ihr die drei Stockwerke – ohne Fahrstuhl – bis zur Büroetage schwerfielen. Da endlich hatte Martin ein Einsehen. »Ab morgen bleibst du zu Haus, sonst bekommst du dein Baby noch hier im Papierkorb.«
Von da an war er Eva-Maria los. Sie hatte nie einen Zweifel daran gelassen, daß Hausfrau und Mutter für sie der wichtigste erstrebenswerteste Beruf war. Er war auch ausgefüllt genug, denn jahrelang hatte sie ihren kleinen Betrieb ohne Hilfe im Griff.

Das dritte Kind ließ lange auf sich warten. Erst vier Jahre nach Corinnas Geburt kam die von der ganzen Familie sehnlichst erwartete Felicitas, glatzköpfig, zerknautscht und begeistert aufgenommen. Monatelang zeigte sich kein Härchen auf dem runden Babykopf. Nach einem Jahr aber begann – genau wie bei Corinna – rötliches Blond sich zu ringeln. Eva-Maria stand, bevor sie selbst schlafen ging, in dem Kinderzimmer mit den drei Bettchen, faßte Rudolfs Hand und flüsterte: »Eigentlich müßte *ich* Felicitas heißen. Felicitas – die Glückliche.«

Die Jahre des Aufbaus waren für die jungen Eltern schwer. Rudolf war in einem Krankenhaus angestellt, verließ die kleine Wohnung in der Früh und kam erst abends zurück. Eva war voll beschäftigt mit ihrer Kinderschar, mit Kochen, Waschen, Saubermachen und dem Zusammenhalten des noch spärlichen Haushaltsgeldes. Sie war Putzfrau, Schneiderin, Märchenerzählerin, Krankenpflegerin in einem. Oft sagte sie: »Ich habe genau die richtige Ausbildung für eine Mutter. Ich habe von allem etwas gelernt, nichts perfekt und nichts ganz zu Ende – aber ein bißchen kann ich von jedem.«

Wenn sie nach ihrem Beruf gefragt wurde, antwortete sie: »Hausfrau.« »Arbeiten Sie irgendwo?« Sie schüttelte den Kopf. »Was machen Sie dann?« »Ich bin Mutter. Ich habe drei Kinder.« »Also kein Beruf.«

Eva, die Ehrgeizige, kränkte das. Es dauerte Jahre, bis sie genügend Selbstbewußtsein hatte, sich über solche Engstirnigkeit hinwegzusetzen. Die Tatsache, daß die ganze Familie von dem Verdienst des Vaters lebte, was zu Zeiten ihrer Eltern selbstverständlich war, machte ihr zu schaffen. Im ersten Nachkriegsjahrzehnt kam es langsam und schließlich immer mehr auf, daß Frauen für den Familienunterhalt mitverdienten. Die berufstätige Frau wurde nach und nach zur Selbstverständlichkeit. Daß eine Frau zu Hause blieb und ihren Tag mit der Sorge und Arbeit für Mann und Kinder ausfüllte, wurde immer seltener. Dafür gab es junge Mütter, die gerade so viel verdienten, um das Kinderhortgeld für ihre Sprößlinge aufbringen zu können.
Eva dachte gar nicht daran, ihre Kinder in den Kinderhort oder Kindergarten zu stecken. Es fiel ihr so schon schwer, ihren kleinen Robert an die Schule abgeben zu müssen. Er fehlte ihr in den Vormittagsstunden. Mittags packte sie Felicitas in den Kinderwagen, zog Corinna ein Jäckchen über und marschierte mit den beiden in Richtung Schule, um ihren großen Jungen abzuholen.
Eva konnte ausgezeichnet mit Geld umgehen. Das hatte sie von ihrem Vater, dem umsichtigen Kaufmann, geerbt. Rudolf lieferte am Monatsende sein Gehalt bei ihr ab, behielt sich nur einen kleinen Teil für den eigenen Bedarf und verließ sich ansonsten auf ihr Wirtschaftstalent. Anfänglich war es wenig genug, was sie zu verwalten hatte. Aber bis zum nächsten Monatsende schaffte Eva es immer, über die Runden zu kommen. Die Kleidung für sich und die Kinder nähte sie größtenteils selbst, kaufte die Stoffe und die nötigen Schuhe im Som-

mer- und Winterschlußverkauf. Sie lebten bescheiden, aber sie vermißten eigentlich wenig. Eine Flasche Wein wurde diskutiert, ehe sie gekauft wurde. Gäste, die hin und wieder freudig begrüßt wurden, waren ebenso genügsam wie die Gastgeber. Ein VW-Käfer wurde Ende der fünfziger Jahre angeschafft. An einen Fernseher dachten sie gar nicht.
Sie bewohnten jetzt eine kleine Landhausetage mit zweieinhalb Zimmern. Als Eva ihr drittes Kind erwartete, ging Rudolf auf Grundstückssuche. Das Chruschtschow-Ultimatum hatte in Berlin die Grundstückspreise in den Keller fallen lassen. Viele verließen angstvoll die Stadt und zogen nach Westdeutschland, wo sie sich vor der »Roten Gefahr« sicher glaubten.

Eingemauert

Eine Gefahr für die Westberliner gab es direkt nicht. Aber ein unglaubliches, unvorstellbares Ereignis machte Westberlin zu einer »Insel im Roten Meer«. Als im Osten der Stadt längst Unmengen Stacheldraht und Stahlpfosten lagerten und auf ihre Verwendung warteten, verkündigte Ulbricht in einer Rede:
»Niemand denkt daran, eine Mauer zu bauen.«
Er aber baute eine Mauer, deren Schatten noch lange über Deutschland lag.
Ströme von Flüchtlingen hatten die Bevölkerung in Ostdeutschland ausgedünnt. Die Fluchtbewegung wurde zur Katastrophe für das Land. Dem mußte die DDR-Regierung Einhalt gebieten.

Auch Emmy war eines Tages mit ihren beiden Jungen über die Kleinmachnower Grenze gegangen und erschien in der kleinen Wohnung der Kreders. Sie hatte Johannes verlassen und wollte nach Westdeutschland zu einem Mann, den sie liebte. Und sie wollte ihren Kindern ein Aufwachsen in dem kommunistisch regierten Land ersparen, in dem sie ständig der Zwiespältigkeit zwischen FDJ, Schule und Elternhaus ausgesetzt waren. Der selbstlose, großzügige Johannes hatte sein Einverständnis gegeben. Er, der Rheinländer, der aus Liebe zu der heimwehgeplagten Emmy dem Umzug vom westlichen Marburg in das östliche Görlitz zugestimmt hatte, blieb nun in der DDR zurück. Es war eine Ironie des Schicksals. Nur Hanna blieb noch bei ihm in dem Kleinmachnower Haus. Sie blieb auch noch dort, als Johannes eine neue Lebensgefährtin gefunden und geheiratet hatte.

Emmy stand am Anfang eines neuen Lebensabschnittes. Tapfer bemühte sie sich, eine Situation in den Griff zu bekommen, die sich deutlich von ihrem Kleinmachnower Dasein unterschied. Dort war sie genau das, was Eva-Maria als erstrebenswertes Ziel betrachtete: Hausfrau und Mutter. Dazu hatte sie noch eine Hausgehilfin, die ihr einen großen Teil der Arbeit abnahm. Aber Emmy war anders als Eva-Maria. Sie war nicht zufrieden und ausgefüllt.

In Martins Wohnung in Westberlin hatte sie eines Tages den jungen Medizinstudenten Gunter Hein getroffen, sich in ihn verliebt und er sich in sie, und daraus war eine Liebe geworden, die kurze Zeit später die größten Schwierigkeiten überwand. Die Trennung von Johannes war nicht einfach gewesen, gerade weil er sie und die Söhne großherzig ziehen ließ; der nächtliche Gang über die Grenze nach Westberlin mit möglichst wenig Gepäck nervenaufreibend und voller Spannung, die erst in der Wohnung der Schwester von ihr abfiel. Zwei Wochen hatte Emmy ins Auffanglager nach Berlin-Ma-

riendorf gemußt, um alle Aufnahmepapiere zu bekommen. Die beiden Jungen waren bei Kreders geblieben. Danach hatte die kleine Flüchtlingsgruppe nach Westdeutschland ausreisen können, mit dem Flugzeug natürlich, denn der Landweg war zunächst für sie versperrt gewesen.
Im Frühjahr wurde Emmy geschieden. Im Sommer heiratete sie ihren Studenten und fing mit ihm ein völlig neues Leben an. Sie hatten jetzt eine kleine Wohnung in Nordwestdeutschland, kein Haus im Walde wie in Kleinmachnow, und auch keine Haushaltshilfe. Emmy mußte alles allein bewältigen.
Und sie wurde berufstätig. Sie holte ihre Papiere aus der Studentenzeit in Marburg hervor und konnte damit belegen, daß sie ein abgeschlossenes Biologiestudium absolviert hatte. Damit bekam sie eine Anstellung als Ärztevertreterin einer Arzneimittelfirma. Bis sich ihr frischgebackener Ehemann mit einer Praxis selbständig machen konnte, verdiente Emmy fleißig ihren Anteil in die Haushaltskasse.
Die Söhne waren in Westdeutschland schnell integriert, schlossen ihre Schulzeit mit dem Abitur ab und begannen zu studieren.

Durch die räumliche Entfernung und ihre so verschiedenen Lebensweisen hatte sich der Kontakt zwischen den beiden Schwestern gelockert. Nur Hanna hielt die Verbindung immer wieder aufrecht durch ihre Reisen von Berlin nach Westdeutschland und wieder zurück. Sie, die heimatlos geworden war, avancierte zum Bindeglied zwischen ihren erwachsenen Kindern.

Im Mai 1960 wurde Hanna schriftlich aufgefordert, im Rathaus Potsdam zu erscheinen. Aufgeregt und zitternd vor Erwartung machte sie sich auf den Weg. Endlich eine Nachricht von Herbert! Ein Beamter schob ihr ein Papier hin, dessen

Empfang sie schriftlich bestätigen mußte. Es war eine Todesurkunde, ausgefüllt mit Schreibmaschine auf einem vorgedruckten Bogen:
HERBERT BRANDT – verstorben am 25.12.1947 – Ort: UDSSR.
Hanna schob das Papier in ihre Handtasche. Sie stolperte hinaus, stieg in S-Bahn und Bus und war eine Stunde später bei Eva. Erst da lösten Tränen ihre Erstarrung. Dreizehn Jahre hatte sie auf den geliebten Mann gewartet. Jetzt brach alles über ihr zusammen.
Doch langsam fand Hanna Brandt einen neuen Weg. Sie besann sich ihrer Rolle als Mutter und Großmutter, die sie bisher nicht akzeptiert hatte. Das Bewußtsein, gebraucht zu werden, gab ihrem Leben einen neuen Sinn.
Auch Eva war bestürzt über die Todesnachricht ihres Vaters. Sie war mit Rudolf zusammen unbeirrt den Weg gegangen, den sie sich im Sinne des Vaters vorgenommen hatte: Eine Familie zu gründen, die Bestand hatte und ihren Kindern ein festes Fundament für das Leben gab. Sie hielt sich an Herbert Brandts Worte: »Die Familie ist der kleinste Staat im Staate. Wo sie in Ordnung ist, da ist es der Staat auch.«

Am 12. August 1961 waren Rudolf und Eva-Maria zu einer Geburtstagsfeier eingeladen. Eine festlich gekleidete Runde hatte sich zusammengefunden. Sie aßen, tranken, tanzten und vergnügten sich bis weit nach Mitternacht. Zu dem Freundeskreis gehörte der Leitende Kriminaldirektor von Westberlin. Er hatte überall und jederzeit erreichbar zu sein, falls man seine Anwesenheit und seine Entscheidungen brauchte. Gegen Morgen, es wurde schon hell, bekam er einen Anruf von der Polizei: »Sie müssen gleich zur Sektorengrenze fahren. Wir schicken Ihnen einen Funkwagen.« Keine Frage, daß die neugierig gewordene Geburtstagsgesellschaft Minuten später in mehreren Autos dem Funkwagen folgte.

Am Potsdamer Platz standen sie frühmorgens in ihren festlichen Garderoben zusammen mit kleinen Gruppen anderer Nachtbummler und Frühaufsteher und sahen stumm und ungläubig zu, wie von Volkspolizisten bewachte Straßenarbeiter mit Preßluftgeräten die Fahrbahndecke aufrissen, Stahlpfosten montierten und durch mehrere Reihen Stacheldraht miteinander verbanden. Irgendwo hinter ihnen surrte die Kamera eines Fernsehsenders.
Niemand hatte geglaubt, daß es möglich wäre, die große Stadt durch eine Mauer zu zerteilen.
»Niemand will eine Mauer bauen!«
Erneut war bewiesen, was man von der Lügenpropaganda des Regimes zu halten hatte. Sie bauten die Mauer durch dic Stadt. Sie bauten sie durch das ganze Land.
Sie mauerten die DDR-Bevölkerung ein – aber auch Westberlin. Für die Westberliner begann eine achtundzwanzigjährige Isolation, die nur mit umständlich bürokratisch ausgestellten Passierscheinen, langwierigen Grenzkontrollen oder eben mit dem Flugzeug zu überwinden war. Die Willkür war unglaublich. Den Fluggesellschaften wurden bestimmte Luftkorridore zugewiesen, die sie nicht verlassen durften. Die deutsche Lufthansa bekam für Westberlin Flugverbot.
Die Ausfahrt aus der Stadt Richtung Osten war ausgeschlossen. Es gab ein striktes Einreiseverbot in die DDR. Familien und Freunde wurden getrennt. Briefe und Päckchen »nach dem Osten« unterlagen einer willkürlichen Kontrolle. Allzuoft kamen sie bei dem Empfänger gar nicht an.
Der Kalte Krieg war in vollem Gange.
Als Rudolf und Eva am Morgen des 13. August nach Hause kamen, traten sie an Hannas Bett, die während ihrer Abwesenheit die Kinder gehütet hatte.
»Du kannst nicht mehr nach Kleinmachnow zurück, Mutti«, sagte Eva. »Du mußt jetzt hierbleiben. Die ganze DDR ist abgesperrt.« Hanna widersprach nicht. Sie hatte von jeher gern

andere die Entschlüsse fassen lassen, die sie betrafen. Wenige Tage später flog sie nach Westdeutschland und blieb zunächst bei Emmy. Von da an zog Hanna Brandt in steter Regelmäßigkeit von einem ihrer noch lebenden drei Kinder zum anderen und wohnte jeweils einige Wochen in deren Familien.

Auch Martin lebte seit ein paar Jahren in Westdeutschland. Er hatte mit kaufmännischem Geschick eine gutgehende Arzneimittelfabrik aufgebaut und lebte ganz seiner Geschäftstätigkeit.

Die Ignoranz der Westdeutschen nach dem Mauerbau war für die Berliner kaum verständlich. Was diese so hautnah erlebten, war für die anderen höchstens unbehaglich. Sie waren so weit weg von Berlin und der Ostzone. Es ging ihnen gut, sie waren mit dem Aufbau der Wirtschaft beschäftigt und wollten in ihrem Wohlbefinden nicht gestört werden. Verbal wurde zwar immer wieder der »Brüder und Schwestern im anderen Teil unseres Vaterlandes« gedacht, aber dabei blieb es. Die DDR war eben »zu« und kein Reiseziel mehr. Dafür stand ihnen die ganze Welt offen. Als Eva einmal eine Verwandte nach Berlin einlud, bekam sie eine Absage: »Ich bin doch nicht lebensmüde!«

Mehrfach wurden Kreders, wenn sie mit dem Auto im streng kontrollierten Einhundert-kmh-Tempo über die DDR-Autobahn in den deutschen Westen kamen, beiläufig gefragt: »Kommen Sie aus West- oder Ostberlin?« Die Ahnungslosen wußten gar nicht, wie hoffnungslos die DDR eingeschlossen war, daß ihre Bewohner in einem großen Gefängnis saßen und ihr Land jahrzehntelang nicht verlassen durften. Viele scherte es auch wenig, wie arm »die da drüben« – nicht nur ideell, sondern auch materiell waren. Die, die es wußten, schickten unermüdlich Päckchen und Pakete, die oft geplündert wurden und dann geöffnet oder gar nicht ankamen.

»Drüben« hatte das Verbrechen die Oberhand gewonnen. Es hatte wie eine Spinne sein Netz über das ganze Land geworfen.

Nicht einen Augenblick hatten die jungen Kreders daran gedacht, Berlin, das auch Eva zur Heimat geworden war, aufzugeben. Als Rudolf in einer schönen Villengegend die nötigen eintausend Quadratmeter für einen günstigen Preis erstanden hatte, schöpfte er alle nur möglichen Kredite aus und begann, ein Haus zu bauen. Von der Verwandtschaft in Westdeutschland wurde er schlicht für verrückt erklärt:
»Unverantwortlich! Er sollte an seine Kinder denken!«
Genau das tat er. Es wurde ein hübsches Haus mit fünf großen und drei kleineren Zimmern. An Felicitas' zweitem Geburtstag zogen sie ein. Es war keineswegs fertig. Das zukünftige große Wohnzimmer war mit nichts bestückt als einer bekleckslen Malerleiter, die an einer untapezierten Wand lehnte. Das Schlafzimmer war noch unbeziehbar. Die Ehebetten standen vorläufig in dem als Kinderspielzimmer vorgesehenen Raum, an dessen Fenstern selbstverständlich noch keine Gardinen waren.
Als Eva eines Sonntagmorgens erwachte – sie hatten wieder bis spät in die Nacht gearbeitet und sich endlich ein Ausschlafen gegönnt – stieß sie entgeistert ihren Ehemann an: »Rudi, guck mal!«
Rudolf fuhr hoch. Beide blinzelten mit wirrem Haar zum Fenster, vor dem sich ein paar Spaziergänger versammelt hatten, die mit an die Scheibe gehaltenen Händen, um bessere Sicht zu haben, neugierig hineinspähten.
Rudolf warf die Decke zurück, sprang aus dem Bett und brüllte: »Verschwindet!!«
Er war mit seinen Nerven ziemlich am Ende.
Kurze Zeit später stand plötzlich ein älterer Herr mitten im Wohnzimmer. Er war durch die zum Garten gehende offene Terrassentür gekommen.

»Ich komme nur, um mich mitzufreuen.«
Eva sah ängstlich auf Rudolf, dessen Stirn sich bedenklich rötete.
»Damit ist jetzt Schluß«, konterte er mit mühsam beherrschter Stimme. »Jetzt wohne *ich* hier!«
Der alte Herr murmelte eine Entschuldigung und stolperte in den Garten hinaus.
»Du hättest freundlicher sein sollen, Rudolf«, mahnte Eva. »Stell dir nur vor, wenn das einer unserer nächsten Nachbarn ist.«
»Das ist mir egal«, brummte Rudolf. »Wir brauchen jetzt erstmal Zeit, um hier Fuß zu fassen. An Nachbarschaftsverkehr können wir später denken.«
Sie waren eher etabliert, als sie gedacht hatten. Alle Bewohner der Straße hinauf und herunter waren eine harmonische Gemeinschaft, in die sie bald wohlwollend aufgenommen wurden. Robert ging zögernd und ungern in die neue Schule. Aber ein paar Häuser weiter gab es Kinder jeden Alters, mit denen die Geschwister schnell Freundschaft schlossen.

Rudolf entschloß sich eines Tages zu dem Sprung in die Selbständigkeit. Er hatte ein günstiges Angebot für eine Arztwohnung bekommen. Ein Jahr nach dem Einzug in das eigene Haus eröffnete er eine Praxis, die sich rasch zu einer soliden Existenzgrundlage entwickelte. Kreders konnten mit ihren Kindern die ersten Reisen machen. Sie pflegten einen immer größer werdenden Freundeskreis. Es wurden fröhliche Gartenfeste, Geburtstage und Silvester gefeiert. Am lautesten waren die Feten der heranwachsenden Jugend. Zwanzig, dreißig junge Leute im Haus und Garten waren keine Seltenheit. Eva stand in der Küche und mixte Salate und Getränke und hatte ihren Spaß daran. Oft mischten sich Rudolf und sie unter das junge Volk, tanzten oder unterhielten sich mit ihnen.

Auf diese Weise – mit ausfüllender Arbeit und fröhlicher Geselligkeit im Wechsel — ließ sich das die Berliner immer wieder bedrückende Inseldasein leichter ertragen. Schwierig wurde es stets, wenn man die Stadt verlassen wollte oder mußte. Da verging der tapferen Bevölkerung Westberlins schon manchmal das Lachen.

Das Tal der Ahnungslosen

Grenzöffnung – einen Spalt breit

1969 brach in Bonn die große Koalition von CDU und SPD auseinander. Die FDP schloß sich der SPD an und schickte damit die CDU auf die Oppositionsbank. Bundeskanzler wurde der ehemalige Regierende Bürgermeister von Westberlin, Willy Brandt.
Damit wurde eine neue Ära in der Ostpolitik der Bundesrepublik eingeläutet. Brandt, der Kontakte zur DDR-Regierung schon seit langem gepflegt hatte, nutzte als Bundeskanzler nun seine Beziehungen und setzte ein Besucherrecht von West nach Ost durch. Zwar wurden die Genehmigungen nur nach scheinbar endlosem Papierkrieg ausgestellt, und die Lücken zwischen den Schlagbäumen an den Grenzübergängen waren schmal und wurden streng kontrolliert. Aber der Jubel der Menschen, die wieder zueinanderkommen durften, war unendlich. Freudentränen flossen reichlich, und die Umarmungen wollten kein Ende nehmen.
Von Großzügigkeit waren die Besuchserlaubnisse der DDR-Gewaltigen weit entfernt. Touristische Reisen ohne Angaben von östlichen Kontaktadressen waren noch nicht möglich. Darum wurde auch nichts aus Evas sehnlichstem Wunsch, nach Görlitz zu fahren. Sie hatte dort niemanden mehr, den sie als Verwandten angeben konnte. Aber Schwager Johannes in Kleinmachnow war eine glaubwürdige Anlaufadresse. Die Kreders packten zusammen, was sie als Gastgeschenke für sinnvoll hielten, und fuhren mit allen drei Kindern in den süd-

lichen Vorort von Berlin. Für die Strecke, die normalerweise höchstens eine halbe Stunde in Anspruch genommen hätte, brauchten sie fast zwei Stunden. Die Autoschlange der Einreisewilligen in die DDR am Übergang Dreilinden war endlos. Und die zur Kontrolle der Wagen und Papiere eingesetzten Volkspolizisten ließen sich betont Zeit. Sie waren brummig und unverbindlich, hatten einen keinen Widerspruch duldenden Befehlston und winkten willkürlich diesen oder jenen Wagen aus der Reihe in eine seitliche Warteposition, wo sie ihn längere Zeit stehenließen, ehe sie damit begannen, das Auto systematisch auseinanderzunehmen. Das in mehr als zwanzig Jahren aufgebaute Feindbild stand ihnen auf der Stirn geschrieben. Es waren nicht Deutsche und Deutsche, die sich da gegenüberstanden, sondern Westler *gegen* Ostler, was für viele ahnungslose Westberliner eine neue Erfahrung war.

Sie akzeptierten es nicht. Sie gewöhnten sich zähneknirschend oder gelassen daran. Zudem verlangte die DDR ein nicht zu knappes Eintrittsgeld in ihr Land, pro Kopf fünfundzwanzig D-Mark, was bei manchen Familien hoch zu Buche schlug. Kreders legten immer hundert bis hundertfünfundzwanzig D-Mark West auf das Schalterbrettchen und bekamen dieselbe Summe in Ostgeld zurück, ein schlechter Tausch, mit dem sie nichts anfangen konnten. Zu kaufen gab es kaum etwas Erstrebenswertes, andererseits durften sie das Ostgeld auch nicht wieder über die Grenze zurücknehmen. Es war raffiniert ausgedacht.

Diese Fahrten kosteten Zeit und Mühe, Ärger und Verdruß. Dennoch resignierten die wenigsten. Die Freude bei den Besuchen war jedesmal so groß, daß sie immer wieder alle Unbill auf sich nahmen.

Vom Westen her setzte allmählich eine Flut von Care-Paketen ein, sobald klar wurde, wie die ostdeutsche Wirtschaft stagnierte und immer weiter in den Keller führte, während die westliche zu einem blühenden Wohlstand gedieh. Die Bevölkerung in Mitteldeutschland stand nicht nur unter strengster politischer Kuratel, sie litt auch materielle Not. Dessenungeachtet wurden ihr immer wieder in zahllosen Propagandareden und ganze Straßenzüge bedeckenden Spruchbändern die glanzvollen Errungenschaften des Sozialismus eingehämmert, bis sie mit den Jahren selbst daran glaubten. Sie hatten ja keine Vergleichsmöglichkeit, die Bewohner der DDR, die ihr Land nicht verlassen durften.

Sie brauchten nicht zu hungern, aber alle Dinge, die das Leben erfreulich und angenehm machten, gab es nicht oder nur in minderer Qualität. Das war bitter, wenn der andere Bruderteil Deutschlands so wohlversorgt war. Bei aller hermetischen Absperrung gelangte doch immer wieder Wissen von den Bessergestellten über Mauer und Grenze.

1970 kam das vergessene Görlitz am östlichsten Rand der DDR kurz in die Schlagzeilen. Willy Brandt schritt an der Seite von Otto Grotewohl und den Honoratioren der Stadt demonstrativ über die Reichenberger Brücke, die einzige, die noch über die Neiße führte und die beiden Stadtteile miteinander verband, den deutschen und den polnisch gewordenen. Er zeigte damit der Welt, daß er diese willkürliche Grenze, die 1945 nur durch eine Verwechslung der beiden Flüsse Lausitzer Neiße und Glatzer Neiße entstand, akzeptierte und anerkannte. Es war eine Geste der Versöhnung dem polnischen Nachbarn gegenüber.

»Fremd kam er heim ins Vaterland ...«

Drei Jahre später konnte Eva-Maria endlich ihre Koffer packen und mit Mann und Kindern nach Görlitz fahren, um ihnen die schöne, geliebte Heimat zu zeigen.

Es war Pfingsten 1973, eine Jahreszeit, die zu herrlichstem Sonnenwetter verpflichtet hätte. Statt dessen hüllte sich der Himmel über der Stadt in tristes Grau, es nieselte fast ununterbrochen, und der für Görlitz so typische rauhe Wind war selbst in diesen frühsommerlichen Tagen wetterbestimmend.

Die Fahrt war aufregend für Eva. Bei den ersten Ortsschildern mit bekannten Namen stiegen ihr Tränen in die Augen. Die Erinnerung an den Vater, der seine Kinder im Auto hierhin und dorthin mitgenommen hatte, wenn er über Land fuhr, war übermächtig. Als sie in der Ferne rechts die Landeskrone und links die Peterskirche auftauchen sah, wurde sie still.

Alles war anders geworden, und doch hatte sich wenig verändert. Die Berliner Straße war plötzlich so dunkel und schmal. Auf dem Postplatz vermißte sie die Muschelminna, eines der vielen Wahrzeichen der Stadt. Der Brunnen in der Mitte des Platzes wirkte kahl ohne sie. Die Stadt war grau geworden – altersgrau, und niemand hatte sich die Mühe gemacht, sie zu verjüngen. Die einst so eleganten Bürgerhäuser im neueren Teil, die Berliner Straße, die Jakobstraße, der Wilhelmsplatz, verfielen still vor sich hin. Die Eigentümer waren entweder in Westdeutschland oder enteignet worden, was bedeutete, daß diese Häuser nun Volkseigentum waren. Aber das Volk, das sich um den Erhalt der Baulichkeiten hätte kümmern können, entzog sich der Verantwortung. Vielleicht wußte es auch gar nichts von seinem Besitz.

Das Auto aus Westberlin hielt vor der Thälmannstraße 3. Eva

ging mit ihren Kindern den Gang vom Einfahrtstor zum Haus hinunter und stand fassungslos vor drei großen Containern, die mit den Bruchstücken der Kachelöfen aus der Brandtschen Villa gefüllt waren: der dunkelgrüne aus Vaters Herrenzimmer, der taubenblaue aus Mutters Wohnzimmer, und im dritten die zertrümmerten Kacheln des großen, kupferfarbenen Eßzimmerofens mit den Jugendstilfayencen, unwiederbringliche Kostbarkeiten.

»Das hier waren mal unsere Kachelöfen«, erklärte Eva tonlos.

»Ach ja?« reagierte Robert höflich. Evas Kinder konnten sich unter gemütlichen Kachelöfen wenig vorstellen. An der schweren, eichenen Haustür, die jetzt mit einer kaffeebraunen Ölfarbe bestrichen war, verkündete ein bedruckter, halbabgerissener Zettel, mit Reißzwecken angeheftet, daß dieses Haus eine »Altenbegegnungsstätte der Volkssolidarität« sei. Eva stieg vorsichtig die Treppen zum oberen Stockwerk hinauf. Sie kam sich vor wie ein Eindringling, der unerlaubt fremdes Terrain betritt. Dabei gehörte das Haus immer noch ihrer Mutter, ihren Geschwistern und ihr. Es war nie enteignet worden, obwohl die Firma in der Leipziger Straße nach der Verhaftung des Vaters verstaatlicht wurde.

Im Treppenhaus fiel das Licht ungehindert durch ein schmuckloses Glasfenster. Die Bleiverglasung im Jugendstil, eine Früchte tragende Jungfrau, war entfernt worden, ebenso die beiden Ritterfiguren am Fuß und am oberen Ende der Treppe, die mit ihren Laternen das Treppenhaus erhellt hatten. Die Tür zu der oberen Wohnung war verschlossen. Rudolf stand hinter Eva, legte ihr den Arm um die Schulter.

»Komm, Eva«, sagte er, »es ist besser so.«

Sie drehte sich um und ging die Treppe hinunter, über die Katharinas Sarg getragen worden war, kurz bevor sie das Haus endgültig verlassen hatten.

In dem völlig verwilderten Garten standen ein paar Frauen und starrten Evas Kinder an, als seien sie von einem anderen

Stern. Corinna starrte herausfordernd zurück, Robert und Felicitas war es unangenehm.
Eva ging auf die Frauen zu und begrüßte sie.
»Es ist das Haus meines Vaters«, sagte sie. »Es war mal sehr schön.«
»Wenn Se's so scheen finden, warum wohnse dann nich hier?« kam die gehässige Antwort.
Eva drehte sich ohne ein Wort um, erfaßte noch einmal mit dem Blick den zertretenen Rasen, auf dem eine eiserne Klopfstange prangte, die kahlen Stellen, auf denen einmal Obstbäume und Fliedersträucher gestanden hatten, und das traurige, leere Rondell des Springbrunnens, das der schmiedeeisernen Knabenfigur mit dem wasserspeienden Reiher beraubt war. Mit welcher Freude war sie gekommen – mit welcher Trauer ging sie.
»Ich verstehe nicht, warum sie alles so verkommen lassen«, sinnierte sie, als sie im Wagen Richtung Altstadt fuhren. »Und warum haben sie bloß alles verschwinden lassen, was das Haus so schön gemacht hat?« Sie drehte sich zu ihren Kindern um. »Im Garten war eine dreihundertjährige Eibe, sie stand unter Naturschutz. Und die ganze Seite zum Nachbarhaus bis hinunter zum Hof war voller Pflaumen- und Apfelbäume. Alles haben sie abgehackt. Versteht ihr das?« Ein dreistimmiges »Nee« unterstützte ihre Ansicht.
»Sie haben niemanden, der das pflegt«, erklärte Rudolf. »Sie haben kein Geld, um jemanden dafür zu bezahlen.« »Ich glaube, sie haben auch gar kein Interesse«, ließ sich Robert vernehmen, »weil ihnen das alles nicht gehört.«
Am Leninplatz stellten sie das Auto ab und gingen zu Fuß in die Altstadt. Es nieselte wieder und ließ die Häuser noch grauer erscheinen.
Eva blieb vor dem Schönhof stehen.
»Dies ist der älteste Renaissancebau Deutschlands«, erklärte sie. »Dieser ganze alte Stadtkern ist eine geschlossene Renais-

sancegründung aus dem fünfzehnten und sechzehnten Jahrhundert, den die wohlhabenden Görlitzer nach einem verheerenden Brand errichtet hatten. Das alte Rathaus – seht mal, die Rathaustreppe ist berühmt. Die hat in der Mitte des sechzehnten Jahrhunderts ein Görlitzer Baumeister, Wendel Roskopf, erbaut. Ihm sind überhaupt viele Gebäude hier in der Altstadt zu verdanken. Genauso berühmt ist das Biblische Haus da drüben in der Neißstraße, das lauter Szenen aus dem Alten und Neuen Testament auf seiner Fassade zeigt. Und hier die Laubengänge mit dem »Goldenen Baum«, einem uralten Gasthaus. Dort drüben im »Braunen Hirsch« hatte ich meinen ersten künstlerischen Auftritt. Ich mußte in einem Weihnachtsmärchen einen Engel spielen.« Eva zeigte mit dem Regenschirm auf die Häuser, die mit etwas Phantasie hinter der bröckelnden Fassade noch die einstige Schönheit ahnen ließen.

»Ihr könnt mir glauben«, ereiferte sie sich, »wenn Görlitz richtig gepflegt würde, wäre es schöner als Rothenburg ob der Tauber. – So, wie's jetzt aussieht, allerdings nicht«, fügte sie mit kleiner Stimme hinzu.

Rudolf nahm ihr den Fotoapparat ab.

»Geh mal mit den Mädels zu der Tür von diesem Barockhaus da drüben«, sagte er. »Ich mach' ein Bild von euch, da wirst du sehen, daß die Stadt immer noch schön ist.«

Sie hatten im »Monopol« übernachtet, das einmal das elegante Hotel »Prinz Friedrich Carl« war. Eva hatte sich als Kind immer gewünscht, dort einmal Gast zu sein. Es war aber nicht abzusehen, denn: »In Görlitz bin ich ja immer zu Hause.« Jetzt war nicht mehr ein Funken der damaligen Eleganz übriggeblieben.

Am nächsten Tag fuhren sie aufs Land, nach Thiemendorf.

»Hier hatte euer Großvater seine Jagd, und wir fuhren fast jeden Sonntag raus und spielten mit den Dorfkindern.«

»Aha«, machten Evas Kinder.
Sie besuchten die Familie, bei der die Brandt-Familie immer abgestiegen war. Richard und Wanda lebten noch und freuten sich, Eva wiederzusehen, auch die blonde Tochter Lieselotte, die jetzt Mutter von vier heranwachsenden Kindern war. Das Wiedersehen war voller Freude und Herzlichkeit. Es war, als ob man sich gestern getrennt hätte. Auch die junge Generation fand schnell zueinander. Es war kaum zu spüren, daß sie in so verschiedenen Welten aufgewachsen waren.
Mittags brutzelten zwei Kaninchen in der Pfanne, dazu gab es mehlige »Apern« (Kartoffeln) und zum Nachtisch heißen Kaffee und schlesischen Streuselkuchen.
»Ist das noch der Kaffee aus dem Weihnachtspaket?« fragte Eva mit einem Anflug von schlechtem Gewissen.
»Nu, nu, dän ham mia bewoahrt, bis ihr kimmt.«
»Ich schick' euch neuen«, versprach Eva.
Der Abschied war herzlich. Es wurden Fotos gemacht, ein Riesensack Äpfel ins Auto gepackt und baldiges Wiedersehen versprochen.
»Nu wird's nimmi so lang dauern.« Wanda hatte Tränen in den Augen.
Sie winkten lange. Dann lehnte sich Eva auf ihrem Sitz zurück: »Wenigstens die paar sind noch übriggeblieben. Görlitz ist mir so fremd geworden. Nur noch die Häuser – aber das reicht nicht. Ich weiß eigentlich kaum jemanden mehr, den ich von früher her kenne. – Das nächste Mal gehe ich auf den Friedhof zu Omi und Opapa.« Und zu Joachim, fügte sie in Gedanken hinzu.

Das nächste Mal fuhren Rudolf und Eva-Maria ohne die Kinder nach Görlitz. Sie buchten über ein DER-Reisebüro ein Zimmer im Hotel »Stadt Dresden«, mußten wie immer viele ausgefüllte Papiere einreichen und bekamen nun – es waren wieder ein paar Jahre vergangen – die Aufenthaltserlaubnis als Touristen.

Das Hotel, das einmal zu den ersten am Platz gezählt hatte, war vernachlässigt und heruntergewirtschaftet. Überall spürte man das Desinteresse, weil es ja kein Eigentum gab.

Kreders wurden von den Görlitzern verstohlen gemustert. Es kamen nicht viele Westdeutsche und Berliner in diese östlichste Stadt Deutschlands. Man sah ihnen an, daß sie »Fremdlinge« waren. Und so fühlte sich Eva auch. Es war ihr unbehaglich. Das war nicht mehr ihre Heimatstadt, dieses so fremd gewordene Görlitz. Sie hatte es gediegen und gepflegt in Erinnerung. Jetzt war es grau und trostlos. Die Bevölkerung schien ihr gedrückt und mißmutig. Oft war es Eva, als betrachtete man sie mit Abwehr und Mißtrauen. Sie gab sich Mühe, bescheiden zu wirken und nicht aufzufallen. Dennoch spürten die Menschen offenbar, daß sie nicht eine von ihnen war.

Ein Besuch ihres Elternhauses, das wegen des Wochenendes geschlossen war, endete wieder vor der Tür.

»Vielleicht ist es besser so«, tröstete Rudolf. »Wer weiß, was du jetzt drinnen vorfinden würdest.«

Als sich Eva vom Haus her dem Einfahrtstor näherte, stand neben ihrem Berliner Auto eine dunkelgekleidete, schlanke Frau und sah ihr unverwandt entgegen.

»Eva?« fragte sie, als sie voreinander standen.

Eva zögerte, suchte im Gesicht der anderen, dann fiel sie ihr um den Hals.

»Anneliese! Wir haben uns ja Jahrhunderte nicht gesehen!«

Anneliese wohnte mit ihrer Familie seit vielen Jahren im Nachbarhaus. Eva und Rudolf wurden hinaufgebeten, Anneliese kochte Kaffee und zauberte Kuchen auf den Tisch, eine Flasche Wein wurde entkorkt, sie feierten das Wiedersehen.

Es gab so viel zu erzählen, so viel nachzuholen. Warum sie sich eigentlich aus den Augen verloren hatten, wußte keine zu sagen. Beide Frauen hatten drei Kinder, jeweils einen Sohn und zwei Töchter. Es fanden sich viele Parallelen, und doch hatten beide in so verschiedenen Welten gelebt. Die Gegen-

sätze, die zwangsläufig dadurch entstanden waren, versuchten sie im Gespräch vorsichtig zu umgehen. Es sollte kein Mißklang die Freude des Wiedersehens trüben.
Eva sah sich in dem behaglichen, großen Wohnzimmer um. »Schön habt ihr's hier«, fand sie.
Anneliese nickte. »Wir können nicht klagen. Es fehlt uns nichts, und wir sind zufrieden.«
Es lag Eva-Maria auf der Zunge zu fragen, wie sie mit den Zwängen der DDR-Diktatur zurechtkämen. Aber sie hielt sich zurück. Anneliese und ihr Ehemann kamen offensichtlich ganz gut damit zurecht. Sie hatten sich eingerichtet in den unabänderlichen Verhältnissen und das Beste daraus gemacht. Anneliese hatte trotz ihrer drei Kinder den Lehrerberuf ergriffen und ihn jahrzehntelang ausgeübt. Alle Frauen in der DDR waren berufstätig, wie Eva herausgefunden hatte. So etwas wie nur Hausfrau und Mutter gab es offenbar nicht, stellte sie fest. Es war schon viel, was von den Frauen verlangt wurde. Für die Kinder gab es die staatlichen Kindergärten. Die übernahmen dann auch gleich die Erziehung im ideologischen Sinne.
Die beiden Ehepaare verabschiedeten sich herzlich und versprachen, sich nun nicht mehr aus den Augen zu verlieren. Die Adressen wurden ausgetauscht.
»Kommt mal wieder«, sagte Anneliese.
»Wenn's nur nicht so umständlich wäre«, seufzte Eva.
»Wenn ihr uns wiedersehen wollt, müßt ihr schon zu uns kommen«, lächelte Anneliese wehmütig. »Wir dürfen erst zu euch fahren, wenn wir sechzig und fünfundsechzig sind. Zum Glück passiert das bei meinem Walter und mir im gleichen Jahr.«
Mit Eifer zeigte Eva-Maria wieder einmal ihrem Rudolf die unter der DDR-Patina versteckten Schönheiten ihrer Heimatstadt. Sie gingen zur Peterskirche und von da hinunter zum Neißeufer, stiegen die Stufen zur Ochsenbastei hoch – (»Hier trafen wir uns immer zum Jungmädel-Dienst«) und genossen

den Blick über die kunstvoll angelegten Blumenbeete. »Schön, daß sie wenigstens das gemacht haben.«
Evas kleine Kamera war dauernd im Einsatz.
Vom Nikolaigraben gingen sie hinüber zum Friedhof. Das von einem schmiedeeisernen Zaun umfriedete Familiengrab der Großeltern fanden sie, aber nicht das von Joachim. Eva blieb auf der kleinen Anhöhe unweit des Krematoriums stehen. »Hier war es«, sagte sie fest. »ich weiß es, ich bin doch x-mal hier gewesen. Sie haben es plattgewalzt, einfach eingeebnet.« Sie blickte traurig zu Rudolf hinüber. »Hora ruit – carpe diem«, sagte sie leise.

Das Heilige Grab

Auf dem Leninplatz stiegen sie wieder in ihr Auto. »Was jetzt?« fragte Rudolf. »Du willst mir doch immer so viel von deinem Görlitz zeigen. Was ist jetzt dran?«
Eva überlegte. »Für Thiemendorf ist es jetzt zu spät«, entschied sie, »das machen wir morgen. Laß uns zum Heiligen Grab fahren, das ist sozusagen hier um die Ecke. Nur rechts den Grünen Graben hinunter und dann links in die Heilige-Grab-Straße, immer den Straßenbahnschienen nach.«

Als sie vor der kleinen, verrosteten Pforte standen, die zu dem Gelände des Heiligen Grabes führte, war sie verschlossen. Eva betätigte einen Klingelknopf. Nichts rührte sich. Sie warteten eine Weile, dann gingen sie zurück zum Wagen.
»Es hat keinen Zweck. Vielleicht gibt es überhaupt keine

Führungen mehr. Es sieht so verlassen aus.« Eva war enttäuscht. Sie hätte Rudolf so gern den Ort gezeigt, an dem sie schon als kleines Schulmädchen bei einem Klassenausflug ihren ersten frommen Schauer empfand.
Inzwischen war es vier Uhr nachmittags.
»Laß uns auf der Landeskrone eine Tasse Kaffee trinken«, schlug Eva vor. »Vielleicht gibt's sogar Kuchen. Das letzte Mal mußte ich dafür noch Kuchenmarken abgeben. Dort oben erzähle ich dir die Geschichte vom Heiligen Grab, alles, was ich darüber gelesen habe. Hast du Lust?«
Rudolf nickte und ließ den Motor an.
Das Gasthaus auf der Landeskrone gab es nicht mehr. Die Türen des verwahrlosten Gebäudes waren geschlossen, keine Menschenseele in der Umgebung. Sie setzten sich auf eine verwitterte Holzbank dicht neben dem Aussichtsturm. Eva-Maria zog die Beine hoch, umklammerte sie mit den Armen und legte den Kopf auf die Knie.
»Hier war ich mit Joachim«, sagte sie. »Es war schön.«
Eine Weile herrschte Stille zwischen ihnen. Dann: »Du wolltest mir vom Heiligen Grab erzählen«, erinnerte Rudolf. Eva wandte sich zu ihm.
»Es ist eine lange Geschichte. Willst du sie wirklich hören? Interessiert es dich?«
»Ja«, sagte Rudolf mit ernstem Gesicht, und sie wußte, daß er ein guter Zuhörer sein würde.
»Als Kind war ich zum ersten Mal dort«, begann sie, »mit der Volksschulklasse. Es war ein unglaubliches Gewusel, achtundzwanzig Kinder auf dem kleinen Grundstück. Die meisten liefen bloß herum und alberten und kicherten – Neunjährige eben. Aber mich erfaßte plötzlich eine tiefe Frömmigkeit, zuerst in der kleinen Grabkapelle, und dann vor der stillen, ausdrucksvollen Pietà, die ein Görlitzer Bildhauer, Hans Ölmützer, so um 1500 herum geschaffen hatte. Ich weiß noch, daß ich lange vor der Plastik stand und bewunderte,

daß man so viel Hingabe und Schmerz aus einem Brocken Stein zaubern konnte. Die Figur zeigte schon damals Verfallserscheinungen, natürlich nicht so sehr wie heute, es sind ja immerhin Jahrzehnte seitdem vergangen. Ich habe ein paar schlechte Fotos davon gesehen, die erst ein paar Jahre alt sind. Es ist schon traurig. In dieser letzten Zeit ist mehr kaputtgegangen als in den Jahrhunderten davor.

»Und wer kam auf die Idee, in Görlitz solch ein Heiliges Grab zu bauen?« fragte Rudolf interessiert.

»Georg Emerich, der Sohn des Bürgermeisters von Görlitz, in der Mitte des fünfzehnten Jahrhunderts. Görlitz war eine sehr wohlhabende Stadt. Das siehst du noch an den wunderschönen Renaissancehäusern in der Altstadt, die der Sozialstaat von Herrn Honecker jämmerlich verfallen läßt. Ob die jemals wieder renoviert werden können? Ich glaube, dazu fehlt es an Geld und gutem Willen.«

»Also – der Georg Emerich war der Bürgermeister«, half ihr Rudolf weiter.

»Nein. Zunächst war er erst einmal der Sohn vom Bürgermeister Urban Emerich. Der war ein reicher Mann und ließ seinen Sohn in Leipzig studieren und auch sonst ein angenehmes Leben führen. Als fertiger Jurist – wahrscheinlich Assessor oder sowas – kam Sohn Georg nach Görlitz zurück und beschäftigte sich in erster Linie mit lukrativem Handel.«

»Warum ging er nicht zum Gericht oder gründete eine Kanzlei?« wunderte sich Rudolf. »Das wäre doch das Natürlichste nach einem Jurastudium gewesen.«

Eva schnippte sich ein Blütenblättchen vom Rock.

»Ist der Handel noch so klein, bringt er mehr als Arbeit ein«, trällerte sie. »Ich finde das nur vernünftig. Sein Vater hatte schon allerlei Landbesitz in Görlitz, den der Sohn wahrscheinlich verwaltet hat. Außerdem war Görlitz die Stadt der Tuchmacher, also handelte er sehr erfolgreich mit Tuchen und mit Waid, einem Farbstoff, mit dem die Tuche eingefärbt wurden und der damals sehr teuer war. Tja, so macht man Geld. Ich glaube, Georg Emerich war schließlich noch eine ganze Menge reicher als sein Vater.«

»Woher weißt du das alles?«

»Gelesen, mein Schatz, weil es mich interessiert. Es ist alles nachlesbar.«

Rudolf lehnte sich zurück und betrachtete seine Frau mit leichter Verwunderung.

»Davon weiß ich ja gar nichts. Seit wann beschäftigst du dich so eingehend mit diesem Heiligen Grab?«

»Seitdem ich Mitglied der Fördergesellschaft für eben dieses Heilige Grab bin – das weißt du doch?«

»Aha.« Rudolf hatte das Gefühl, daß er manches von seiner Frau doch noch nicht wußte.

»Und was macht die Fördergesellschaft?«

»Sie ist bemüht, das Heilige Grab in Görlitz vor dem Verfall zu bewahren, es wieder aufzubauen und zu erhalten.«

»... was Georg Emerich einst dank seines sagenhaften Reichtums entstehen ließ. Wo hat er eigentlich die Vorbilder für seine Bauten hergehabt?«

»Ja – jetzt kommt ja erst der aufregende Teil der Geschichte.« Eva stand auf. »Die Bank ist ziemlich hart auf die Dauer, nicht? Wollen wir nicht ganz langsam die Landeskrone wieder runtergehen? Ich kann dabei genauso gut erzählen.«

Sie schlenderten nebeneinander her, den breiten Fahrweg hinunter. Noch immer war keine Menschenseele zu sehen. Offenbar kam kein Görlitzer auf die Idee, auf die Landeskrone zu wandern.

»Früher war hier mehr los«, murmelte Eva und fuhr fort: »Es gab damals, in der zweiten Hälfte des fünfzehnten Jahrhunderts, zwei politische Parteien in der Stadt, die sich mächtig befehdeten. Eine hing dem Ungarnkönig Matthias Corvinus an – weißt du noch, dem die Matthias-Kirche in Buda geweiht ist, die wir besucht haben – und die andere Partei stand zu dem Böhmenkönig Georg Podjebrad, einem Hussiten. Die meisten Görlitzer hatten die Überfälle der Hussiten nicht vergessen und hielten den Böhmenkönig für einen Verbrecher.«

»So ganz harmlos wird er ja wohl auch nicht gewesen sein. – Und was hat das alles mit eurem Heiligen Grab zu tun?«

Eva ergriff den Arm ihres Mannes.

»Gemach, Rudi, gemach. Jetzt kommt ja noch eine ganz tolle Liebesgeschichte. Georg Emerich bandelte nämlich mit der hübschen Bürgerstochter Benigna Horschel an, der Tochter eines Ratsherren, der auf Seiten des Böhmenkönigs stand. Unvorsichtigerweise – damals gab's ja noch keine Pille – schwängerte er die Maid, so daß sich das Verhältnis auf die Dauer nicht verheimlichen ließ. Und das in einer relativ kleinen Stadt! Natürlich bestand der erboste Vater auf einer Heirat, um die Ehre seiner Tochter wieder herzustellen. Aber damit wollten sich weder der Vater noch der Sohn Emerich befreunden. Georg war ein gewandter, gebildeter Mann mit geistigen und gesellschaftlichen Ansprüchen, die ihm seine kleine Benigna bestimmt nicht erfüllen konnte. Und Vater Urban dachte natürlich politisch. Die Tochter eines Böhmenkönig-Anhängers war für ihn als Schwiegertochter nicht akzeptabel. Also – das Baby wurde geboren und der dazugehörige Vater machte sich rechtzeitig aus dem Staube. Eine Pilgerfahrt nach Jerusalem sollte die aufgebrachten Gemüter der Zurückbleibenden besänftigen.«

»Na ja«, meinte Rudolf nachdenklich, »eine solche Pilgerfahrt war im fünfzehnten Jahrhundert schon ein abenteuerliches Unternehmen. Wann war das genau?«

»So ganz genau weiß ich das auch nicht. Ich glaube, 1464 oder 1465, so um die Zeit. Jedenfalls war Emerich dort in Jerusalem sehr beeindruckt von der Anlage des Heiligen Grabes, und es war sicher nicht nur der Bußgedanke, der ihn auf die Idee brachte, in Görlitz eine möglichst identische Kopie aufzubauen. Er wird klug genug gewesen sein, zu wissen, daß er seiner Vaterstadt damit ein unverwechselbares Denkmal dieser christlichen Gedenkstätte spenden würde.«

Unten, am Fuße der Landeskrone, stand ihr Auto. Eva und Rudolf fuhren zurück in die Stadt. In ihrem Hotel »Stadt Dresden« bekamen sie ein dürftiges Abendbrot, von müden Kellnerinnen lustlos serviert, Kartoffelsalat mit fetten Bockwürsten, dazu dünnes Bier. Rudolf hielt tapfer durch. Eva-Maria schüttelte sich.

»Glaub bloß nicht, daß es hier immer so war – nicht mal im Krieg.«

»Du bist mit deiner Geschichte noch nicht fertig, Eva. Wie ging das weiter mit dem Heiligen Grab? Bis jetzt steht es immer noch nicht.«

»Ach ja.« Eva rückte sich ihren Stuhl zurecht, bestellte sich ein zweites Bier (»Das labbrige Zeug macht doch bestimmt nicht betrunken!«) und knüpfte ihren auf der Landeskrone abgeknipsten Faden wieder an.

»Georg Emerich, der Flüchtling der Liebe –«

»Das hast du wirklich schön gesagt«, warf Rudolf ein.

»Der also wurde am 11. Juli 1465 in Jerusalem zum Ritter des Heiligen Grabes geschlagen. Warum, weiß heute kein Mensch mehr. Aber das war verpflichtend und hat ihn sicher zu seiner Idee, das Heilige Grab in Görlitz nachzubauen, beflügelt. Ob er dann noch einmal, zehn Jahre später, nach Jerusalem gereist ist, mit einem Baumeister zusammen, der an Ort und Stelle alle Maße aufgenommen haben soll, wurde zwar erzählt, ist aber fraglich. Gleichzeitig ist von einer Agnes Finger die Rede, einer jungen Görlitzer Witwe, die auch dort war und wohl mit einem Werkmeister Messungen vorgenommen hat, die sie dann Georg Emerich zur Verfügung gestellt haben soll.

Diese Agnes Finger soll eine schöne, reiche und unternehmungslustige Frau gewesen sein. Mutig war sie jedenfalls. Nach Jerusalem zu reisen war damals nicht so problemlos wie heute. Ist schon toll, wenn man bedenkt, daß im fünfzehnten Jahrhundert eine Frau so aktiv und zielstrebig gewesen ist.«

Rudolf schüttelte erstaunt den Kopf.

»Ich wußte gar nicht, was du da im geheimen für Studien getrieben hast. Die Sühnetat des Georg Emerich hat also dazu geführt, daß die Stadt Görlitz um diese Grabanlage bereichert wurde. Aber soviel ich weiß, gibt es einige Heilig-Grab-Bauten allein in Deutschland.«

Eva nickte. »Stimmt. Aber nur das Görlitzer Heilige Grab ist die authentische Nachbildung dessen, was man Mitte des fünfzehnten Jahrhunderts in Jerusalem vorfand. Die Heilige Stätte dort ist Anfang des neunzehnten Jahrhunderts abgebrannt. So, wie sie jetzt hier ist, haben sie in Jerusalem noch die Kreuzritter gesehen.«

Rudolf hob sein Glas. »Laß mich den letzten Schluck auf diese Einmaligkeit trinken, Evi, und schönen Dank für deine Vorträge, die mich neugierig gemacht haben. Was hältst du davon, wenn wir morgen vormittag noch einmal einen Versuch machen, auf dem Gelände dort Eingang zu finden?«

Eva griff über den Tisch nach der Hand ihres Mannes.

»Ich freu' mich. Als Neunjährige war ich mit meiner Klasse dort, später nur noch ein Mal. Es wird sich nicht viel verändert haben, außer daß es auch verfällt.«

Am nächsten Morgen – es war Sonntag – standen Rudolf und Eva-Maria wieder vor dem Gartentor in der Heilige-Grab-Straße. Die Klingel schnarrte wieder, und sie warteten. Es dauerte eine Weile, dann erschien in der Seitentür des an der Straße liegenden Hauses ein altes Weiblein, das mit einer Mischung aus Mißtrauen und vorsichtiger Neugier nach dem Begehr fragte.

»Dürfen wir mal hineinschauen?« fragte Eva. »Ich war seit langer Zeit nicht mehr hier.«

Die Alte zögerte.

»Itze gibt's koane Fiehrung.« Und dann, als sie Evas enttäuschte Miene sah: »Aba nu – wo Se amoal do sein – ich moch oane fier Sie.«
Das Pförtchen wurde aufgeschlossen, Eva und Rudolf durften eintreten. Mit drei gewaltigen Schlüsseln öffnete die Frau nacheinander die Türen zur Kreuzkapelle, zum Salbhaus mit der immer noch anrührenden Pietà von Olmützer und zur Grabkapelle mit dem orientalischen Türmchen auf der Dachmitte. Mit leiernder Stimme erzählte sie in schönstem Schlesisch alles, was sie über die Heilige Stätte gelernt hatte. Ihre beiden Zuhörer standen stumm vor den jahrhundertealten Zeugnissen steingewordener Frömmigkeit.
Die Kreuzkapelle bestand aus zwei Bauteilen, der Unterkapelle, die Adamskapelle hieß, und der oberen Kapelle zum Heiligen Kreuz mit dem spitzen, zweiundzwanzig Meter hohen Turm, der wie ein mahnender Finger in den grauen Himmel stieß. An einem Kreuzpfeiler hing das Bild des Erbauers Georg Emerich. Die Alte wußte auch, daß die obere Kapelle erst um 1500 fertig war und zu etwa derselben Zeit das Salbhaus und die Grabkapelle entstanden. Die Luft in den kleinen Kapellen war kühl und leicht modrig. Die Leere in dem alten Kreuzgewölbe, das Fehlen des Gestühls ließ Eva-Maria erschauern. Sie fühlte sich innerlich ganz kalt werden und suchte vergeblich das Frömmigkeitsgefühl in sich, das sie als Kind empfunden hatte.
Energisch versuchte sie, alle Emotionen zurückzudrängen und dem monoton Eingeübten der alten Frau zu lauschen. Sie stiegen die Stufen von der Golgathakapelle, dem oberen Teil der Kreuzkapelle, hinunter in den Garten der Anlage und kamen zum Salbhaus. Diese Entfernung – ließ die schlesische Alte sie wissen – sei dieselbe wie die von der Kreuzigungsstätte in Jerusalem bis zum Salbstein, auf dem der Leichnam Jesu gesalbt wurde. Die Entfernungen stimmten alle, und das machte die Görlitzer Grabanlage authentisch.
Eva stand lange vor Hans Olmützers Pietà.

»Doas hoat oo der Emerich gemoacht«, hörte sie hinter sich die Stimme der Alten. »Der hoat den Steen geholt aus Prag. E feiner Moann wor doas. Asu woas gibt's heite nimmi.«
Sie hatte recht. Man hatte Georg Emerich zu seiner Zeit den »König von Görlitz« genannt. Er tat viel für seine Stadt. König zu sein ist verpflichtend. Emerich hat sein kleines Königreich zu Wohlstand und Geborgenheit geführt.

Eva drehte sich zu Rudolf um.
»Es gibt hier eine Emmerichstraße, sie kreuzt die Thälmannstraße. Ich habe mich nie darum geschert, woher der Name kam. Mit zwei 'm', weißt du? Georg Emerich soll sich nur mit einem 'm' geschrieben haben. Aber das ist unwichtig. Maßgebend ist, daß der Name dieses Görlitzers wenigstens in einer Straße manifestiert ist. Daß die Stadt einem ihrer hervorragendsten Bürger und seinem Seitensprung ein so bedeutendes Denkmal zu verdanken hat wie das Heilige Grab, finde ich immerhin bedeutsam. Es hat sie über ihre Grenzen hinaus berühmt gemacht.«
»Nu, do guckt's no amoal a bissel alleene«, ließ sich die Türschließerin vernehmen, legte die drei Riesenschlüssel am Ring auf einen Wegstein und wandte sich dem vorderen Hause zu. »Ich woart bei da Tier, wenn Se gäh'n.« Eva stand neben dem Salbhaus und sah über eine abschüssige Wiese zur Altstadt hinüber.
»Siehst du da die Peterskirche? Man stellte sie sich als das Haus des Pilatus vor. Von dort ging der Leidensweg Christi durch das Kidrontal bis zur Kreuzkapelle hier, die Golgatha versinnbildlicht. Irgendwo dazwischen gibt es noch den Ölberg und den Garten Gethsemane, ich kann das jetzt nicht ganz genau ausmachen. Die Strecke von der Peterskirche bis hier zur Kreuzkapelle soll exakt genauso lang sein wie die Via Dolorosa in Jerusalem. Ist das nicht überwältigend?«
Sie drehte sich zu Rudolf um.

»Als ich als Kind hier zum ersten Mal war, wußte ich das alles noch nicht. Aber ich weiß, daß ich ungeheuer berührt und plötzlich ganz fromm war. So, als sei Jesus *hier* gestorben, in meiner Heimatstadt. Es ist schon großartig, was uns der Georg Emerich da hinterlassen hat.«

Eva hob ihre kleine Kamera ans Auge und knipste die drei Schlüssel auf dem Stein.

»Das muß ich mit nach Hause nehmen«, lächelte sie, »die Schlüssel zur Frömmigkeit.«

Sie wandte sich zum Gehen. Die alte Frau stand am geöffneten Gartentor. Rudolf steckte ihr ein paar Markstücke westlicher Herkunft in die runzlige Hand, Eva-Maria eine Tafel Schokolade in die andere. Überrascht sah die Alte auf. Ein strahlendes Lächeln zog ein Netz von Falten über ihr Gesicht.

»Nu suwoas aba ooch – nee, suwoas! Asu was Schienes hoab ich Joahre ni gesäh'n. Heite kimm' moane Enkel, die krieg'n die Schokoloade. Aba a Stickel wär' ich oo probiern.«

Sie winkte hinter den beiden her, die fast beschämt in ihr Auto stiegen. So viel Freude – für so wenig.

»Jetzt nach Thiemendorf«, dirigierte Eva. »Da haben wir Brandt-Kinder schließlich einen großen Teil unserer Kindheit verbracht.«

Sie fuhren über Königshain. Das Wetter war herrlich, die Wege schlecht. Durch den Wald wurden sie immer schmaler.

»Das Heilige Grab«, fragte Rudolf plötzlich, »hat das der Emerich allein finanziert? Er war ja wohl ein reicher Mann.«

»Soviel ich aus Gelesenem weiß, hat er den Löwenanteil bestritten«, bestätigte Eva. »Aber die Stadt hat ihm auch finanziell geholfen. Die Ratsherren waren klug genug, zu wissen, daß dieses Vorhaben ein Gewinn für die Stadt sein würde. Georg Emerich hatte ja auch ein großes Ansehen in der Stadt. Er war nicht nur jahrelang ihr Bürgermeister, sondern auch Schöffe und Ratsherr – ein wirklich außerordentlicher Mann.«

»Hat er eigentlich geheiratet?«
»Wieso? Ja, natürlich. Benigna Horschel und seinen Fehltritt hatte er ja gesühnt. Die Emerichs blieben noch lange eine hochangesehene Familie in Görlitz. Georg hat in zwei Ehen zwölf Kinder gezeugt, lauter kleine Emerichs, die er später dank seines Fleißes und des dadurch gewonnenen Reichtums wohlversorgt hinterlassen konnte. Und das Heilige Grab, das er seiner Stadt hinterließ – weißt du, es lohnt sich, dafür etwas zu tun. Eigentlich würde es sich für ganz Görlitz lohnen. Aber wie könnte man das?« Evas Augen waren feucht geworden.
Görlitz – das Tal der Ahnungslosen. Ob es jemals wieder erweckt würde?
Sie fuhren langsam aus dem Wald hinaus. Der Weg senkte sich dem Dorfe zu, das in der Mittagssonne vor ihnen lag. Eva holte tief Atem.
»Es ist wie immer«, sagte sie leise. »Jetzt müßten nur die Eltern dort auf dem Wege sein, und Katharina ...«
Ihre Stimme brach ab. Rudolf hielt den Wagen an und griff nach ihren Händen, die gefaltet auf ihrem Schoß lagen.
»Man kann nicht jede Vergangenheit in die Gegenwart zurückholen, Eva. Jetzt sind wir beide hier, jetzt sehen wir diese schöne, friedliche Landschaft. Freu dich daran.
Deine Bauern werden sich auch freuen, dich wiederzusehen. Dort drüben ist ihr Haus, wenn ich nicht irre.«
Eine von Evas Tränen tropfte auf seine Hand. Sie lächelte ihm dankbar zu.
»Na also«, sagte er zufrieden und drehte den Zündschlüssel wieder um. »Jetzt laß uns da runterfahren. Schön ist es, dein Schlesien.«

In Berlin telefonierte Eva mit Martin, der die Stadt schon vor einer Reihe von Jahren verlassen und seinen Betrieb zusammen mit einem Geschäftspartner an die äußerste Grenze

Westdeutschlands verlegt hatte. Sie war erfüllt von ihren jüngsten Erlebnissen und mußte dem Bruder berichten.

»Unsere Häuser sehen aus, als ob man sie abreißen müßte, obwohl uns immer wieder sogenannte Aufbaudarlehen als Hypotheken auferlegt wurden. Nichts, aber auch gar nichts ist an Aufbau geleistet worden. In unserem Elternhaus regnet es durch vom Dach bis zum Keller.«

Martin war einen Augenblick still. Dann sagte er begütigend: »Übertreib nicht Eva. Du mußt das auch so sehen: Die hatten doch dort kein Geld und kein vernünftiges Material. Woher sollen sie das nehmen, um alte Häuser zu sanieren?«

»Na, sie nehmen's doch von uns«, reagierte Eva sarkastisch. »Und wir dürfen dafür Zinsen zahlen. O Martin, es ist so schade um unsere schöne Stadt!«

»Ich fahre mal hin«, entschied Martin. »Ich will ja auch Thiemendorf wiedersehen. Gibt's denn die alten Friedenbergs noch?«

»Ja, fahr hin, Martin. Thiemendorf ist noch das Beste.«

Inseldasein

Berlin zu verlassen war ebenso umständlich und nervenaufreibend wie wieder hineinzukommen. Es mußten Transitscheine ausgefüllt werden, die halben Lebensläufen glichen. Für die Durchfahrt auf DDR-Autobahnen von Berlin nach Westdeutschland hatte man einen Obolus zu entrichten, der nicht zu knapp war. Der Deutsche Demokratische Arbeiter- und Bauernstaat versuchte zu kassieren, wo immer es möglich war.

Als es 1972 nach Willy Brandts Konzession an die DDR erlaubt wurde, die Menschen dort wieder zu besuchen, waren die »Eintrittsgelder«, die Westdeutsche und Westberliner dabei zu bezahlen hatten, so hoch, daß es manchen, der von einer kleinen Rente lebte, hart ankam. Damit nicht genug war jede Grenzpassage eine lästige und ärgerliche Tortur, besonders für die Autofahrer. Alle Insassen eines Wagens mußten aussteigen. Der Kofferraum wurde durchsucht, hin und wieder mußten Koffer geöffnet werden. An einer langen Stange schoben Volkspolizisten einen fahrbaren Spiegel unter das Auto, mit dem sie den Wagenboden kontrollierten. Der Motorraum wurde gründlich inspiziert, im Tank mit einer Stange herumgestochert.

Die meisten ließen diese entwürdigende Durchsuchung verbittert, aber still über sich ergehen. Manche machten ein paar mühsame Scherze, die mit bösen Blicken und eisigem Schweigen quittiert wurden. Es war ein heimlicher Bruderkrieg, eine Feindschaft, die von den Vopos ausging und den Westlern unverständlich war. Allmählich aber nahm man die Konfrontation in Kauf und richtete sich danach. Man wußte, daß man nichts riskieren durfte, daß der längere Hebel auf der anderen Seite war. Beispiele ostdeutscher Willkür waren inzwischen hinlänglich bekannt.

Für Eva war es jedesmal ein mühsames Ansichhalten, wenn sie in den langen Autoschlangen am Kontrollpunkt Dreilinden Meter um Meter vorrückten, Ausweise und Reisepapiere zusammensuchten und schließlich zu dem Grenzposten in der Baracke vorgedrungen waren.

»Das geht alles von unserem Urlaub ab«, schimpfte sie, und zu dem Vopo, der verlangte, die hintere Sitzbank hochzuklappen: »Da ist bestimmt keiner drin versteckt. Gucken Sie doch lieber im Tank nach.«

Rudolf mußte sie leise zur Raison rufen. Daß sie in Gegenwart der Kinder nichts sagte, hatte er ihr längst abverlangt.

Die Fahrt von einer Grenze zur anderen bedeutete ein ständiges Auf-den-Tacho-Gucken. Die vorgeschriebenen hundert Stundenkilometer waren streng einzuhalten. Wer sie nur um ein geringes überschritt, wurde zur Kasse gebeten, da waren die »Deutschen Demokratischen Hüter der Ordnung« nicht zimperlich. Die Höhe der Strafgelder wurde offenbar nach der Größe und Ausstattung des Autos bemessen. Versteckt hinter Brückenpfeilern oder Büschen am Straßenrand lauerten sie in ihren Radarwagen und gaben Autonummer und -typ per Funk an die nächste »Polizeifalle« durch, die den Verkehrssünder herauswinkte. Die Willkür war unbeschreiblich. Nicht selten zeigte ein Verkehrsschild ohne ersichtlichen Grund plötzlich achtzig Stundenkilometer an, fünfzig Meter weiter sechzig Stundenkilometer, so daß die Geschwindigkeit in einer so kurzen Entfernung kaum gedrosselt werden konnte. Auch hier lagen sie auf der Lauer und waren unmittelbar hinter dem letzten Schild zur Stelle: fünfzig oder hundert D-Mark Strafe, je nach Lust und Laune.

Jahrzehntelang war die Elbebrücke vor Magdeburg nur eingleisig und nur im Schrittempo zu befahren. In dieser Zeit waren Eva und Rudolf mit mehreren verschiedenen Fahrzeugen darübergekrochen, erst mit dem Motorroller, dann mit dem VW-Käfer, später mit einem Mercedes. Vor der Brücke erschien regelmäßig das Straßentransparent

»Plaste und Elaste aus Schkoppau.«

Jeder aus und nach Westberlin Reisende kannte es. Und jeder kannte die »dicke Luft« bei Bitterfeld ebenso wie die langweilige ehemalige Teststrecke bei Dessau, bei der es nicht einmal einen markierten Trennstreifen in der Mitte der Autobahn gab. An den wenigen Tankstellen standen lange Autoschlangen, um »Minol« zu tanken.

Der größte Teil der Strecken bestand noch aus der alten, von Hitler gebauten Autobahn, mit der er 1933 versuchte, die Arbeitslosigkeit in Deutschland zu überwinden. Die Fahrbahnen waren rissig und holprig. Sie hatten schon den Krieg überdauert, und der war seit dreißig, vierzig Jahren vorbei. Eva dachte manchmal daran, wenn sie durch Thüringen an der Ausfahrt Neustadt/Orla vorbeikamen.

»Hier sind wir mit Vati im Lieferwagen mit dem Holzkohlenkocher entlanggefahren, 1945, als wir auf der Flucht waren.«

Wenn Steine reden könnten!

Wie viele Tote hatten auf dieser alten Autobahn gelegen, wieviele Panzer und Geschützwagen waren darübergerollt.

Einmal seitwärts abzubiegen, um Orte der Erinnerung wiederzusehen, war verboten. Die unerbittlichen DDR-Vorschriften gestatteten keinem Berliner oder westdeutschen Fahrzeug das Abweichen von der vorgeschriebenen Route. Es gab keine Privilegien. Und alle fügten sich, weil sie sich keinen Repressalien aussetzen wollten.

In den Intershopläden am Rande der Autobahn, meist gekoppelt mit Tankstellen und schlechten Restaurants, standen die Westler Schlange, um Zigaretten, Süßigkeiten und Spirituosen zu günstigen Preisen zu bekommen. Wer mit seiner Tragetüte zum Auto ging, dem stand dabei das schlechte Gewissen auf der Stirn. Denn jeder wußte, daß er mit seiner Westmark wieder einmal den betrügerischen DDR-Staat unterstützt hatte.

Kreders fuhren uninteressiert vorbei. Sie konnten auf den Kram verzichten, und getankt hatten sie vor der Reise bis zum Anschlag. Sie behielten ihren Tacho im Auge, damit der nicht über hundert kletterte, erhaschten im Vorbeifahren Blicke auf die zauberhafte thüringische Landschaft und waren froh, wenn sie die nächste Grenze, die Ausfahrt nach Westdeutschland, reibungslos und ohne allzulange Wartezeit passiert hatten. Gerade zu Ferienzeiten kam es aber vor, daß man stundenlang in einer großen Blechlawine stand, die sich unendlich langsam vorwärtsbewegte. Darunter litt die Urlaubsstimmung beträchtlich.

Nach dem Deutschland-Vertrag unter Willy Brandt wurde die Durchfahrtsgebühr im Interzonenverkehr von der Bundesregierung getragen. Das ermöglichte eine schnellere und unkompliziertere Abfertigung an den Grenzen. Dennoch waren Anfang und Ende einer Reise beschwerlich und schränkten die Ferienfreude erheblich ein.
Aber sie konnten hinaus in das freie westliche Deutschland, die Westberliner. Ihr Inseldasein war oft schwierig und unerfreulich, aber sie konnten sich immer auf das westliche Festland retten. Und was Zivilisation, Kultur und wirtschaftliche Möglichkeiten betraf, war diese »Insel im Roten Meer« geradezu ein Luxuseiland und durchaus mit westdeutschen Großstädten vergleichbar. Der Unterschied lag allerdings in der Bevölkerung. Die West-, Nord- und Süddeutschen hatten sich sehr schnell in ihr Wirtschaftswunder-Dasein gefunden, das sie sich aus dem Nichts heraus geschaffen hatten. Nun aber genossen sie es und wollten in ihrem geruhsamen Wohlstandsleben nicht durch die Misere Mitteldeutschlands gestört werden. Sie drang ohnehin nur bruchstückhaft in Berichten zu ihnen. Viel zu wenige hatten private Verbindungen dorthin. Sie schickten Weihnachtspäckchen mit Kaffee und Schokolade, was aber in diesem großen, deutschen Gefängnis vor sich ging, gelangte kaum in Briefen und erst recht nicht in Telefonaten nach dem Westen. Mit welch unvorstellbarer Akribie Pakete, Briefe und Telefonate überwacht und kontrolliert wurden, erfuhr der freie Teil Deutschlands erst nach dem Fall der Mauer. Diejenigen, die durch den Deutschlandvertrag 1972 nach dem Erreichen des sechzigsten oder fünfundsechzigsten Lebensjahres in den Westen reisen durften, hatten berechtigte Scheu, von ihren Drangsalierungen zu berichten. Die Gefahr, durch unvorstellbare Winkelzüge verraten zu werden, war immer und überall groß, auch in Westdeutschland, wo man sich ja eigentlich sicher wähnen sollte.
Von Westberlin aus gab es viele und ständige Verbindungen

in die »Zone«, wie die DDR immer noch von vielen Westbesuchern hartnäckig genannt wurde. Es kam eben manchem, der nachdachte, nicht über die Lippen, diesen unfreien Teil Deutschlands »Deutsche Demokratische Republik« zu nennen.

Vor allem junge Menschen suchten die Verbindung zu den Jugendlichen im Ostteil der Stadt. Sie trafen sich in Kneipen und Jugendtreffs, diskutierten verhalten miteinander und verabredeten sich aufs neue. Die Jungen waren die Mutigen, die neugierig aufeinander waren und begierig, das Leben und die Umstände der anderen kennenzulernen.

Daß diese Fahrten nach Ostberlin nicht ganz ungefährlich waren, erlebten die Kreder-Kinder mehrfach. Eva hatte oft Sorge um ihren unternehmungslustigen Nachwuchs und atmete erst auf, wenn sie alle wieder heil von solch einer Exkursion im familiären Hafen gelandet waren.

Trotzdem sie hin und wieder an der Sektorengrenze festgehalten, einmal sogar vorübergehend festgenommen wurden, gaben die jungen Leute nicht auf. Sie sahen in diesen Zusammenkünften mit den Gleichaltrigen im so sehr benachteiligten Mitteldeutschland so etwas wie eine Aufgabe, ein kameradschaftliches Zur-Seite-Stehen.

Die Familienfahrten der Kreders gingen, sobald es erlaubt war, nach Kleinmachnow, wo sie Schwager Johannes mit seiner zweiten Frau und dem Sohn, der auch Johannes hieß, besuchten. Es waren immer aufregende Fahrten, denn natürlich packten sie alles mögliche in den Kofferraum, was dort gebraucht wurde, und mehr als einmal ließen die Grenzpolizisten ihren Wagen seitlich hinausfahren und »zur Strafe« dort stundenlang stehen, weil sie Unerlaubtes entdeckt hatten, ehe sie die Weiterfahrt gestatteten. Unerlaubt waren Tonkassetten, Schallplatten und Poster, unerwünscht zu aufwendige Kleidungsstücke wie Lederjacken, Herrenanzüge und Mäntel.

Es wurden unverschämt hohe Zölle darauf erhoben und der Neukaufpreis dieser Sachen zugrunde gelegt, obwohl sie ja eben nicht neu waren. Aber protestieren half nichts. Es machte die Sachlage nur noch schwieriger.

Wer die DDR trotz Erreichen des Rentenalters nicht verlassen durfte, war ein »Geheimnisträger«. Das hieß, er hatte in seinen Berufszeiten einen Posten inne, bei dem er über ein Wissen verfügte, das die allmächtige STASI innerhalb ihrer Grenzen halten wollte. Das Mißtrauen nach außen war unglaublich, das angstvolle Hüten der eigenen Kenntnisse ebenso. »Geheimnisträger« mußten warten, bis sie nach penibler Prüfung grünes Licht für Fahrten in den Westen bekamen.

Einmal – im Februar – als Johannes Geburtstag hatte und Eva und Rudolf einlud, nach Kleinmachnow zu kommen, wünschte er sich nichts dringender als einen Porzellan-Klositz, weil sein alter einen Sprung hatte und an Ersatz nicht zu denken war. Es war das erste und einzige Mal, daß die Vopos an der Grenze erst verblüfft dreinschauten und dann schallend lachten, als Rudolf den Kofferraum öffnete und drinnen, genau in der Mitte, der Klositz thronte. Mit guten Geburtstagswünschen ließ man die beiden weiterfahren, die dadurch zum ersten Mal pünktlich in Kleinmachnow ankamen. Mit Hallo wurde das weiße Prachtstück, das mit einem bunten Blumenstrauß gefüllt war, aus dem Auto gehoben und im Haus neben den Geburtstagstisch gestellt. Ein Freund des Hauses, dem aus den oben genannten Gründen die Ausfahrt aus der DDR noch verwehrt war, setzte sich darauf und bekam eine weiße Pappe um den Hals gehängt mit der Aufschrift: »Geheimnisträger auf Westklo«.

Die Stimmung war sofort auf ihrem Höhepunkt, und der immer fröhliche Johannes war in seinem Element.

Das war das Typische an denen in der DDR, die nicht zu SED und STASI gehörten, die nicht fanatisch dem Honecker-Regime gehorchten und statt dessen unter den Entbehrungen,

Verboten und Bespitzelungen zu leiden hatten: Sie hielten zusammen, trafen sich zu Gesprächen, zum Liedersingen, zu fröhlichen Familienfeiern. Sie pflegten eine Tradition, die sie aus der Vorkriegszeit, der Zeit ihrer Kindheit und ihren Elternhäusern übernommen hatten. Der Materialismus, der den Westen langsam geprägt und die Gemüter oft verflacht hatte, war in gewissen Kreisen der DDR ohne Belang. Die katastrophale Mißwirtschaft des Landes ließ ihn gar nicht erst aufkommen. Dafür besann man sich auf innere Werte, las klassische Literatur, die noch in alten Bücherschränken stand, und sprach und musizierte miteinander. Es gab dort vieles, was der schnellebige Westen verloren hatte.

Eva-Maria hatte seit einigen Jahren die Aufgabe übernommen, an mehrere ehemalige Bundesbrüder ihres Mannes, die »im Osten« wohnten, Weihnachtspakete zu schicken. Im Laufe der Jahre fand sie heraus, was die einzelnen Familien, die sie ja nicht kannte, brauchen konnten. Es war oft regional verschieden: Die einen bekamen in ihrem Ort keine Gewürze, die anderen keine Kosmetika, wieder andere freuten sich über Strickwolle, Tabak, Marzipan oder Socken und Strumpfhosen.

Anfang Dezember machte Eva regelmäßig einen Rieseneinkauf und packte zwölf große Pakete. Sie gehörten zu ihrer Weihnachtszeit. Dazu kamen natürlich auch die Päckchen in ihre Heimatstadt Görlitz, von der sie hier und da eine Adresse hatte, bei der sie glaubte, damit Freude bereiten zu können. Der Dank war ein rührender Lohn für den zeitlichen und finanziellen Aufwand, der Evas Vorweihnachtszeit zusammen mit allen Vorbereitungen für die Kinder, für Freunde und Familie prall ausgefüllt sein ließ.

Über Görlitz nach Prag

Im Mai 1985 bekam Eva wieder Heimweh nach ihrer schönen Stadt, die langsam vor sich hin verfiel. Sie wußte, daß sie in ihrem von der Volkssolidarität beschlagnahmten Elternhaus nicht gern gesehen war. Aber die Vorstellung, eine geplante Reise nach Prag mit einem Abstecher nach Görlitz zu verbinden, hatte etwas Reizvolles. Rudolf war in gewohnter Weise einverstanden.

Auf der Straße 115 hinter Cottbus bekam Eva feuchte Augen. »Es sieht alles so schön schlesisch aus – und so nach früher.« In Wiesa, erinnerte sie sich, hatte der Vater immer den Förster Galle besucht, wenn es Besprechungen wegen seiner Jagdpacht gab. Hinter den Kunnersdorfer Feldhäusern dauerte es nicht mehr lange, bis rechts die Landeskrone auftauchte und links die Peterskirche. Mit einem Seufzer lehnte sich Eva auf ihrem Autositz zurück. Die fünfunddreißig Jahre Berlin verschwammen in einem nebulösen Hintergrund. Sie war wieder Kind und kam nach Haus.

Sie übernachteten wieder im Hotel »Stadt Dresden«. Das dürftig eingerichtete Zimmer hatte weder Bad noch Toilette, das Frühstücksbuffet war von schlechter Qualität, die Bedienung mürrisch und unfreundlich. Es war nicht einzusehen, warum. Am späten Abend und am frühen Morgen quietschten mit ohrenbetäubendem Lärm die Straßenbahnen um die Kurve Berliner/Bahnhofstraße. Vermeidbare Unannehmlichkeiten, die die Görlitzer offenbar mit stoischer Ruhe auf sich nahmen.

Am Samstag waren alle Geschäfte geschlossen, obwohl Eva doch gern etwas mitgenommen hätte aus ihrer Heimatstadt. Sie ging dafür mit Rudolf zum Elternhaus in der Thälmannstraße und stand erneut traurig vor dem verfallenen Gebäude mit der abblätternden grauen Farbe und dem Garten, der kahl und verwildert, ohne Blumen und ohne Bäume ebenso traurig zu sein schien. Die Gartenlaube war verschwunden, in der Eva mit ihren Freundinnen und Katharina Puppen gespielt hatte. Die Kargheit des Grundstücks hatte etwas Abweisendes, Feindliches. Die Zeit hatte ihr die Kindheit genommen. Aus den knorrig gewordenen Fliedersträuchern am rostigen Gartenzaun sprossen ein paar zartlila Blütenstände. Die Blautanne in der Mitte des Gartens wiegte auf hohem Stamm eine armselige Spitze. Wie war sie einmal mächtig und beherrschend im Garten gewesen! Denen, die hier jetzt das Sagen hatten, fehlte die Beziehung zu diesem Haus und zu diesem Garten. Es war ihnen gleichgültig, was damit geschah. Es war ihnen auch gleichgültig, ob es Menschen gab, die mit diesem Ort innerlich verbunden waren. Und das – fand Eva – war nun auch wieder verständlich, obwohl ihr dabei das Herz blutete.

Am Nachmittag fuhren sie wieder nach Thiemendorf, besuchten ihre Bauernfamilie in deren Häuschen, tranken Kaffee mit ihnen und genossen ihre Gastfreundschaft.

Eva lief mit Rudolf wieder einmal hin und her, zeigte ihm zum hundertsten Mal alles, die Häuser, die Dorfstraße, die Wiesen und Felder, als gehörten sie zu ihr, und erzählte aus ihren Erinnerungen, eifrig und ein bißchen wehmütig. Der Abschied von den Menschen, die sie schon als kleines Mädchen gekannt hatten, war diesmal zuversichtlich. »Du kimmst amoal wieda, ne woa?« Eva versprach es.

Skiferien mit Hindernissen

Wie mühsam und umständlich es auch für die Westberliner war, ihre eingemauerte Stadt zu verlassen, es zog sie doch immer wieder nach Süd- und Westdeutschland, an die See oder in die Berge. Wer es sich leisten konnte, setzte sich ins Flugzeug und verbrachte Urlaub oder Schulferien im Ausland. Der Osten blieb den Reisenden verschlossen. Sie sehnten sich auch nicht danach. Die kommunistische Diktatur, die Armut und die graue Trostlosigkeit, die zunahmen, je weiter man nach dem Osten kam und die man erdulden mußte und nicht beeinflussen konnte, ließen an unbeschwerte Ferientage nicht denken.
Dahingehende Überlegungen erübrigten sich sowieso. Ost- und Mitteldeutschland durften nicht bereist werden. Für Polen, Ungarn und Tschechien brauchte man Einreisegenehmigungen, eine umständliche und zeitraubende Prozedur. Man nahm also weite Wege in Kauf, durchquerte die DDR bis zur nächsten innerdeutschen Grenze und konnte erst danach frei durchatmen.

Immer wieder planten auch Kreders gemeinsame Ferienreisen mit ihren drei Kindern, die ja von Anfang an nichts anderes kannten als das eingemauerte Berlin.
Die Reisevorbereitungen nahmen stets Zeit in Anspruch. Es fing mit vielen beschriebenen Zetteln an, es mußte gewaschen, gebügelt und die letzten Einkäufe gemacht werden, bis es endlich an die Packerei ging.
Mit beiden Händen fuhr sich Eva-Maria durch die Haare. »Ich schaff's diesmal nicht«, stöhnte sie. Um sie herum standen aufgeklappte, halbvolle Koffer, lagen Stapel von Hosen, Pullis und Anoraks. An der Wand lehnte der prallvolle Schuhsack. Die

Skier standen wohlverschnürt auf dem Flur. Für fünf Personen Wintersachen zusammenpacken war schon eine Aufgabe.

»Im Sommer ist das leichter«, seufzte sie.

Corinna steckte den Kopf zur Tür herein.

»Was ist denn, Mami? Kann ich dir helfen?« Sie sah sich um. »Huch, muß das alles denn mit?«

»Und noch mehr, dazu kommen noch eure Bücher, Schreibzeug und Toilettensachen«, stellte Eva resigniert fest. »Ich habe das Gefühl, die Koffer werden immer kleiner und ihr Inhalt größer.«

Corinna warf ein paar Bücher auf die Pullover, knautschte einen Anorak drauf und klappte den Kofferdeckel darüber. »So, und nun setz' ich mich drauf, dann geht er auch zu«, lachte sie. »Du machst immer alles viel zu penibel, Mami.«

Abends standen alle Koffer ordentlich nebeneinander auf dem Flur. Eva-Maria sank in einen Sessel und griff nach dem Glas Wein, das ihr Rudolf hingestellt hatte.

»Ich bin total kaputt, Rudi. Kofferpacken ist für mich immer wie ein Riesenberg.«

»Laß es die Kinder doch selbst machen, Eva. Du verwöhnst sie. Jeder sollte seinen eigenen Koffer packen.«

Eva lächelte. »Du auch?«

»Na ja«, sagte Rudolf und goß schnell noch etwas Wein nach. »Du machst das eben besser als ich.«

»Die Kinder haben bis zuletzt Schule und Schularbeiten, da kommen sie nicht dazu. Ihren Kleinkram packen sie sowieso selbst zusammen«, verteidigte Eva sie.

Am nächsten Tag ging es mit dem Auto zum Skifahren nach Davos. Es war Ende März, und in den Schweizer Bergen gab es noch massenhaft Schnee. Der Wagen war bis unters Dach vollgestopft mit Gepäck und Kindern, die ja eigentlich gar keine Kinder mehr waren. Oben auf dem Dach waren die Skier festgezurrt.

Das regengraue Berlin hinter sich zu lassen fiel ihnen nicht schwer. Sie hatten eine lange Reise vor sich, die zunächst erst einmal in einer riesigen Blechlawine steckenblieb. Am Kontrollpunkt Dreilinden standen Hunderte von Autos, die darauf warteten, von den DDR-Grenzsoldaten abgefertigt zu werden. Sieben bis acht Autoschlangen liefen auf die engen Durchgänge mit den Kontrollhäuschen zu, hinter denen Uniformierte mit eisernen Mienen Ausweisfotos mit den Gesichtern der Reisenden verglichen. Nur wenige Worte wurden gesprochen, sachlich bis unfreundlich.
»Man kommt richtig in Urlaubsstimmung«, schimpfte Eva.
Kreders stellten sich immer in der falschen Reihe an, behauptete jedenfalls Rudolf. Rechts und links von ihnen ging es zügig voran.
»Vier Stunden Ferien sind schon weg«, stellte Robert fest.
»Übertreib doch nicht, wenn wir Pech haben, sind es zwei«, korrigierte Corinna.
»Eben. Zwei auf der Hinfahrt und zwei, wenn wir heimkommen. Und das geht nur uns Berlinern so. In Westdeutschland fangen die Ferien unmittelbar an.«

Nach dem Passieren der Grenzstelle begann die lange Fahrt durch die DDR. Dann noch einmal ein Grenzaufenthalt an der innerdeutschen Grenze, bei dem die in Berlin ausgestellten Durchgangspapiere wieder eingezogen wurden, und nun erst ging es ohne Aufenthalt bis zum Bodensee, wo eine Pause über Nacht eingelegt wurde. Für alle war die zehnstündige Fahrt anstrengend gewesen, und sie genossen nun das Abendessen und Ausruhen in dem kleinen Hotel am Seeufer.
»Nicht zu spät ins Bett«, ordnete Rudolf an. »Morgen früh um acht ist Frühstück, um halb neun geht's weiter.«
Keiner widersprach. Sie waren alle müde.

Am nächsten Morgen saß plötzlich Robert am Steuer des vollgeladenen Wagens. Corinna zog die Stirn in Falten.
»Was soll denn das? Will Robert jetzt etwa fahren?«
Der Bruder hatte vor einem halben Jahr, gleich nach dem achtzehnten Geburtstag, seinen Führerschein gemacht.
»Lassen wir ihn doch mal ein bißchen kutschieren«, plädierte Rudolf gutmütig. »Er kann's doch jetzt.«
»Er kann's *nicht*!« Corinna stampfte mit dem Fuß auf. »Er ist bloß immer in der Stadt rumgekurvt. In den Bergen hat er doch keine Erfahrung.«
»Eben«, stimmte Rudolf zu. »Die soll er ja jetzt mal machen.«
»Aber nicht, wenn wir alle drin sind.« Corinna blieb eigensinnig. »Ich steige nicht ein, wenn Robert fährt.«
Eva war unschlüssig. Irgendwie konnte sie Corinna verstehen. Sie versuchte trotzdem auszugleichen, als sie Rudolfs entschlossene Miene sah.
»Nun komm schon, Corinna. Setz dich neben Feli. Ich bin dafür, daß Robert nur eine Stunde fährt und Papi dann wieder das Steuer nimmt. Einverstanden?«
Der schweizerische Grenzübergang war ein Klacks gegen die DDR-Grenze. »So geht's auch«, stellte Robert zufrieden fest. Hinter St. Gallen stieg die Straße an, um kurz darauf in einer großen Kurve wieder abwärts zu führen. Rudolf saß neben Robert, der mit etwas verkrampften Händen das Steuer hielt.
»Nicht so schnell«, mahnte er leise. »Langsamer in der Kurve.«
Im selben Moment schleuderte der Wagen rechts gegen die Straßenbegrenzung, die aus ein paar steingefüllten Blechtonnen bestand. Roberts Fuß stand auf der kreischenden Bremse. Der Wagen stand. Das rechte Vorderrad routierte über dem Abhang. Vom Rücksitz schrie es dreistimmig auf. Rudolf war blaß geworden. »Idiot!« schimpfte er. »Raus!«
Robert öffnete die Fahrertür und wankte nach draußen. Von den Rücksitzen kletterten Eva und die beiden Mädchen.

Zwei Wagen hielten an. Die Fahrer kamen herbei.
»Können wir helfen?«
Rudolf setzte sich ins Auto und legte den Rückwärtsgang ein. Die Räder drehten durch.
»Nochmal.« Die Männer schoben den Wagen zurück. Alle vier Räder hatten wieder Grund und rollten mit Karacho gegen eine der Begrenzungstonnen, hinter der Corinna und Felicitas Posten bezogen hatten, um das Schauspiel zu verfolgen. Mit einem Sprung rettete sich Feli zur Seite, bevor die schwere Tonne umkippte, die dafür auf Corinnas linkem Fuß landete. Mit einem Aufschrei fiel das Mädchen nach hinten. Alles Blut war aus ihrem Gesicht gewichen. Eva beugte sich über die Tochter und nahm ihren Kopf in die Arme.
»Sie ist ohnmächtig«, sagte sie zitternd vor Aufregung.
Felicitas half ihr, Corinna aufzurichten, die jetzt die Augen aufschlug.
»Au – au!« jammerte sie, »mein Fuß.«
Corinna wurde auf den Beifahrersitz verfrachtet, und Eva, Felicitas und Robert krochen auf den Rücksitz, Rudolf bedankte sich bei seinen Helfern. Ein Dankeschön in Schweizer Franken lehnten sie ab. Dafür aber beschrieben sie ihm ausführlich den Weg ins nächste Krankenhaus.
Corinnas Fuß wurde geröngt und ein Bruch des Mittelfußknochens festgestellt. Eva-Maria, Felicitas und Rudolf warteten auf dem Flur.
»Wo ist Robert?« fragte Eva plötzlich.
»Ich habe ihn draußen rumlaufen sehen«, sagte Felicitas tonlos. Sie war ebenso bleich wie die Schwester.
»Ich geh ihn suchen«, beschloß Rudolf. »Hier dauert's wohl noch eine Weile.«
Eva nickte. Sie schlang den Arm um Felicitas und merkte plötzlich, wie der Mädchenkörper neben ihr zusammensackte. Vorsichtig ließ sie Feli zu Boden gleiten, sprang auf und riß die nächste Tür auf.

»Schwester – bitte, schnell, meine Tochter ist ohnmächtig geworden!«
»Sie ist schon wieder ganz wach«, kam eine freundliche Stimme von drinnen.
»Nein«, schrie Eva. »Die andere.«
Sofort stürzte eine Schwester aus dem Verbandszimmer, in dem Corinna gerade ein Gips verpaßt wurde. Sie griff eine Bahre, die an der Flurwand stand, packte mit Eva zusammen den kraftlosen Mädchenkörper und bettete ihn darauf. Fürsorglich breitete sie eine Decke darüber. Eva strich erst über Felicitas' Haar und dann sich selbst über die Stirn. Was für ein Ferienbeginn!
Eine halbe Stunde später standen sie alle draußen, Corinna mit ihrem Gipsbein, Felicitas noch blaß und leicht schwankend, Robert war von Rudolf in der Umgebung des Krankenhauses aufgefischt worden – er hatte einen leichten Schock – und betrachteten schweigend das zerbeulte Auto.
»Ganz schön!« stellte Corinna schließlich fest. Die rechte Seite war von vorn bis hinten eingebeult und zerschrammt.
»Jedenfalls lassen sich die Türen noch alle öffnen und schließen. Ob wir nicht so weiterfahren können?« fragte Eva.
Rudolf nickte. »Ich denke, wir können das riskieren. Los, Kinder, alle nach hinten. Corinna muß in die Mitte, damit sie das Bein hochlegen kann.«
In gedrückter Stimmung fuhren sie los. Eine kurze Mittagspause wurde äußerst preiswert, keiner hatte recht Appetit. Rudolf war verärgert und nervös, die Kinder niedergeschlagen, Eva unglücklich. Hinter Landquart ging es hoch in die Berge. Es dunkelte bereits. Die Straße war trocken, aber rechts und links türmten sich Schneehügel. Ab Klosters ging es stetig aufwärts. Gegen acht Uhr abends landeten sie todmüde in ihrem Hotel in Davos.
»Ich pack aus«, bestimmte Eva. »Wascht euch und geht schon runter zum Abendessen. Ich komme nach.«

Eine halbe Stunde später erschien sie im Speisesaal, rutschte auf ihren Stuhl und sah in die Runde.
»Na, das war ein Ferienbeginn, was, Kinder? Ich bin gespannt, wie diese Ferien enden. Wenn was passiert, dann meistens am ersten oder am letzten Tag.«
Kreders liebten die gemeinsamen Familienreisen.
»Wer weiß, wie lange noch«, hatte Eva-Maria nachgedacht. »Die Zeit vergeht so schnell, und sie werden so schnell groß.«

Eva und Felicitas wechselten sich ab, Corinna im Hotel Gesellschaft zu leisten. Die kräftige Märzsonne tat ihr Bestes, das arme Mädchen mit seinem Schicksal zu versöhnen. Corinna las viel, sonnte sich und wurde zwischendurch von einem fürsorglichen jungen Ober mit Käsehäppchen, Obst und Getränken versorgt. Wer bei ihr blieb, kam in denselben Genuß. Die jeweils andere fuhr mit Vater und Sohn auf die Berge und von oben wieder runter.
Eva blieb ganz gern bei ihrer Tochter. Sie war nie eine begeisterte Skiläuferin gewesen und war immer froh, wenn sie heil wieder unten landete. »Ich bin halt ein Mensch der Ebene«, sagte sie und blinzelte zu den Dreitausendern hoch, deren Spitzen in gleißendes Sonnenlicht getaucht waren.

Auf dem Jakobshorn ließ sich Robert neben dem Vater am endlosen Skilift hochziehen und fragte wie beiläufig:
»Wenn ich das Abi hinter mir habe, soll ich dann auch Medizin studieren und dann vielleicht später deine Praxis übernehmen?« Rudolf sah seinen Sohn von der Seite an. Das junge Gesicht war eher skeptisch als erwartungsvoll.
»Du mußt nicht«, sagte er. »Es ist dein Leben. Du sollst tun, was für dich am besten ist und was dir Spaß macht.«
Ein Seufzer löste sich aus der Brust des Jungen.
»Dann werde ich also doch Architekt.«

Corinna lag auf dem Hotelbett und las mit einem glücklichen Lächeln einen Brief, den die schweizerische Post bis in das Gästefach des Hotels befördert hatte. Sie war fast achtzehn Jahre alt und hatte sich vier Wochen vorher bei einem Faschingsfest in Berlin unsterblich verliebt. Der Student der Jurisprudenz hatte kurz vor ihrer Abreise ihre Urlaubsadresse erfragt und kam nun per Post nach Davos.
Später wurde er der Vater ihrer drei Kinder.
Zwei Tage vor der Heimreise sagte Felicitas energisch:
»Morgen fährst du aber mal wieder Ski, Mami. Du bist jetzt so lange bei Corinna geblieben, nun bin ich mal dran.«
»Ich kann auch mal allein bleiben«, warf Corinna ein. »Wirklich, Mami, ihr geht morgen alle zusammen auf den Berg.«
»Ich muß doch noch Koffer packen«, wehrte Eva schwach ab.
»Aber doch nicht jetzt schon!« protestierte Feli. »Dazu ist übermorgen Zeit genug.«
Eva sah zu Corinna hinüber. Die nickte lächelnd.
»Ich bin hier gut aufgehoben. Ob du hier oder da bist, das ändert nichts an meinem Bein.«

Am nächsten Morgen nach dem Frühstück bestiegen die vier Skiläufer die Parsennbahn, die unweit vom Hotel Stunde für Stunde sonnenhungrige Sportler in die Höhe beförderte. Die Abteile waren brechend voll. Sie standen mit ihren Skiern wie die Sardinen in der Büchse. Oben am Weißfluh verließen sie die Bahn mit dem üblichen Geklapper der vielen Stiefel und dem Aufsetzen der zusammengebundenen Skier.
Draußen wogte ihnen unerwartet Nebel entgegen, der die Sonne nicht durchließ.
»Nanu?« Eva blieb stehen und warf einen Blick zurück auf die Bahn, die sich eben mit dem gewohnten Anfangsgeratter wieder abwärts in Bewegung setzte.
»Bloß eine Wolke«, beruhigte der immer optimistische Rudolf. »Die ist gleich weg.«

Eva stieg zögernd und umständlich in die Ski.
»Fahrt mal schon los«, schlug sie vor, »ich komm nach.«
Zur Parsennhütte hinunter gab es ein paar schöne, sanfte Abfahrten. Nur das letzte Stück, eine breite Buckelpiste, war steil. Der Nebel machte die Buckel glatt und nahm der Steilheit ihren Schrecken. Von ihren Leuten sah Eva keinen mehr. Mit fatalistischem Schwung ging sie die Piste an und atmete auf, als sich ihr Ziel, die Parsennhütte, in Umrissen aus dem Nebel schälte. So erleichtert war sie, daß sie einen der letzten Buckel übersah und schwungvoll auf dem harten Schnee landete. Ihr rechtes Bein war so verdreht, daß sie den Ski abmachen mußte. Zwei Skifahrer hielten an. »Ist was gebrochen? Sollen wir eine Wanne holen?«
Eva schüttelte den Kopf. »Vielen Dank, es geht schon.«
Im selben Augenblick war Felicitas bei ihr.
»Komm, Mami, ich helfe dir.«
»Wo kommst du denn auf einmal her? Ich dachte, ihr seid längst alle in der Hütte.«
»Ich hab dich gesucht und dann hier gewartet. Ist wirklich nichts kaputt an dir?«
Eva stand wieder und rutschte mit dem Fuß in die Skibindung.
»Was soll denn sein? Es ist doch nichts weiter passiert. Au – es tut doch weh.«
»Na siehst du. Es hat auch ganz schön schlimm ausgesehen.«

Eva biß die Zähne zusammen und fuhr das letzte Stück bis zu dem Restaurant hinunter. Rudolf und Robert erwarteten sie am Eingang.
»Ich glaube, Mami braucht jetzt erstmal einen Schnaps. Sie ist mächtig hingeknallt«, berichtete Felicitas.
In der Nacht hatte Eva heftige Schmerzen im rechten Knie. Am nächsten Tag stellte der Sportarzt eine angerissene Sehne

fest. Koffer packen konnte sie erst, als sie das Bein in der Schiene und fest umwickelt hatte.
»Wie ich prophezeit habe«, stellte Eva beim letzten gemeinsamen Abendessen fest, »es passiert was am Anfang und am Ende.«
Feli kaute an ihrem Salatblatt. »Richtig doofe Ferien.«
»Och, ich fand's ganz schön«, meinte Robert.
»Na ja«, seufzte Corinna, »an dir ist ja auch noch alles heil.«

Die Rückfahrt war etwas umständlich. Corinna versuchte, ihr Gipsbein auf dem Kardantunnel unterzubringen, und Eva saß vorn schräg auf dem Beifahrersitz, weil sie ihr verbundenes Bein auch nicht biegen konnte.
Als sie nach einer Übernachtungspause anderntags an der Zonengrenze langsam in der Autoschlange vorankamen, sah ein Vopo durch das Autofenster, und es schien, als ob tatsächlich Mitleid über seine Miene huschte: »Ei vabibscht, das warn woll scheene Ferien, was?«
Schon am nächsten Tag begann die Schule wieder. Noch standen Kreders drei Abiturprüfungen bevor. Alle drei Kinder gingen auf das gleiche Gymnasium, was die Bekanntschaft mit dem Lehrerkreis erleichterte.
Die bestandenen Prüfungen wurden mit Gartenfesten im Hause Kreder gefeiert. Nur Felicitas mußte darauf verzichten. Ihr Abitur war im Dezember, kurz vor Weihnachten.
Bei der Schulabschlußfeier saß Eva-Maria mit vielen anderen Eltern in der Aula des Gymnasiums und zuckte zusammen, als zur Empfangnahme des Abschlußzeugnisses »Frau Kreder« aufgerufen wurde. Statt ihrer ging Felicitas mit sicherem Schritt nach vorn und erhielt ihre Urkunde. Die Zeiten hatten sich drastisch verändert.
Die junge »Frau Kreder« begann bald darauf mit ihrem Medizinstudium.
Einige Monate davor hatte Eva mit ihrer Jüngsten ein wichti-

ges Gespräch. Feli schwamm etwas in ihren Zukunftsplänen. Ihre Ideen bewegten sich zwischen Fotografin und Goldschmiedin. Ob sie durch eine Freundin beeinflußt war oder der Gedanke an ein langes Studium sie abschreckte, war nicht herauszubekommen. Die Unterredung mit der Mutter ließ ihre Vorstellungen ins Wanken geraten. Eva beschwor sie:
»Mach erst dein Abitur, damit hast du alle Studienmöglichkeiten. Denk doch mal, wie schön das wäre, wenn du wie Papi Medizin studieren würdest – zum Beispiel. Das gibt doch ganz andere Perspektiven.«
Felicitas wurde nachdenklich.
»Na ja, Mami – wenn du mitmachen würdest ...«
Eva-Maria war überrascht. Dann besann sie sich, daß sie eigentlich schon immer ein Faible für Medizin gehabt hatte. Wenn ihre Mutter sie nicht so sehr in ihrer Schauspielschwärmerei unterstützt hätte, wäre ihr Weg vielleicht in diese Richtung gegangen. Sie suchte ihr leicht angegilbtes Abiturzeugnis heraus, ging mit Felicitas zur Polizei, und beide ließen sich ein polizeiliches Führungszeugnis ausstellen. Dann ging die Post ab nach Dortmund zur Studienplatzvergabe.
Wenige Wochen später bekam Eva-Maria Kreder die Genehmigung zum Studium auf Grund ihres ausgezeichneten Abiturzeugnisses von 1948. Sie hatte seinerzeit das Abitur mit »gut« bestanden, und das ergab wertvolle Punkte bei der Beurteilung.
Felicitas aber wurde auf die Warteliste gesetzt.
Keine Frage, daß die Mutter ihre Studiengenehmigung zurückgab. Warum sollte sie auf ihre alten Tage einem jungen Menschen den Studienplatz wegnehmen und nun ohne ihre Tochter studieren. Felicitas aber rutschte auf der Warteliste einen Platz nach oben.
Das Studium absolvierte sie in den nächsten Jahren und beschloß es mit der Promotion. Da allerdings war sie schon verheiratet und Mutter einer kleinen Tochter.

»Feli ist schon wieder schwanger«, teilte Eva ihrem Mann ein Jahr später mit. »Ich glaube, du wirst noch eine ganze Weile in die Praxis traben müssen.«
Rudolf lachte. »Na und? Du weißt doch, daß ich das gern tue. Und solange es mir Spaß macht, gebe ich es nicht auf. Feli soll sich ruhig Zeit lassen und erstmal ihre Kinder kriegen.«

Feli ließ sich Zeit. Sie bekam ein, zwei, drei, vier Kinder und konnte gar nicht daran denken, einen anderen Beruf als den der Mutter auszuüben.
Rudolf blieb »im Dienst«, und es machte ihm weiterhin Spaß.

Wie es eigentlich dazu kam, wußte Eva-Maria später gar nicht. Corinna erklärte eines Tages, daß sie Kunstgeschichte studieren würde. Eva dachte darüber nach und verstand: Kunst war ja im weiteren Sinne immer das, was sie selbst erstrebt und gesucht hatte. Aber wie kam Corinna darauf? Sie hatte vorher nie darüber gesprochen. Für Evas Verständnis lag Corinnas Begabung in der Innenausstattung von Wohnungen und Häusern. Sie entwickelte dabei viel Phantasie und Geschmack. Innenarchitektin – das wäre es gewesen. Und Robert der Architekt für außen. Eva hatte mal wieder Pläne für ihre Kinder geschmiedet und mußte alles zurückstecken, als die mit eigenen Plänen kamen.
Nun studierte Corinna also Kunstgeschichte. Zwischendurch heiratete sie ihren Juristen nach einer dreijährigen Verlobungszeit. Sie schrieb Referate, ging nach Rom, wo sie ihr Angetrauter besuchte, kam zurück und bekam ein Kind. Dann studierte sie weiter und bekam nach einigen Jahren wieder ein Kind. Sie führte ein geselliges Leben, pflegte ihre Freundschaften, war überall engagiert, lernte Griechisch, studierte weiter Kunstgeschichte – und bekam ihr drittes Kind. Corinna brannte wie eine Kerze an zwei Enden. Keiner lebte so intensiv wie sie. Und niemand war Eva-Maria so ähnlich wie sie.

Der einzige von den drei Geschwistern, der seinen Beruf ungehindert ausüben konnte, war Robert. Er absolvierte sein Studium mit Lust und Engagement, überließ das Kinderkriegen nach alten Naturgesetzen seiner Frau und fing an zu bauen: erst in Berlin, später auf Sylt, und schließlich – nach dem Fall der Mauer – in Potsdam. Das war ihm für seine Projekte der liebste Standort.

Der Zusammenhalt in der Großfamilie blieb, gefestigt durch das nahe Beieinanderwohnen in Berlin, vorbildlich. Jeder Geburtstag wurde ein Familienfest, und das waren mittlerweile achtzehn im Jahr: Zwei Großeltern, drei Elternpaare und zehn Enkelkinder.

»Weißt du«, sagte Eva-Maria einmal zu ihrem Mann, »wir beide sind im Wesen so unterschiedlich wie nur möglich. Aber wir haben ein gemeinsames Hobby: die Familie.«

»Na, da können wir ja zufrieden sein«, lächelte Rudolf.

Schlesienreise

Vierzig Jahre wohnte Eva-Maria jetzt in Berlin, ihrer zweiten Heimat.

»Die erste ist immer noch Görlitz«, sagte sie, als ihr einfiel, daß sie ihr vierzigstes Berlin-Jubiläum eigentlich feiern müßte.

»In dieser Zeit hättest du ja langsam Berlinerin werden können«, stellte Rudolf ohne Vorwurf fest. Er wußte, daß Eva immer noch in tiefster Seele Schlesierin war und sich auch stets dazu bekannte. Vielleicht war es die glückliche Kindheit, die sie so tief in ihrer Heimat verwurzelt sein ließ, ihre »besonnte Vergangenheit«. Vielleicht auch das mit den Jahren immer stärker wachsende Interesse, das Zugehörigkeitsgefühl zu einem deutschen Land, das einst eines der schönsten und reichsten ihres Vaterlandes war. Sie hatte das Empfinden, einstehen zu müssen für dieses schlesische Land, für seine Sitten und Gebräuche, seine Sprache, seine Kirchen und Schlösser, seine Wälder und Landschaften; sie wachzuhalten in den Menschen der übrigen deutschen Länder, als Erbe einer unvergeßlichen Vergangenheit.

»Es bleibt eben so«, sagte Eva nachdenklich, »und es wird nicht zu ändern sein: In unserer Familie gibt es vier Berliner und eine Schlesierin.«

»Du darfst nicht vergessen, fünf ganz kleine Berliner dazuzuzählen«, lächelte Rudolf, »unsere Enkelkinder.«

Eva drehte ihr Glas Wein in den Händen.

»Feiern wir nun oder feiern wir nicht?«

»Wir feiern«, entschied Rudolf. »Auch wenn es dich nicht zur Berlinerin machen wird.«

Sie luden Kinder und Schwiegerkinder und einen großen Freundeskreis in ihr Haus. Eva ließ sich als vierzigjährige Berlin-Zugereiste hochleben, beharrte aber trotzdem auf ihrem schlesischen Ursprung.

»Na, dann laßt uns doch mal nach Schlesien fahren«, schlug ein Freund vor. »Ich kenne einen schlesischen Adeligen, den Freiherrn von Zedlitz, der geführte Reisen in seine ehemalige Heimat unternimmt. Er ist ein fabelhafter Reiseführer und ein großartiger Organisator. Also – wer will mitfahren? Ich arrangiere das.«

Es gab eine lebhafte Diskussion. Und tatsächlich fanden sich ein paar, die diese Reise gemeinsam unternehmen wollten.

Eva glühte vor Freude und Erwartung. Sie brauchte nicht viel Überredungskunst, um auch Rudolfs Einverständnis zu erreichen.

Die Fahrt begann Ende Juli 1989 und sollte eine Woche dauern. In Eva-Maria tobten widersprüchliche Gefühle. Was würde sie zu sehen bekommen? Würde es sie entzücken oder traurig machen? Die Erinnerungen an die Reisen mit ihren Eltern wurden in ihr wach: die Tage in Kudowa, die Ferien im Riesengebirge, das Glatzer Bergland. Wie würde es sein, dieses urdeutsche Land in polnischem Besitz zu sehen? Würde es ihr gelingen, nutzlose Emotionen zu überwinden?
Als erstes hatten sie sich wieder einmal der Willkür des DDR-Regimes zu beugen. Den Reisebus durften sie erst in Helmstedt hinter der innerdeutschen Grenze auf westlichem Territorium, besteigen, damit an den Ein- und Ausreisegrenzen die Teilnehmerzahl stimmte. Also fuhren sie in aller Herrgottsfrühe mit dem Zug von Berlin-Wannsee nach Helmstedt, waren im Bus die Reisenden Nummer neunundzwanzig und dreißig und fuhren nach allen umständlichen Grenzformalitäten einschließlich der kategorischen Frage, ob einer Waffen oder Funkgeräte bei sich habe, genau den Weg zurück, den sie vor zwei Stunden gekommen waren. Mittags um ein Uhr waren sie wieder am Ausgangspunkt ihrer Reise.
Auf kaum reparierter Vorkriegsautobahn huckelten sie gen Osten und priesen die gute Federung ihres Busses.
Der Straßenverkehr war dicht. Es war Ferienzeit, und die halbe DDR schien im Aufbruch zu sein.
Vollbepackte Trabis und Wartburgs, auf deren Dächern abenteuerlich verpacktes Gepäck thronte, hoppelten auf ihren kleinen Rädern über Betonrisse und Dellen.
»Meine Güte, schleppen die viel mit«, staunte Eva. »Es sieht so aus, als ob sie alle umziehen wollten.«
»Sie werden wohl keine sehr komfortablen Feriendomizile vorfinden«, erklärte Rudolf, »da nehmen sie natürlich alles für ihre Bequemlichkeit mit.«
»Ich weiß nicht«, sinnierte Eva. »Es sieht so merkwürdig nach Aufbruch aus. Wo fahren die eigentlich alle hin?«

Der Reisegefährte vor ihnen drehte sich um.
»Die fahren meistens nach Ungarn. Da ist es ein bißchen großzügiger als in der DDR, nicht so kommunistisch.«
Eva nickte. Ihr fielen die Fernsehbilder vom Mai ein, als ungarische Soldaten den Stacheldraht an der Grenze zu Österreich zerschnitten hatten. Eigentlich ist die Grenze dort offen, dachte sie. Vielleicht, daß die Menschen da rüber wollen.
Sie überholten gerade einen unter seiner Last schlingernden Trabant, dessen Plane um den Gepäckaufbau sich gelöst hatte und nun wie eine Fahne im Fahrtwind knatterte.
Eva erinnerte sich an ihren Ungarnaufenthalt vor ein paar Jahren, an die Menschen dort, die so frei und aufgeschlossen wirkten. »Wir dürfen wegfahren«, hatte ihnen ein Passant auf der Straße gesagt. »Weil man weiß, daß wir immer wieder zurückkommen.« Die bedrohliche Beklemmung, die man in der DDR gespürt hatte, lag nicht über diesem Land. Eher hatte man immer noch einen Hauch von der K. u. K.-Monarchie empfunden. Ja, vielleicht war Ungarn das Tor, das sich für die Menschen aus dem anderen Teil Deutschlands öffnete.
In Forst, am Grenzübergang über die Neiße, warteten sie mit mehreren Dutzend westdeutscher Autos länger als eine Stunde. Es war stickig heiß, gewitterschwül. Wieder Paßbild- und Gesichtskontrolle, kritisch und lange. Sonnenbrille abnehmen, Haare glätten. Einsammeln der Pässe und Visa, stehen – warten – warten.
Keine Arbeitsüberlastung der Grenzorgane rechtfertigte diesen Zeitaufwand. Es war das östliche Prinzip, überall an kommunistischen Grenzen anzutreffen.
Eva und Rudolf gingen ein paar Schritte hin und her, so weit sie eben laufen durften. Jenseits des Schlagbaums war Polen, das einmal Schlesien gewesen war. Eva stand still und schaute hinüber.
»Vor fünfundvierzig Jahren habe ich hier als Schülerin geholfen, lächerliche Gräben auf den Feldern auszuheben, die russi-

sche Panzer aufhalten sollten«, sagte sie. Für die paar Spatenstiche am Tag, die Kinder und Alte ohne Kraft ausführten, gab es etliche Reichsmark, einen Zuschuß an Brot- und Fleischmarken und ein paar Zigaretten, mit denen sie noch nichts anzufangen wußten. Eva strich sich über die Stirn. Die Vergangenheit hatte sie schon hier an der Grenze eingeholt.
Die ersten Zlotys bekamen sie im Bus: zweitausend für eine D-Mark. Die polnische Inflation bewegte sich in astronomischen Dimensionen. Die Briefmarke für eine Urlaubskarte kostete vierzig Zloty, die Karte selbst fünfzig Zloty. Unvorstellbar, wenn sich nach dem Wechselkurs ein Preis von zwei bis drei Pfennig errechnete.
Die Wälder dampften, als sie weiterfuhren. Ein kräftiger Gewitterguß hatte die Schwüle vertrieben. Es war merklich kühler. Die Reisegemeinschaft war still. Die meisten sahen zum Fenster hinaus und hingen Erinnerungen nach, Kindheits- und Jugenderinnerungen, vielleicht nicht immer nur glückliche. Manche hatten in Schlesien ihre Heimat verloren, waren 1945 geflüchtet oder 1946 vertrieben worden. Diese Erlebnisse hatten ihr Leben geprägt. Jetzt fuhren sie zurück in die verlorene Heimat, die die Erinnerung vergoldet hatte, und mußten Mut und Kraft zusammennehmen, um die Gegenwart zu ertragen.
Auf der zweispurigen Autobahn war hier kaum Verkehr, weit und breit keine Ortschaften. Dafür standen mit gescheckten Planen notdürftig getarnte Panzer zwischen den Baumstämmen des Waldes.
Sie überquerten den Queis, später den größeren Bober, den Oderzufluß. »Ohle, Lohe, Hotzenplotz, Bober mit dem Queis«, repetierte Eva in Gedanken das Sprüchlein, daß sie als Schülerin im Erdkundeunterricht gelernt hatte. Wie vertraut ihr all die Namen waren! Hinter Bunzlau kam die Sonne durch und begleitete sie durch das liebliche Bober-Katzbach-Gebirge, eine durch Jahrhunderte deutsch geprägte Land-

schaft. Sanfte Hügel präsentierten sich in allen Grünabstufungen. Trotz der verfallenen Dörfer mit ihrem bröckelnden Putz an den Häusern hatte das Land nichts von seiner friedlichen Schönheit verloren.

Dennoch blieben den Reisenden die Spuren des Krieges auch nach einem halben Jahrhundert nicht verborgen. Löwenberg, eine der ältesten schlesischen Städte, hatte nach ihrer Zerstörung durch anhaltende Kämpfe im Frühjahr 1945 kaum mehr als die alte Stadtmauer, das Rathaus und die Stadtkirche behalten. Sigismund von Zedlitz ließ seine Mitreisenden wissen, daß das Löwenberger Renaissance-Rathaus einst als das zweitschönste Schlesiens gerühmt wurde. Der Görlitzer Baumeister Wendel Roskopf hatte es im sechzehnten Jahrhundert erbaut; das schönste Rathaus allerdings baute er seiner Heimatstadt Görlitz, eine Mitteilung, die Eva mit sichtlichem Stolz erfüllte.

Eine halbe Stunde später waren sie in Hirschberg, der Hauptstadt des Riesengebirges, die jetzt Jelenia Gora hieß. Ihre Randgebiete waren verfallen, verwohnt und häßlich. Auf schlechten Straßen fuhren sie um die Stadt herum. Die Häuser mit dem abgefallenen Putz sahen schäbig aus. Die Reisenden streifen sie nur mit wenigen Blicken. Sie waren müde und freuten sich auf ihr Hotel.

Gleich hinter Hirschberg hatte sich Bad Warmbrunn ausgebreitet, einst das modernste Heilbad Deutschlands. Jetzt hatte es dreimal so viele Einwohner wie vor dem Krieg und wirkte fast städtisch. Für Warmbrunn waren zwei Tage und zwei Nächte im Programm geplant. Von hier aus sollten die Sternfahrten ins Riesengebirge gehen. Als der Bus jedoch vor dem riesigen Hotelneubau stand, in dem die Zimmer auf die müden Gäste warten sollten, war das Haus für die Besucher aus Deutschland geschlossen. Der Ministerpräsident der CSSR war kurzfristig mit seiner Gefolgschaft angesagt, und das hieß »Eintritt verboten« für das übrige Publikum. Ratlos sahen sich

alle an. Kreders waren nicht die einzigen, die fürchteten, nun im Walde übernachten zu müssen.
Aber da war plötzlich Josef. Er stand auf der Straßenkreuzung vor dem Hotel und wartete auf die Reisenden. Josef war Herrn von Zedlitzs' unentbehrlicher polnischer Begleiter, der Pilot während dieser Exkursion, verantwortlich für alle Geschicke und Mißgeschicke. Von Mutters Seite her »Halbdeutscher«, sprach er ein fließendes Deutsch mit kleinen Holpern, nahm sich aller Belange der Gesellschaft an und war ein glänzender Organisator. Ohne Josef ging fast nichts.
Er stand also mit seinem Auto auf der Kreuzung, teilte bedauernd den Hotelrausschmiß mit und hatte längst ein anderes Quartier besorgt. Man mußte nur noch »ein bißchen fahren«.
Es ging westlich nach Schreiberhau. Niemand war böse darüber. Wer das Riesengebirge kannte, der kannte auch Schreiberhau. Eva wurde wieder einmal von einer ihrer vielen Emotionen überfallen.
»Hier war ich zuletzt im Krieg, 1941, mit Vati, Mutti und Katharina.«
Sie preßte die Stirn an das Busfenster. Die Landschaft verschwamm vor ihren Augen. Langsam verschwand die Sonne hinter gezackten grauen Wolken. Das Bild, das draußen vorbeizog, wurde blaß und farblos. Sie war müde. Ein anstrengender Sechzehn-Stunden-Tag lag hinter ihnen.
Oberhalb des Ortes bog ein Waldweg von der ausgebauten Straße ab. Der Bus schaukelte ihn langsam, Meter für Meter, abwärts. Die Äste der nächsten Bäume peitschten gegen die Fensterscheiben. Am Ende des Weges leuchtete zwischen den Stämmen die hellgelbe Fassade eines Hauses. Eine Art Jugendherberge in idyllischer Einsamkeit nahm die Gäste auf. Sie waren erschöpft und mit allem zufrieden.
Die vorgerückte Abendstunde führte zu dem Entschluß, das Essen vor der Zimmervergabe einzunehmen. Verschwitzt

und ungewaschen strömten alle in den Eßraum. Mindestens die Hälfte der Schar aber ging spontan auf Toilettensuche. Im Nu standen sie Schlange vor einer Tür, auf der ein Männlein und ein Weiblein nebeneinander abgebildet waren. Ratlosigkeit ging durch die Ansammlung, als klar wurde, daß hinter dieser Tür nur ein einziges Örtchen war, für beide Teile eben. Im ersten Stock sei noch eins, bedeutete der Wirt nach einer Weile der verzweifelten Menge.
Oben wurde inzwischen auch angestanden. Und es spottete oben wie unten jeder Beschreibung. Als Eva in den Eßraum zurückkam, lachte sie: »Ich bin froh, daß ich nicht die Klinke in der Hand behalten habe. Sie wackelte bedenklich.« Und dann gab sie Rudolf den guten Rat mit auf den Weg: »Nimm dir ein paar Tempotücher mit. Den Luxus des Toilettenpapiers kann man sich hier offenbar nicht leisten.«

Das Essen war nicht schlecht. Brot, Wurst und verschiedene Käse. Dazu gab es Tee und auf Wunsch Bier, die Flasche zu 700 Zloty = 35 Pfennig. Das Bier war ausgezeichnet. Man ließ sie wissen, daß es in der Heimatstadt von Papst Johannes Paul II. gebraut wurde. Eva, sonst keine Biertrinkerin, goß sich ein zweites Glas ein.
»Nanu?« fragte Rudolf amüsiert.
»Es schmeckt so gut. Ich konvertiere trotzdem nicht«, versicherte sie.
Der nächste Tag war ein Sonntag. Nach dem Frühstück brach die ganze Gesellschaft auf zu einer Wanderung zum Zackelfall. Durch schattigen Wald ging es stetig aufwärts, über breite, geschotterte Wege, deren abdeckende Sandschicht längst durch Witterungen ausgewaschen war und nie erneuert wurde. Selbst hier – mitten in der Natur – traten Mängel des menschlichen Schaffens zutage.
Oben, am Ende der Straße, stürzte links der Zackelfall über ein Gewirr von übereinandergeschobenen Felsbrocken;

rechts weckten die verkohlten Fundamente der abgebrannten Zackelfallbaude wehmütige Erinnerungen. Sie wurden weder abgetragen noch ein neues Haus an ihrer Stelle gebaut. Es blieb einfach alles so, wie es war.
Das sollten sie auf dieser Reise noch öfters erfahren. Auch in Schreiberhau hatte sich nichts verändert in den letzten fünfzig Jahren. Dabei wäre es ganz schön gewesen, wenn die neuen Bewohner des Riesengebirges sich hin und wieder die Mühe gemacht hätten, die alten Häuser mit Putz und Farbe aufzufrischen. Auch ein paar Dachziegel hätten den zusammenfallenden Dächern wohlgetan.
Eva versuchte, das Häuschen der alten Teschners wiederzufinden, in dem die Brandtfamilie so oft die Ferien verbracht hatte. Sie fand auch eins, das in ihre Erinnerung paßte, aber so ganz sicher war sie sich nicht. Ihr fiel die hübsche Glasveranda ein, auf der ihre Familie die Mahlzeiten eingenommen hatte, das gesunde, üppige Frühstück und abends die warmen Gerichte von der Wirtsfrau. Einmal gab es »Schlesisches Himmelreich« – Eva erinnerte sich genau. Alle aßen es mit großem Vergnügen, nur Evchen und der Vater hielten sich zurück. Herbert Brandt bevorzugte Speisen aus seiner westpreußischen Heimat. Und Eva mochte die Zusammenstellung Rauchfleisch – Backobst – Klöße nicht. »Das Schönste an diesem Gericht ist sein Name: Schlesisches Himmelreich«, gestand sie Rudolf einmal, als sie darüber sprachen.
»Na?« fragte Rudolf jetzt neben ihr, »hast du das Teschner-Haus gefunden?«
»Möglich, daß es das dort drüben war.« Eva lachte plötzlich. »Wenn ich daran denke, wie Martin sich aufgeführt hat, als über seinem Bett eine Spinne an der Wand saß. Gellend hat er geschrien, ich glaube, ich auch. Und als der alte Teschner kam und die Spinne von der Wand pflückte, brummelte er: ›Deutschlands Zukunft fürchtet sich vor einer Spinne.‹« Sie sah nachdenklich aus dem Fenster. »Komisch, daß man sich

solche Kleinigkeiten merkt. Alles aus der Kindheit ist noch so lebendig in mir. Und manches, was danach geschah, habe ich vergessen.«

Hirschberg. Sie standen am »Ring«, dem einzigen vorzeigbaren Teil dieser einst blühenden Stadt. Die schönen Barockfassaden der Häuser reicher Tuchhändler waren in den sechziger Jahren renoviert worden und reihten sich in wiedererstandener Pracht aneinander. Laubengänge zogen in Schwibbögen ihren harmonischen Schwung. Aber die Renovierung lag zwanzig Jahre zurück. Hier und da fielen Putz und Farbe wieder ab.

Erschütternd das Stadtbild in den Nebenstraßen. Stumm ging die Reisegesellschaft über breite, erstaunlich gut geteerte Straßen. Die Häuser aber waren in einem erschreckenden Zustand, schmutzig-dunkelgrau, mit geborstenen Türen und Fensterrahmen. Die Stuckreste an den Häuserfronten verrieten die einstige Schönheit und den Reichtum der Stadt.

»Jetzt werde ich Ihnen etwas Schönes zeigen.« Herr von Zedlitz führte die Gruppe über eine platzartig erweiterte Kreuzung zu der breit und behäbig vor ihnen liegenden Gnadenkirche mit den vielen eleganten Bogenfenstern und den vier kleinen Türmen, die wie Wächter um den hohen, dreikuppligen Mittelturm standen. Vor dem Kirchenportal drängte sich eine Menge Menschen. Mit Kind und Kegel strömten die Gläubigen in die Hirschberger Gotteshäuser, bis sie überquollen und die letzten – vor allem Mütter mit Kinderwagen – vor der geöffneten Tür bleiben mußten und die Messe draußen anhörten.

»Das ist die fünfte Messe am heutigen Sonntag«, erklärte Herr von Zedlitz. »Offensichtlich herrscht ein großes Bedürfnis, sich zu seinem Glauben zu bekennen.«

Am späten Mittag verließen die Erinnerungstouristen Hirschberg und fuhren durch das Tal des wilden Zacken zurück

nach Schreiberhau. Das quirlige Flüßchen schlängelte sich durch seine grünen Ufer, hüpfte über große und kleine Steine und ließ winzige Kaskaden in der Sonne aufblitzen. Es war ein Landschaftserlebnis von besonderer Art. Die gut ausgebaute Straße führte neben dem Flußbett entlang. In der Ferne tauchte Warmbrunn auf mit der hochaufragenden Barockkirche und dem Schloß der Grafen Schaffgotsch.
Am frühen Nachmittag prominierten sie in Agnetendorf durch den parkartigen Garten, der die Gerhart-Hauptmann-Villa umgab. Sie durften sie nur von außen betrachten. Drinnen war ein Kindergarten untergebracht und der Zutritt für Fremde verboten.
Das Haus war gut erhalten. Der Dichter wäre zufrieden gewesen. Hier war er ein Jahr nach Kriegsende gestorben und wurde später auf der Ostseeinsel Hiddensee beigesetzt.
Plötzlich standen zwei junge Polen vor der Reisegruppe und boten aus Körben verschiedene Glaswaren an: Kristallschalen und wunderbar geschliffene Vasen, in denen sich das Sonnenlicht brach. Sie schworen, daß dies Erzeugnisse aus der immer noch existenten Josefinenhütte bei Schreiberhau seien und fanden sofort begeisterte Käufer. Vor allem die weiblichen Mitglieder der Gesellschaft standen mit dem Portemonnaie in der einen Hand und wogen die schweren Stücke nachdenklich in der anderen. Eva erstand ein kleines Henkelkörbchen aus hellem Kristall, gerade klein genug, um in der Handtasche verschwinden zu können.
Der restliche Nachmittag gehörte einem Besuch der alten Stabkirche Wang aus Norwegen, die der preußische König Friedrich Wilhelm IV. vor einhundertfünfzig Jahren ersteigert hatte, um sie vor dem Abriß zu bewahren. Sie wurde in Einzelteilen mit dem Schiff über Bergen und Stettin nach Berlin gebracht und dann den schlesischen Bergbauern geschenkt, für die sie der König auf dem vom Grafen Schaffgotsch spendierten Kirchplatz wieder aufbauen ließ.

Von Brückenberg aus wanderte die Reisegruppe durch den Wald zur höhergelegenen Kirche. Es war warm. Die Sonne flirrte durch das helle Grün der Zweige. Nach dem zunehmend steiler werdenden Aufstieg hielten die Wanderer auf der Höhe tiefatmend an und genossen den Anblick, der sich ihnen bot: eine kleine Holzkirche, die trotz ihres beachtlichen Alters von achthundert Jahren frisch erschien, wohlerhalten und liebevoll gepflegt. Den von Baumeister Schinkel entworfenen Glockenturm in der unmittelbaren Nachbarschaft hatte kaum einer in Erinnerung. Dennoch stand er ebenso wie das Kirchlein seit fast einhundertfünfzig Jahren auf dem Platz.

Neugierig drängten alle ins Innere und wurden dort still und andächtig. Doch ihre Andacht erlitt eine beträchtliche Einbuße, als über ein Tonband eine geschichtliche Aufklärung weismachen wollte, daß es hierzulande nie andere als polnische Ortsnamen gegeben habe. Weshalb diese Mitteilung in der Kirche verkündet wurde, war unverständlich. Die Freude am Wiedersehen erlahmte etwas.

Eva konnte ihre halblaute Bemerkung nicht unterdrücken: »Und was ist mit Krummhübel, Brückenberg und Agnetendorf?« Die Besucher nickten zustimmend. Einer der Herren aber schüttelte den Kopf. »Es hat doch keinen Zweck, sich darüber aufzuregen. Was verloren ist, ist verloren. Wir können ihm nur schweigend nachtrauern.«

»Wenn sie unser Schlesien wenigstens so schön erhalten würden, wie es einmal war«, klang eine Stimme in die Stille hinein. »Aber sie lassen ja alles verkommen und rühren keine Hand, wenn etwas kaputtgeht. Es ist halt eine andere Mentalität.«

Um die Kirche herum lag ein erstaunlich gepflegter Friedhof, der ein Widerspruch zu diesem berechtigten Einwand war. Gegenüber dem Eingang zur Kirche erinnerte eine große Steintafel an die Gräfin von Reden, die sich als Wohltäterin der schlesischen Bauern beim preußischen König dafür eingesetzt hatte, daß die Kirche Wang hier ihren Standort bekam.

Durch die schrägen Strahlen der Spätnachmittagssonne kletterte die Gesellschaft abwärts. Unterhalb der Kirche wurden in einer langen Reihe Verkaufsbuden überraschend billige Handarbeiten angeboten. Baumwollblusen mit Spitzen für fünfzehn D-Mark, Strickjacken und Pullover für zehn und zwanzig Mark. Die Polinnen hinter ihrem ärmlichen Tresen radebrechten deutsch und zählten ihren Kunden genau vor, was diese Sachen in Deutschland kosteten. Sie waren bestens informiert.

In Brückenberg gab es handgearbeitete Körbe für eintausend bis zehntausend Zloty, das hieß fünfzig Pfennig bis fünf Mark. In Minutenschnelle waren die wenigen freien Rückbänke des Reisebusses damit gefüllt.

Die bettelnden Kinder überall! Sie sagten herausfordernd »Tag!« und meinten damit Kaugummis, Schokolade und Geld. Selbstverständlich hatten die Reisenden für solche Fälle Naschereien mitgebracht, aber sie hätten sie lieber unaufgefordert verteilt.

Über Krummhübel und Hirschberg ging es zurück nach Schreiberhau, ins kleine »Hotel«, in dem abends um acht die Betten und das, was sich »Bäder« nannte, noch nicht gemacht waren. Mit ein paar raschen Griffen schuf Eva Ordnung.

Am nächsten Morgen verteilten sie unter den polnischen Bediensteten und ihren Kindern Kaffee, Kaugummis und Trinkgelder, was einen wahren Glückstaumel auslöste. Betroffen erkannten die westlichen Besucher die Armut dieser Menschen, die sie so bescheiden gemacht hatte.

Bei herrlichem Sommerwetter ging die Fahrt nach dem Frühstück über Erdmannsdorf, Schmiedeberg und Landeshut nach Grüssau. Die Reisenden standen bewundernd vor dem barocken Kloster mit den beiden Kirchen, der St. Josephskirche und der Marienkirche. Aber wie das so oft geschieht, wenn Menschen sich aufmachen, um Sehenswürdigkeiten in

Augenschein zu nehmen: Beide Kirchen verschwanden hinter Holzgerüsten. Von eifriger Bautätigkeit war allerdings nichts zu sehen. Zwei junge Arbeiter tauchten auf, der eine trug einen bekleckerten Malereimer, der andere rauchte eine Zigarette. »Wenn wir in ein paar Jahren wiederkommen, wird es noch dasselbe sein«, bemerkte Eva sarkastisch. Tatsächlich erfuhren sie später, daß die Marienkirche schon zehn Jahre eingerüstet war, bevor mit der Restaurierung der Fassade begonnen wurde.

Im Innern der Kirche standen Leitern herum und schufen eine gewisse Unordnung. Dennoch konnten sie ein Gefühl der Andacht nicht verhindern, das den einen oder anderen der Gruppe überkam. Aus den vielen kostbaren Schnitzereien am Hochaltar und dem Chorgestühl strömte die Frömmigkeit ihrer Schöpfer und teilte sich den Betrachtern mit. Ein Besuch in der Fürstenkapelle hinter dem Chor, einem der schönsten Barockmausoleen Schlesiens, erhöhte den Eindruck. Nachdenklich, ganz der Vergangenheit hingegeben, schritten sie zurück zum wartenden Bus.

Der fuhr sie weiter durch schlesische Dörfer, durch Wiesen und Felder, auf denen die Heumahd noch mit dem Rechen gewendet und die Egge vom Pferd gezogen wurde wie in alten Zeiten. Bilder von beglückender Anmut, wie sie mancher Maler festgehalten hatte.

Trotz dieses Montagmorgens saßen überall Männer und Frauen vor ihren Häusern mit den verfallenden Dächern in kleinen Vorgärten, unterhielten sich, kraulten mit einer Hand ihren Hund und hielten in der anderen die Zigarette. Sie schienen alle Zeit der Welt zu haben.

»Tja«, murmelte einer der Ex-Schlesier, »andere Völker, andere Sitten.«

Eine breite Zufahrtsstraße führte zu Schlesiens größtem Schloß, Fürstenstein. Auf dem Sammelparkplatz verließen alle den Bus und gingen zu Fuß auf den prächtigen, doppeltürmigen Bau zu. Eva hängte sich bei Rudolf ein und wurde wieder einmal romantisch.

»Stell dir vor, Rudi, wir sind zum Diner zu Fürst und Fürstin Pleß eingeladen. Die Pferde haben wir samt Kutsche zum Verschnaufen auf dem Parkplatz gelassen, und ich stöckle hier in Abendgarderobe auf den Marmorsaal zu. Du hast natürlich ein paar eindrucksvolle Orden am Frack.«

Rudolf lächelte. Er kannte die schwelgerische Phantasie seiner Frau und amüsierte sich darüber.

»Wenn wir wirklich eingeladen wären, Evchen, würde uns die Kutsche vors Portal fahren, und keiner ließe dich hier über die Kieswege stöckeln, nicht wahr?«

Von den Terrassen, die sich seitlich vom Schloß stufenförmig zur Hellebachschlucht hinabzogen, hatten sie herrliche Ausblicke auf das Land. Die Schatten wurden länger und deckten die Schlucht fast zu. Dahinter wechselten Wälder und Wiesen in hellen und dunklen Grünschattierungen.

Von den fünfhundert Zimmern des größten schlesischen Schlosses waren nur fünf den Touristen zugänglich. Die Stuckdecken der saalartigen Räume waren restauriert, die Wände und Leuchter mit viel Gold wieder fürstlich gemacht. Aber alles, was tragbar war, hatten die Russen in den ersten Nachkriegsjahren geplündert. Was übrigblieb, war dürftig genug. Ein bißchen polnisches Nachkriegsmobiliar stand wie verloren herum.

Nachmittägliche Schwüle ließ die Gesellschaft müde werden. Sie waren alle froh, als man in Richtung Waldenburg aufbrach, um in dem riesigen Hochhaushotel »Sudety« Quartier zu nehmen.

Hier war eine Rast für zwei Tage vorgesehen. Sie bekamen Zimmer im neunten Stock, in denen es ob dieser unerreichbaren Höhe kein Wasser gab. Waschen und Zähneputzen

wurden schwierig, von Baden oder Duschen ganz zu schweigen.
Nach dem Abendessen, das aus laschgebratenen Fleischklopsen und Unmengen alter Kartoffeln bestand, unternahmen Rudolf und Eva-Maria einen Stadtbummel. Die Straßen waren grau und trostlos, völlig verlassen. Die Stadt lag wer weiß wo, das »Sudety« außerhalb. Die schwere Luft stank nach Kohle, Koks und den Briketts, die in Waldenburg hergestellt wurden. Sie legte sich beklemmend auf die Brust. Ein paar kleine polnische Jungen strichen trotz der vorgerückten Stunde um sie herum und bettelten mit monotoner Stimme: »Gutten Tag – biettä, Kaugummi.«
Ohrenbetäubender Lärm hinter ihrem Rücken ließ Eva und Rudolf herumfahren. Die kleinen Bettler waren wie vom Erdboden verschluckt. Auf dem etwa dreißig Meter von ihnen entfernten Verladeplatz, gleich hinter dem Hotel, wurde der Inhalt vollgefüllter Loren auf gewaltige Steinkohlenberge gekippt. Eine Staubwolke wirbelte hoch und wurde vom Abendwind abgetrieben. Überall in der Luft schienen die schwarzen Partikel zu schweben. Eva hielt sich das Taschentuch vors Gesicht und strebte zurück zum Hotel.
Dort johlte und gröhlte es inzwischen auf allen Stockwerken. Abends betranken sich die Polen offenbar mit schöner Regelmäßigkeit. Als sie in ihrem neunten Stock waren, verriegelte Eva die Tür und lehnte sich aufatmend dagegen.
»Ich kann sie fast verstehen, Rudi. Ich möchte nicht Pole in Schlesien sein.«

Überall dort, wo es keine verkommenen Städte und verwahrlosten Dörfer gab, war die Landschaft anmutig schön: die sanften, sattgrünen Erhebungen des Eulengebirges, Felder, auf denen der Weizen reifte und Wiesen mit zum Trocknen aufgestellten Heustadeln. Über allem strahlte eine heitere Julisonne, wie sie es vor fünfzig und vor hundert Jahren getan

hatte, unbekümmert um die wechselnde Bevölkerung in diesem Land.
Sie waren unterwegs nach Bad Kudowa, wo eine Mittagspause eingelegt wurde. Eva-Maria erkannte nichts wieder, obwohl sie doch so viel davon in der Erinnerung hatte.
Die Schlesienreisenden blickten versonnen aus dem Fenster, ließen draußen ihre Gedanken spazierengehen und sich von der Vergangenheit, der Kindheit einholen.
Auf der Berghöhe, von Kudowa kommend, Bad Reinerz zu Füßen, ließ Josef einen Gipfeltrunk kreisen, blumigen polnischen Wodka. Er meinte, sie sollten alle zu Hause für Schlesien werben, es brauche Touristen, und »... dieses Land ist doch so schön!« Ach Josef, das hatten sie alle doch schon viel früher gewußt.
O Täler weit, o Höhen ... sie fuhren durch Eichendorffs schlesische Wälder. Am Rande der Straßen die leuchtendblauen Kerzen der Lupinen, wilde Schafgarbe tupfte zartes Schleierweiß dazwischen. Dünne Besiedlung und geringer Straßenverkehr hoben die Schönheit des Landes hervor.
»Beides wird noch eine Weile bleiben«, dachte Eva zufrieden. Wie kurz diese Weile sein würde, ahnte sie in diesem Sommer 1989 nicht.
Vor ihnen lagen die bewaldeten Hügel des Reichensteiner Gebirges im Abendsonnenglanz. Sie hatten Grunwald durchfahren, einst das höchstgelegene Skidorf Preußens, danach Habelschwerdt und Glatz, die ihren deutschen Ursprung unter allem bröckelnden polnischen Putz doch nicht verbergen konnten. Es ging wieder nördlich in Richtung Waldenburg.
Der Höhepunkt dieser Tagesfahrt war ein kurzer Entschluß ihres Reiseleiters: Der Bus bog von der Durchgangsstraße ab und fuhr auf das Moltke-Gut Kreisau zu.
»Ich hoffe, Sie sind mit dem kleinen Abstecher einverstanden«, versicherte sich Herr von Zedlitz der Zustimmung sei-

ner Gäste. Betroffen standen sie wenige Minuten später in dem großen Gutshof vor dem verwahrlosten, graubraunen Schloß mit den blinden Fenstern. Ein paar polnische Frauen näherten sich ihnen mißtrauisch. Neugierige Kinder standen im Halbkreis, bohrten in der Nase und streckten bettelnd die Hände aus. Schokolade und Kaugummis waren sozusagen obligatorisch im polnischen Schlesien.
Stumm ging die Reisegruppe über den Hof mit den im Hintergrund sich anschließenden Ställen und Gesindehäusern, von denen keines ein heiles Dach hatte, auf das Schloß zu, an dem nichts mehr an vergangene Pracht erinnerte. Hier waren die Ideen für ein in Europa integriertes Deutschland nach dem Ende der Naziherrschaft diskutiert worden. Helmuth James Graf von Moltke zahlte dafür mit seinem Leben.

Das Wetter schien seine Sonnenperiode beendet zu haben. Am nächsten Morgen war es kühl, der Himmel bedeckt. Ideales Reisewetter. Eva packte vorsorglich ihren Knirps in die Handtasche. Bei der Abfahrt regnete es dann auch. Aber es war erfrischend. Das Land brauchte den Regen.
Über Schweidnitz – mit Besuch der Schweidnitzer Friedenskirche, die hinter ihren bäuerlichen Fachwerkmauern Platz für mehr als fünftausend Gläubige bot – ging es in nordöstlicher Richtung nach Breslau, Schlesiens Hauptstadt, die jetzt Wroclaw hieß. Es regnete immer noch, als der Bus in die Stadt einfuhr und vor dem Hochhaushotel »Panorama« hielt. Trotz der vorgerückten Mittagsstunde waren die Zimmer noch nicht bezugsfertig. Die Koffer blieben im Bus, dafür wurde das Mittagessen vorgezogen. Die halbe Gesellschaft strömte als erstes eine Treppe tiefer zu den Toiletten. Auf das bereitstehende Tellerchen legte jeder gewissenhaft seinen Westgroschen, der von der Klofrau in Windeseile eingestrichen wurde. Eine Gegenleistung bekam er dafür nicht. Das Wichtigste an solch einem Ort fehlte nämlich: das Wasser.

Weder die Klospülung funktionierte, noch der Hahn über dem Waschbecken. Das »Panorama« war, nach polnischer Übersetzung, ein Vier-Sterne-Hotel. Der Komfort ließ zu wünschen übrig. Die westlichen Besucher verfügten vorsorglich über Tempo- und Erfrischungstücher, unerläßliche Utensilien auf einer Polenreise.

Nach dem Essen führte eine temperamentvolle Polin durch die Stadt. Sie schilderte wortreich ihr Schicksal.

»Wir sind auch Vertriebene – wie deitsche Schlesier, nur vertrieben von Russen. Wir aus Lemberg – auch Heimat verloren.« Nachts waren sie in Waggons verfrachtet worden, erzählte sie, jeder mit so viel Gepäck, wie er mit zwei Händen tragen konnte – dawei, dawei! Kein Blick zurück. Wer sich weigerte, kam nach Sibirien, auf Nimmerwiedersehen. Tausende! Nachts im Güterwagen einem unbekannten westlichen Ziel entgegen, Schlesien, aus dem die Deutschen auf dieselbe Art vertrieben worden waren. Der Unsinn war perfekt.

Sie bezogen die annektierten Häuser und versuchten in mehr als vierzig Jahren, sich das fremde Land zur Heimat zu machen. Sie hatten ihre Mentalität mitgebracht und sich mit ihr in diesem urdeutschen Raum niedergelassen. Breslau, den Trümmerhaufen von 1945, hatten sie aufzubauen versucht, nach ihren Vorstellungen und Möglichkeiten. Das Ergebnis war das heillose Durcheinander eines ungeordneten Stadtbildes: bunt angepinselte Mietskasernen, von denen die Farbe abblätterte, dazwischen wunderschöne alte Renaissance- und Barockhäuser und Kirchen, riesige Backsteinbauten mit spitzen, runden oder eckigen Türmen. Wer sich in Breslau verlief, konnte sich an den Kirchen orientieren.

Die Zedlitz-Gruppe besuchte auf der Dominsel die drei bedeutendsten Kirchen: Den Dom, die Kreuzkirche und Maria auf dem Sande. Alle drei waren 1945 zerstört, ausgebrannt, von den Russen ausgeplündert worden. Jetzt waren sie völlig

instand gesetzt, hatten moderne Ornament- und Bilderfenster bekommen, die ein schönes, gebrochenes Licht in die Kirchenräume fließen ließen.
Der wiederhergestellte Ring mit seinen beiden Rathäusern und den barocken Häuserreihen ließ eine Ahnung aufkommen vom einstigen Reichtum der schlesischen Hauptstadt. Ein kurzer Aufenthalt in der berühmten Leopoldina, der Universität mit ihrer schönen Aula, deren barocke Pracht in der Kürze der Zeit kaum recht aufgenommen werden konnte. Kreders waren unzufrieden. Sie waren sich mit einigen Reisegefährten einig, daß solche Stadtführungen stets zu hastig und nicht gründlich genug waren. Aber es gab ja so viel zu sehen, und das Sehenswerte sollte möglichst umfassend sein.

Bald darauf saßen sie wieder im Bus und wurden zum Hotel gefahren, in dem sie nun endlich die Zimmer beziehen und ihre Koffer auspacken konnten.
Ein Abendessen im Restaurant des Hotels »Monopol«, einst Breslaus erste Adresse, beschloß den ereignisreichen Tag. Es gab Musik und reichlich Krimsekt. Und es gab eine kleine Tanzfläche, auf der sie trotz müdegelaufener Beine immer noch recht beschwingt tanzten. Eva-Maria ging im Walzerschritt mit den fröhlich gewordenen Schlesienreisenden zurück ins Hotel »Panorama«, das so dunkel und abweisend dastand, daß seine Gäste es auf Zehenspitzen betraten. Es war Mitternacht. Breslau hatte seine Bürgersteige längst hochgeklappt.

Zwei Tage später die Rückfahrt durch die fruchtbare schlesische Tiefebene. Die Sonne kam hervor und ließ die Farben des Landes aufleuchten. Störche staksten über die Felder. »Daß es so etwas noch gibt!« Ein Weißhaariger schüttelte lächelnd den Kopf. »Wie lange habe ich keinen Storch mehr gesehen!«

Vor Liegnitz kamen sie an der Wahlstatt vorbei, auf der die Mongolen das schlesisch-polnische Heer unter Herzog Heinrich II., dem Sohn der heiligen Hedwig von Schlesien, geschlagen hatten.
Eva ließ die Landschaft an sich vorbeigleiten und dachte darüber nach, was Menschen zu allen Zeiten Menschen angetan hatten und noch immer antaten. »Auch jetzt noch – heute«, dachte sie. »Das Morden hört nicht auf.«
Das letzte Stück bis zur deutschen Grenze war flach, karg, unbewohnt und verkehrsarm. Hinter dem Queis begann die Mark Brandenburg mit ihrem Sand und ihren Kiefernwäldern. Darüber ein mißmutig-grauer Himmel.
Bei Forst, an der neuen deutsch-polnischen Grenze, stand der Bus ohne erkennbaren Grund bei geringem Abfertigungsverkehr fast eine Stunde. Ein paar der Reisenden schimpften über diese Willkür. Die meisten blieben stumm und gleichmütig. Aber alle wollten nun heim.
»Wir haben Stalltrieb«, schmunzelte Rudolf Kreder, der bei solchen Gelegenheiten selten aus der Ruhe zu bringen war.
»Unsere Pilze werden schlecht«, maulte Eva. Sie hatten alle auf einem Parkplatz an der Autobahn körbeweise Pfifferlinge von polnischen Frauen und Kindern gekauft.
Mit einem Mal durften sie ohne die üblichen gründlichen Kontrollen weiterfahren. Das totalitäre Gebaren der Grenzer war unglaublich. Nicht einmal die Berliner unter den Reisenden, die es gewöhnt sein mußten, konnten sich damit abfinden.

Der Bus ratterte über den Berliner Ring und ließ Westberlin rechts liegen. Erst in Helmstedt wurden sie alle samt ihrem Gepäck entlassen und fuhren, sofern sie in Berlin ansässig waren, mit der Bahn dieselbe Strecke zurück, bis Berlin-Wannsee.
Dort stand das Kredersche Auto eingestaubt auf dem Parkplatz und wartete auf sie.

Eva öffnete die Wagentür, atmete tief durch und seufzte: »Suste nischt als heem.«

Die Wende

Anfang August waren Kreders in Berlin. Eva-Maria war bedrückt. Sie hatte Stationen ihrer Kindheit besucht, und die Wirklichkeit hatte sich grau und verkommen über leuchtende Erinnerungen gelegt. Die Mentalitäten der Bewohner Schlesiens standen sich bedeutsam gegenüber: die bewahrende Treue der alten Schlesier und die Gleichgültigkeit der neuen, die hier kein Heimatgefühl hatten.
Im Mai hatte das Fernsehen ungarische Soldaten beim Zerschneiden der Stacheldrahtzäune an der Grenze zu Österreich gezeigt. Millionen hatten atemlos zugeschaut.
»Das ist der Anfang vom Ende des Kommunismus«, hatte Rudolf Kreder gesagt. Scharen von DDR-Flüchtlingen strömten seitdem durch die geöffnete Grenze in die Freiheit. Im Juli flüchteten sich Hunderte in die Deutsche Botschaft in Prag. Sie kletterten über Mauern und Zäune, warfen ihre Babys und Kleinkinder einfach voraus und wußten, daß auf der anderen Seite hilfreiche Arme ausgestreckt waren. Alle Welt wurde Zeuge des verzweifelten Aufbegehrens eines ganzen Volkes, das eine machtbesessene Clique gewissenloser Politiker über Jahrzehnte in ihrem Land eingesperrt hatte. Trotz der langen Zeitdauer hatten sich auch die Berliner nicht an diese Willkür gewöhnen können. Sie waren ebenso betroffen – auf ihrer »Insel im Roten Meer«, die sie zwar verlassen durften, aber unter welchen Schwierigkeiten!

In Görlitz lichtete sich die Bevölkerungszahl genauso bedrohlich wie in anderen Städten der DDR, von der eigentlich nur noch der letzte Buchstabe eine Berechtigung hatte. »DDR – der dämliche Rest« – nannten sich die Zurückgebliebenen selbst bitter. Während aber Ostberlin, Thüringen und Brandenburg ständig über Rundfunk und Fernsehen Nachrichten aus dem Westen bekamen, drangen diese begehrten Wellen nicht bis in den letzten verbliebenen Zipfel Schlesiens.
Görlitz blieb von der übrigen Welt abgeschlossen. Es lag im »Tal der Ahnungslosen«.
Neuigkeiten, ebenso ersehnt wie das Päckchen Kaffee, selten gewordene Süßigkeiten und Gewürze brachten die mit heim, die das Rentenalter erreicht hatten und ausreisen durften, allerdings nur vier Wochen im Jahr und unter allerlei Auflagen. So war beileibe nicht erlaubt, Tonbänder, Poster oder Filmaufnahmen aus dem Westen mitzubringen.
Im »Tal der Ahnungslosen« wurde alles Wissenswerte begierig weitergegeben. Dennoch war die Zahl derer, die unter der von Ulbricht und später Honecker angeordneten Isolation lebten, die größere.
Wenn sich diese »Normalbürger« auch vornahmen, sich um die Politik des Landes tunlichst nicht zu kümmern, litten sie doch unter der wirtschaftlichen Misere ebenso wie unter der ständigen Angst einer Bespitzelung durch die Stasi, die wie eine Spinne im Versteck saß und sie jederzeit in ihr Netz ziehen konnte.
Der Ärztemangel in der Stadt wurde immer größer. Steuerberater gab es gar nicht, wozu auch. Die wenigen selbständigen Handwerker und kleinen Gewerbetreibenden wurden von Staatsseite mehr oder weniger willkürlich besteuert, eine Steuergesetzgebung, in die der Westen erst nach der Wende staunend Einblick bekam. Die übriggebliebenen Rechtsanwälte konnte man an einer Hand abzählen. Sie mußten mit einer vom Staat diktierten Rechtsprechung vertraut sein.

Der alte Rechtsanwalt Dr. Schwidtal in der Struvestraße, dem noch preußisch-deutsches Recht vertraut war, arbeitete in seiner Kanzlei bis zu seinem Tode. Er wurde fünfundachtzig Jahre alt. Die Wende hat er nicht mehr miterlebt.

Als im September 1989 die »Stille Revolution« begann, als die im Lande Gebliebenen sich in Massenkundgebungen zusammentaten in Dresden, Leipzig und Berlin, und als die Kirchen sich füllten und um Freiheit gebetet wurde, da sprang der Funke auch nach Görlitz über, der Stadt an der Grenze. Im »Tal der Ahnungslosen« wurden sie hellwach, standen wie eine dunkle, bewegte Mauer vor der Frauenkirche, auf dem Marien-, Demiani- und Postplatz, der noch »Platz der Befreiung« hieß, sprachen Gebete, sangen und hörten ein paar mutigen Männern zu, die endlich einmal zu sagen wagten, was alle bewegte. In der Menge fühlten sie sich stark. Sie gab ihnen Kraft und Mut.

Aus den geöffneten Türen der Frauenkirche und der Lutherkirche drang Orgelmusik. Drinnen sangen sie das Kyrie eleison. Die draußen Stehenden hörten ergriffen zu oder sangen leise mit. Wer wollte, trat an den Altar und sprach eine sehr persönliche Fürbitte für einen Freund oder Verwandten, der in einem DDR-Gefängnis saß oder irgendwie in Schwierigkeiten war. Man traute sich endlich, den Mund zu öffnen, der jahrzehntelang geschlossen zu sein hatte.

Der Pfarrer stand im Hintergrund, ohne Talar. Er sprach nicht zu der Gemeinde, die die Kirche plötzlich so füllte, wie sie es seit Jahren nicht getan hatte. Aber er war da, er war der Gastgeber, der die Tore geöffnet hatte. Die Kirche gab den Raum für alle, auch ohne daß ein Gottesdienst stattfand.

Durch die Demonstrationsreihen gingen kleine Zettel von Hand zu Hand mit der Aufschrift:

KEINE GEWALT – RUHE BEWAHREN –
NICHT PROVOZIEREN LASSEN!

Es war die friedvollste, unblutigste Revolution in der deutschen Geschichte. Ein Volk stand auf gegen jahrzehntelange unwürdige Unterdrückung und Bevormundung. Und es fiel kein Schuß, es wurde nicht einmal eine Faust erhoben. Nach den Kundgebungen strömten sie alle zusammen, von der Südstadt, vom Marien- und Lutherplatz. Sie trafen sich auf dem Wilhelmsplatz mit Kerzen in den Händen, Kerzen, dem Symbol des Friedens, und zogen in Schweigemärschen zur Altstadt, zum Rathaus. Bei einem dieser Märsche wurde der Reichenbacher Turm am Obermarkt mit diesen Kerzen bestückt – es waren Tausende. Als stilles, leuchtendes Zeichen stand er dem Kaisertrutz gegenüber.

Die Freitagsgebete wurden in Görlitz genauso eine Institution wie in Dresden, Leipzig, Eisenach und Ostberlin.

Die Westberliner sahen die Bilder im Fernsehen, nahmen glühenden Anteil daran, und doch war es anders, als wenn sie dabeigewesen wären. Rudolf und Eva-Maria verfolgten mit klopfendem Herzen eine Entwicklung, die sie erhofft, aber noch weit in der Zukunft geglaubt hatten. Wie alle Berliner waren sie dem Geschehen in Mitteldeutschland leidenschaftlich verbunden. An eine »Wende« – irgendwann – hatten viele gedacht, und manche hatten dabei insgeheim einen blutigen Bruderkrieg befürchtet. Zu sehr waren ihnen die haßerfüllten Blicke, die bösen Zurechtweisungen und Schikanen der Volkspolizisten an den Grenzen in Erinnerung. Diese Bewacher einer unnatürlichen Grenze im eigenen Lande waren für die Berliner der Inbegriff einer undurchdringlichen Mauer um einen Teil des Landes, der einmal ihrer aller Vaterland gewesen war.

Der Herbst zog ins Land. Die Blätter färbten sich rot, gelb und schließlich braun. Und immer noch gab es die Freitagsgebete im unfreien Teil Deutschlands, gegen die man nicht mit Gewehren vorgehen konnte.

In Görlitz wurden freitags Kerzen in die Fenster gestellt, überall dort, wo man für eine Wende war.

Kerzen hatte Eva-Maria schon während ihrer letzten Görlitz-Jahre in die Fenster des Eßzimmers, des großen Familien-Begegnungszimmers, gestellt, immer Weihnachten, um damit ihren fernen Vater zu grüßen. In Berlin hatte sie diese Tradition fortgesetzt, Jahr für Jahr, jahrzehntelang. Kerzen waren ein Zeichen der Hoffnung, der Versöhnung.

»Große Ereignisse werfen ihre Schatten voraus«, pflegte Hanna zu sagen. Sie meinte damit vornehmlich Familienereignisse, die Konfirmationen der Kinder oder auch runde Geburtstage, die sie stets mit großem Aufwand zu feiern wußte. Ein runder Geburtstag stand auch bei Kreders ins Haus: Am 10. November wurde Rudolf fünfundsechzig, und Eva verschickte schon Wochen vorher Einladungen an Freunde und Verwandte, ging mit Rudolf in verschiedenen Restaurants Probeessen und bestellte schließlich Raum und Festessen im Hotel »Seehof«.
Die erwachsenen Kinder taten geheimnisvoll, verabredeten sich und steckten die Köpfe zusammen, als sie beim traditionellen Sonntagskaffee an der elterlichen Tafel saßen.
»Was haben die bloß?« fragte der ahnungslose Rudolf, als sie gegangen waren. »Sie tun, als ob Weihnachten wäre.«
»So ähnlich ist es ja auch«, lachte Eva. »Frag mal lieber nicht, die haben eben ihre Geheimnisse, wenn der Vater fünfundsechzig wird.«
Einen Tag vor dem Familienfest reisten auswärtige Gäste an und meldeten sich telefonisch bei Kreders.
»Hallo – habt ihr heute schon die Nachrichten gehört? Macht mal schnell den Fernseher an. Da tut sich was im Osten.«
Rudolf wehrte ab. »Was soll sich schon tun?«
Aber Eva platzte vor Neugierde. »Vielleicht ist wieder was mit den vielen Flüchtlingen aus der DDR? Hoffentlich gibt's keine Schießereien.«
Der 9. November war schon immer ein bedeutender Tag in

der deutschen Geschichte: 1918 Abdankung des Kaisers Wilhelm II.; 1923 Hitlers Marsch zur Feldherrnhalle in München; 1938 die Reichskristallnacht, ein schrecklicher Höhepunkt der Judenverfolgung.

Am 9. November 1989 hörten die staunenden Fernsehzuschauer in den Nachrichten, wie der erste Sekretär der SED-Bezirksleitung, Günter Schabowski, während einer Pressekonferenz allen DDR-Bürgern die problemlose Ausreise in die BRD und nach Westberlin versprach. Er schien sich vor den Kameras seiner Sache nicht ganz sicher zu sein, wühlte in den vor ihm liegenden Papieren, stammelte: »... das tritt nach meiner Kenntnis – äh – ist das sofort, unverzüglich ...«

Gesagt war gesagt. Nachdem Honecker abgesetzt war, schien diese Erklärung die logische Folge.

Nicht nur in Westberlin, nicht nur in Westdeutschland – vor allem in Ostberlin und Ostdeutschland saßen die Menschen ungläubig vor der Mattscheibe. Was hatte er gesagt? Unverzüglich? Da konnte man ja gleich – – –

Trabis und Wartburgs wurden in Bewegung gesetzt, zu Fuß liefen die Menschen los, atemlos, getrieben von Freude und Erwartung. Was nun geschah, war ein Taumel des Jubels, der Befreiung. Ein Strom von DDR-Bürgern durchbrach – auch hierbei wieder friedlich – die Grenzübergänge nach Berlin und der Bundesrepublik. Den verblüfften Vopos wurden die Hände geschüttelt, plötzlich knallten Sektkorken. Die Menschenmenge wurde dichter, unübersehbar. Strahlende Gesichter, Autokolonnen, Trabis in Mengen – »Ein Wahnsinn, der helle Wahnsinn!« – und Tränen des Glücks.

Die drei Kreder-Geschwister – die beiden Schwestern hießen schon ein paar Jahre nicht mehr Kreder – hatten sich im Grunewaldhaus des Bruders zusammengesetzt und probten ein letztes Mal eine gereimte Szenenfolge für den Vater.

Gegen Mitternacht gähnte Felicitas. »Ich bin jetzt aber wirklich müde. Laßt uns mal aufhören. Es wird schon klappen.«

Ihr Baby war erst vier Monate alt und ließ der Mutter nur wenig Schlaf.
Sie trennten sich. Die beiden jungen Frauen fuhren in ihren Autos nach Hause, die eine nach Dahlem, die andere nach Wannsee. Unterwegs machte Corinna das Radio an. Ein Reporter schilderte mit sich überschlagender Stimme die Situation am Grenzübergang Bornholmer Straße. Im Hintergrund Lachen und Stimmengewirr, durch das er kaum durchkam.
»Die Grenzen sind offen – die Menschen sind frei – frei!«
Corinna gab Gas. Die Straßen waren nächtlich leer, in wenigen Minuten war sie zu Hause, rief atemlos Felicitas an.
»Los, setz dich ins Auto und komm her. Wir fahren zur Grenze.«
»Aber ich hab die Haare gewaschen, mein Kopf ist naß«, wandte Felicitas ein.
»Dann wickel ein Handtuch drum, aber komm!«
Beide fuhren in Corinnas Wagen zum Brandenburger Tor, vor dem sich eine Menschenmenge zusammenballte.
Auch Westberlin war aufgewacht. Gruppen von jungen Leuten stürmten auf die Mauer zu, die in großem Halbkreis das berühmte Tor umstand. Sie hangelten sich hinauf, wurden von anderen gezogen und geschoben und standen winkend und lachend auf der Mauerkrone, dicht bei dicht.
Auch Corinna und Felicitas ließen sich hochziehen und schrieen und jubelten mit den anderen. Reporter bekamen die Kameras nicht mehr vom Auge – morgen wollte ja die ganze Welt sehen, was hier geschah.
Später rutschten die Schwestern mit Hilfe vieler Hände auf der östlichen Seite der Mauer hinunter, liefen die »Linden« entlang, den langen Weg bis zum Alexanderplatz. Eine Menschenmenge wogte ihnen entgegen. Die Nacht war zum Tage geworden. Und wieder floß Sekt in Strömen. Fast jeder hatte eine Flasche im Arm. Dabei wäre das gar nicht nötig gewesen. Die Leute waren schon trunken vor Glück.

Irgendwann ließen sich Corinna und Felicitas wieder von dem Strom zurücktragen zu einer Grenzöffnung, durch die sich die Welle ebenso ergoß und auf der Westseite weiterwogte.
Es war schon gegen Morgen, als sie heimfuhren.

Bei Kreders klingelte in aller Herrgottsfrühe das Telefon. »Weiß Papi schon von seinem Geburtstagsgeschenk?« Corinna war noch immer aufgeregt. »Feli und ich sind heute nacht über die Mauer geklettert. Die Grenzen sind offen. Es ist was los in der Stadt.« Ein kleiner, seliger Schluchzer war in ihrer Stimme. Sie hatte ja, solange sie denken konnte, mit dieser Mauer gelebt.
Rudolf hätte sich nichts Schöneres wünschen können als diese Nachricht.
Am Abend fuhren sie zum Kurfürstendamm, der längst zur autofreien Fußgängerzone erklärt worden war. Wildfremde Menschen fielen sich um den Hals, luden sich gegenseitig ein zum Glas Wein, sprachen miteinander. Sie waren plötzlich alle per du, waren Brüder und Schwestern und eines Geistes. Freude, schöner Götterfunken!
Es war ein riesiges Volksfest, es war ein Atemholen der Geschichte. Deutschland, einig Vaterland!
Wohl keiner ahnte in diesem unsäglichen Taumel, daß es ein nüchternes Erwachen geben würde.
Das Aufeinanderzugehen von Ost nach West und umgekehrt war vorerst noch recht vorsichtig, abwartend. Man merkte sehr bald, daß es trotz guten Willens zweierlei Deutsche gab, und die aus dem westlichen Wohlstands-Deutschland kamen, hatten die bessere Ausgangslage. Es gehörte viel Geschick und Taktgefühl dazu, dies nicht in Großspurigkeit umschlagen zu lassen, und das hatte nicht jeder. Die anderen Deutschen, denen sozusagen über Nacht der große politische Bruder im Osten fehlte, weil Rußland einen ebensolchen Zusam-

menbruch erlebte wie das Honecker-Regime, standen erst einmal verloren in der Wüste. Der Goldene Westen, den sie so ersehnt hatten, war weiter weg als geglaubt.

Politisch gab es zunächst allerlei Wirrwarr. Egon Krenz, Nachfolger von Erich Honecker, und Hans Modrow, Dresdner Oberbürgermeister, dem später Schießbefehl und Wahlmanipulationen vorgeworfen wurden, setzten sich an die Spitze eines neuen DDR-Staates. Sie wurden die Verhandlungsführer des Ostens mit der Bundesrepublik Deutschland.

Nun wächst zusammen, was zusammengehört

Die Wogen der Euphorie legten sich überraschend schnell. Schon in den ersten Wochen zeigte sich, daß durchaus nicht alle Deutschen mit der Wiedervereinigung ihres Vaterlandes einverstanden waren. Sowohl im Osten als auch im Westen Deutschlands wurde die jahrzehntelange Entfremdung spürbar. Zwar hatten die, die noch wenige Wochen vor den Grenzöffnungen »das Gefasel von der Wiedervereinigung« als »Quatsch« bezeichneten, rasch und gewandt in den allgemeinen Jubel eingestimmt und öffentliche Dankgebete in den grauen Novemberhimmel geschickt. Aber es war nicht wegzuleugnen, daß in vierzig Jahren aus Deutschland zwei Vaterländer geworden waren, die jedes eine eigene Sprache sprachen und eigene Sitten und Gebräuche pflegten.
Schon die große Kundgebung auf dem Berliner Rudolf-Wil-

de-Platz vor dem Schöneberger Rathaus am 10. November 1989 spiegelte die Verschiedenheit der Volksmeinungen wider.
Eva-Maria und Rudolf verfolgten vor dem Fernsehschirm ungläubig und empört die Pfiffe und Zwischenrufe, das lauter werdende Gegröle bei der Rede Helmut Kohls. Und sie bewunderten den Bundeskanzler, wie er tapfer und unbeirrt zu Ende sprach, und wie er ebenso unbeirrt die westdeutsche Nationalhymne anstimmte, von dem offenbar kaum die Hälfte der Zuhörermenge den Text beherrschte.

Eva liefen Tränen über das Gesicht. Sie griff über den Tisch nach Rudolfs Hand, der ihren Druck erwiderte. »Es wird schon werden«, hieß das tröstend.

Zunächst einmal war das unerhörte Geschehnis wie ein Weihnachtsgeschenk, für das nicht nur die DDR-Bewohner dankbar waren, sondern auch die Westberliner. Achtundzwanzig Jahre hatten sie auf ihrer »Insel im Roten Meer« ausharren müssen.
Jetzt endlich konnten sie in das Märkische Umland fahren und es neu für sich entdecken. Vor allem die jüngere Generation machte eifrig davon Gebrauch. Sie betrachteten die ländliche Umgebung Berlins, die ihr bisher verschlossen gewesen war, als ihre erweiterte Heimat. Fontane wurde wieder gelesen, seine »Wanderungen durch die Mark«. Im Fernsehen wurden sie gesendet, mit Originalaufnahmen vom Stechlinsee, von Schloß Rheinsberg.
Am zweiten Weihnachtstag fuhren Kreders mit zwei Kinderfamilien – Robert und Corinna und Enkel – nach Bad Saarow am Scharmützelsee. Es war noch gar nicht so einfach, dorthin zu gelangen. An der durchlässig gewordenen Grenze standen zwei Volkspolizisten, ließen sich die Ausweise zeigen und stellten auf dürftigen Zetteln eine Art Durchfahrtserlaubnis

aus. Ganz ohne ging es eben immer noch nicht. Sie mußten so tun als ob. Auffallend waren die plötzlich wohlwollenden Mienen der Grenzwächter.
»Was ist denn mit denen los?« wunderte sich Eva Maria. »Haben die alle vergessen, wie unausstehlich sie mal waren?«
Das naßkalte Winterwetter ließ kaum erkennen, wie schön die Landschaft sein mußte, wenn die Sonne darauf schien. Der See plätscherte grau und müde an seine Ufer, die gesäumt waren von einer Reihe ebenso grauer verkommener Häuser. Ein Restaurant nicht weit von einem Seesteg bot den Gästen eine magere Speisekarte. Der große Raum war bis zum letzten Platz besetzt. Sobald jemand aufstand und nach seinem Mantel griff, drängte sich schon ein Wartender auf den freien Stuhl. Offenkundig waren hier Ost und West durcheinandergewürfelt, die Ostler mit abwartender Besitzermiene, die Westler mit herablassender Neugier. Die Preise der angebotenen Mahlzeiten waren für westliche Begriffe beschämend niedrig, dafür hätte »drüben« kein Koch die Hand gerührt. Kreders und ihre Junioren legten beim Bezahlen den ihnen gewohnten Trinkgeldaufschlag auf den Tisch, der die Kellnerin sichtlich irritierte. Anschließend machten sie einen kurzen Spaziergang durch ein paar leere Villenstraßen und am See entlang, um schließlich durchgefroren und ernüchtert wieder in die Autos zu klettern.
Rudolf steckte den Schlüssel ins Zündschloß.
»Kinder, ist das trostlos. Da gibt's erstmal eine Menge zu tun.«
Eva kuschelte sich in ihren Autositz.
»Da sieht man mal, wie gut wir es haben. Und dabei wie unverdient.« Sie schüttelte sich. »Sogar das Wetter ist hier niederziehend.«
Als sie vor ihrem Haus in Dahlem hielten, riß die Wolkendecke auf und ein paar schräge Strahlen einer blaßgelben Wintersonne tasteten sich hervor.
»Siehste«, sagte Eva zufrieden und schloß die Haustür auf.

Aber schon das Jahr 1990 ließ das Wetter über beiden noch so unterschiedlichen Teilen Deutschlands einheitlicher werden, vor allem im übertragenen Sinne. Obwohl sich die Sprache beiderseits in mancher Hinsicht auseinanderentwickelt hatte, stellte man doch hier wie da fest, daß das sprachliche Fundament deutsch war, daß Eichendorff und Hauptmann Schlesier waren und Goethe aus Hessen und Schiller aus Schwaben kamen. Dieses Wissen um eine gemeinsame Kultur war eine deutliche Hilfe und Überbrückung beim Zueinanderfinden der Mittel- und Westdeutschen.
Wirtschaftlich war das bedeutend schwieriger, und das sollte es auch noch viele Jahre bleiben.
Im Mai 1990 fuhren Kreders mit Freunden nach Görlitz. Eva drängte es, endlich ohne Passierscheine, ohne Zollerklärungen und ohne Grenzkontrollen in die Heimatstadt zu fahren. Sie wohnten im Hotel »Monopol«, gegenüber der Post. Die Zimmer waren unglaublich groß, mit einem klapprigen Kühlschrank drin, dessen Funktion nicht recht erklärbar war und der jede Stunde lautstark auflud, und einem riesigen Wohnzimmerschrank, den sie auch nicht zu nutzen wußten. Dahinter eine winzige Bettnische, deren eines Bett nur durch Übersteigen des anderen erreichbar war. Das ebenso unverständlich große Bad hatte so gut wie keine Funktion, da aus dem Wasserhahn nur ein dünnes Rinnsal kam. Es hätte Stunden gedauert, ehe auch nur der Boden der uralten Wanne bedeckt gewesen wäre. Für diesen luxuriösen Komfort mußten sie 150 D-Mark, wahlweise 300 Ostmark bezahlen. Auch Evas Euphorie verflüchtigte sich.
Die Stadt war ihr vertraut und gleichzeitig fremd. Sie wirkte wie eine verarmte, verschüchterte Aristokratin in Halbtrauer, der aller Glanz abhanden gekommen war. Das Grau-in-Grau legte sich auf das Gemüt. Wer genau hinsah, erkannte hinter dem bröckelnden Stuck die Schönheit der alten, reichen Bürgerhäuser.

»Görlitz ist durch den Krieg nicht zerstört worden«, sagte Eva bitter, »aber vierzig Jahre DDR haben es verfallen lassen.« Sie wandte sich fast beschwörend an ihre Freunde.

»Ihr werdet mir jetzt wohl nicht glauben – aber wenn das hier nach und nach renoviert wird, kann es zu einer der schönsten Städte Deutschlands werden.«

»Kann«, nickte Rudolf. »Das wird aber erstmal einige hundert Millionen kosten.«

Als sie vor der Thälmannstraße 3 standen, kämpfte Eva mit den Tränen.

»Mein Gott, das ist ja noch schlimmer geworden in den letzten fünf Jahren. Ich verstehe nur nicht, was sie dann mit all den Krediten gemacht haben, die uns laufend ohne unser Einverständnis aufgebrummt wurden.«

Und dann zu Kurt und Dores, den Freunden, die teilnehmend hinter ihr standen: »Das war mal schön, das Haus, und auch der Garten, von dem jetzt gar nichts mehr da ist.«

»Wie lange habt ihr denn nach dem Krieg noch hier gewohnt?« fragte Dores.

»Bis 1950. Als meine Schwester Katharina starb, wollte meine Mutter nicht mehr hierbleiben. Ich war sowieso schon in Berlin, meine Geschwister auch.« Sie drehte sich zu Rudolf um und fragte: »Ob man das wohl wieder herrichten kann, so, wie es mal war?«

»Vielleicht.« Rudolf wiegte nachdenklich den Kopf. »Aber auch das wird eine Menge Geld kosten.«

Reisen in das andere Deutschland

Die Westdeutschen, die sich fortan als »Wessis« von den »Ossis« unterschieden, konnten kaum nachvollziehen, was die Grenzöffnungen für die Westberliner, die sozusagen zwischen den beiden Begriffen saßen, bedeuteten. Die Mauer, die die Stadt geteilt hatte, hatte ja auch sie eingeschlossen.

Vor allem die jungen Berliner wollten jetzt endlich kennenlernen, was sie als ihre Heimat empfanden. Sie fuhren in den Harz und an die Ostsee und kamen den Bewohnern dort aufgeschlossen entgegen. Das erweckte zunächst vorsichtige gegenseitige Gefühle. Später hatten die Gäste aus dem Westen mehr und mehr den Eindruck, als seien sie ungebeten im Lande, als empfinde man ihre spontane Neugier als aufdringlich. Die ehemaligen DDR-Bewohner waren mißtrauisch und verletzlich. Da es dem Westen Deutschlands wirtschaftlich besser ging, glaubten sie, man erwarte von ihnen eine völlige Umkehr ihrer Lebensgewohnheiten, ein Sich-nach-der-Decke-Strecken, das ihr bisheriges Niveau grundlegend veränderte.

Dem selbstbewußten Auftreten der Westdeutschen: Na, es wird schon gehen – packen wir es an – folgte bald verständnisloses Kopfschütteln und mangelndes Taktgefühl.

Wie tief die Kluft zwischen den beiden Deutschlands war, zeigte sich erst nach und nach, als der erste Jubel tiefer Enttäuschung wich.

Sie war zunächst überdeckt durch ein erstaunliches Phänomen, den großen Autokauf. Wer über ein zahlungskräftiges Konto verfügte – und das waren viele – erstand einen Westwagen, aus zweiter Hand oder fabrikneu. Die stinkenden, reparaturanfälligen Trabis wurden am Straßenrand abgestellt. In einem Autorausch, der die halbe Noch-DDR erfaßte, ergoß sich ein Strom neuer Wagen über die schlechten Straßen im

Osten und die besseren im Westen. Junge Leute waren dabei, die mit dem Spielzeug nicht recht umzugehen wußten und es mit überhöhter Geschwindigkeit durch die Lande jagten. Das Glücksgefühl, daß nicht mehr hinter jedem Busch die Volkspolizei lauerte, stieg manchem zu Kopf. Es kam zu vielen Unfällen, und mit den Jahren stiegen sie immer weiter an.
Das zweite, sehr verständliche Wunschdenken, das in überraschendem Maße in die Realität umgesetzt wurde, war die große Reisewelle. Es gab ja genügend Geld auf den Konten, das jetzt eins zu zwei umgetauscht wurde. Man hatte vorher keine Gelegenheit gehabt, es auszugeben, es gab ja nichts. Mit einem Mal stand den Menschen, von Honeckers Regime jahrzehntelang eingemauert, die ganze Welt offen. Sie wartete nur darauf, entdeckt zu werden.
Wieso plötzlich so viele Urlaub hatten, blieb rätselhaft. Es war wie eine verdiente, große Entschädigung nach jahrelanger Unterdrückung.
Diese beiden Wünsche wurden nun also erfüllt. Wie sollte es weitergehen? Der Aufschwung wurde flügellahm.
Die Wirtschaft lag am Boden. Es war nicht die Schuld der Mitteldeutschen, daß der ganze Markt im Ostblock zusammenbrach und keinen Absatz mehr garantierte; daß vor allem aber die alte DDR-Wirtschaft mit dem sich für sie öffnenden Westen nicht konkurrieren konnte. Die Folge waren Massenentlassungen und steigende Arbeitslosigkeit. Enttäuschung machte sich breit. Zwar gab es einige, die sich mit Mut und Elan eine neue Existenz aufzubauen begannen. Die meisten aber standen und warteten ab, was kommen würde. Bisher war ihnen immer gesagt worden, was sie zu tun und zu lassen hatten. Nun sollten sie von sich aus handeln. Das war nicht einfach.
»Wollen wir ein paar Tage in den Harz fahren?«
Eva schichtete sorgfältig Radieschenscheiben auf ihr Frühstücksbrot.

»In den Harz?« Rudolf sah überrascht von seiner Morgenzeitung auf. »Warum denn plötzlich in den Harz?«
»In den Ostharz«, erläuterte Eva. »Den Teil, den wir noch gar nicht kennen. Jetzt können wir doch hin.« Sie hob die Kaffeekanne hoch. »Willst du noch eine Tasse?«
Es war im Juli 1990. Die Noch-DDR versuchte gerade, sich an all das Neue, das ihr der Mauerfall beschert hatte, zu gewöhnen: die Westimporte in den bisher so leeren Schaufenstern, die Grenzenlosigkeit im inneren Deutschland und die bislang unbekannte Freiheit der Rede. Sie taten es jetzt tastend und vorsichtig, die Bewohner Mitteldeutschlands, nachdem sich die Wogen der ersten, überschäumenden Begeisterung geglättet hatten.
Kreders nahmen sich ein Zimmer in einer westdeutschen Pension nahe der ehemaligen Grenze. Die Hotellerie in den ostdeutschen Harzstädtchen lag noch ziemlich darnieder. Sie hätten auch nicht gewußt, wie sie aufzufinden gewesen wäre.
Am nächsten Morgen fuhren sie über Bad Harzburg, das ihnen vertraut war, nach Wernigerode, das sie noch nicht kannten.
Der westliche Kurort schwappte über von Autos und Menschen. In östlicher Richtung verlor der Strom zunehmend an Stärke. Eigenartig, über kaum befestigte Waldwege zu fahren und neben sich die nur oberflächlich beseitigten Grenzanlagen zu sehen. Es erweckte den Eindruck, als sei das, was inzwischen nicht mehr da war, in großer Eile entfernt worden. Für das übrige ließ man sich offenbar Zeit.
Eva und Rudolf ließen nach einer Weile den Wagen stehen und wanderten eine Höhe hinauf bis zu einem Wachturm, der verlassen auf der Anhöhe stand. Eva steckte neugierig den Kopf in die Türöffnung.
»Meinst du, man kann da mal reingehen?«
»Jetzt ja,« sagte Rudolf. »Komm, wir gucken uns mal die Landschaft von oben an.«

In dem halbdunklen Raum führte eine Leiter zur mittleren Plattform. Von da ging es auf einer zweiten Leiter in das obere Räumchen, das durch schmale Sehschlitze in der Betonwand nur schwach erhellt wurde. Sie sahen beide hinaus.
»Sieh mal, dieses endlose Band, dieser Kahlschlag, über den die Grenze verlief. So ganz klar wird mir das erst jetzt, wo ich davor stehe. Ich hatte bloß immer die Berliner Mauer im Kopf.«
Eva lehnte sich an den kalten Beton.
»Das hat es nun so lange gegeben, aber man kann es immer noch nicht fassen, was für ein schreckliches, riesiges Gefängnis das halbe Deutschland war.«
Rudolf griff zu der Leiter. Im Hinabsteigen sagte er: »Wir müssen die Menschen hier erst kennenlernen, Eva. Vielleicht fühlten sie sich gar nicht so eingesperrt, wie wir das jetzt sehen. Sie hatten ihre eigene Welt. Und wir müssen sehr vorsichtig sein, wenn wir sie von der Gültigkeit auch unserer Welt überzeugen wollen, ohne so ein ›Besser-Wessi‹ zu sein.«
Auf dem Weg zurück zum Auto blieb Eva plötzlich stehen.
»Ob es hier noch Tellerminen gibt?«
Rudolf wiegte den Kopf. »Auszuschließen ist es nicht. Ich denke, wir werden jetzt den ungastlichen Ort verlassen.«
Der Marktplatz von Wernigerode mit dem hübschen Rathaus begeisterte sie, obwohl er an der einen Seite von einer großen, mit Planen verhängten Baustelle verhüllt war.
»Ein Zeichen, daß schon was getan wird«, stellte Rudolf zufrieden fest. Eva begutachtete die Auslagen in den Schaufenstern.
»Weißt du, was ich feststelle? Die größte Warenauswahl haben Spielzeugläden und Buchhandlungen. Die stehen schon jetzt westdeutschen Geschäften in nichts nach.«
Sie mußte schnell einmal in solch einen Laden hineinschlüpfen und in den Büchern herumstöbern.
Am frühen Nachmittag meldete Eva Hunger an.

»Laß uns da hinaufgehen«, schlug Rudolf vor. Sie standen am Fuße einer breiten, sich in großem Bogen nach oben windenden Straße, die zum Schloß auf der Spitze des Berges führte.
»Oben gibt's sicher was zu essen.«
»Woher weißt du das?« fragte Eva.
»Ich hab' es gelesen.« Rudolf grinste und wies auf das Emailleschild, unter dem seine Frau stand: »Schloßrestaurant« mit einem aufwärts zeigenden Pfeil.
Sie machten sich auf den Weg, zügig zuerst, mit jeder zunehmenden Steigung langsamer werdend.
»Dort oben haben wir sicher eine tolle Aussicht«, japste Eva. »Wie weit ist es denn noch?«
Der Weg machte eine Kurve und führte urplötzlich durch einen Torbogen in den Schloßhof.
Sie standen in der Mitte des Hofes und sahen an den Mauern des Schlosses hoch. Nur wenige Besucher schlenderten über das höckrige Pflaster, offenbar auch einen Eingang in das Schloßinnere suchend.
»Gibt es denn hier keine Führungen?« Rudolf rüttelte an einer der hohen Türen. Evas Blick wanderte über die Fensterreihen.
»Vielleicht wohnt hier noch jemand? Laß uns jetzt lieber das Schloßrestaurant suchen.«
Sie fanden es, als sie durch einen zweiten Torbogen den Hof wieder verließen. An der Klinke der verschlossenen Tür baumelte ein Pappschild: »Sonnabend und Sonntag geschlossen«. Es war Sonnabend, mittags um ein Uhr. Außer Kreders standen noch ein paar vermutlich westdeutsche Besucher kopfschüttelnd davor.
»Wann erwarten die denn ihre Gäste, wenn nicht am Wochenende?« Rudolf lachte und legte der enttäuschten Eva den Arm um die Schulter. »Komm, Evchen, laß uns zu der Mauer dort vorn gehen und wenigstens die Aussicht genießen, damit die Mühe nicht ganz umsonst war.«

Auf den Bänken um sie herum saßen die Einheimischen und packten mit größter Selbstverständlichkeit ihre Mittagsbrote aus. Sie waren es gewöhnt, daß das Restaurant an den Wochenenden zu war. Das Personal mußte ja schließlich auch Sonntagsruhe haben. Daß werktags kaum jemand Zeit hatte, dem Schloß und seiner Gaststätte einen Besuch abzustatten, stand auf einem anderen Blatt.
Abwärts ging es natürlich schneller. In weniger als einer halben Stunde standen Kreders auf dem von Fachwerkhäusern umgebenen Marktplatz, versuchten, in dem ältesten Haus Wernigerodes, dem »Gotischen Haus«, eine Mittagsmahlzeit zu bekommen. Aber das Restaurant war »noch nicht geöffnet«. Schließlich landeten sie auf einer Art Bretterbühne, auf der etwa zwanzig Tische mit Stühlen standen. Die Längsseite war begrenzt durch zwei, drei Holzbuden, in denen Eßbares produziert und feilgeboten wurde. Es roch nach dem Bratfett, in dem auf großen Blechen Bratklopse, Bratwürste, Bockwürste und Hühnerkeulen friedlich nebeneinander brutzelten. Dazu gab es Brotscheiben oder Kartoffelsalat.
»Der Hunger treibt's rein«, seufzte Eva zufrieden und schob sich ein Stück Bratwurst in den Mund.
Am Nachbartisch saß ein steinaltes Weiblein und bettelte. Sie hätte Hunger. Und strahlte zahnlos einen gutgekleideten Herrn an, der ihr mitleidig einen Topf Erbsensuppe zuschob. »Danke, danke, vergelt's Gott.« Sie ergriff den Löffel und machte sich gierig über die Suppe her. Am Nachbartisch saß eine perfekt gekleidete Westlerin, blickte leicht indigniert über das Treiben hin und vertiefte sich ostentativ in die mitgebrachte Frankfurter Allgemeine. Eva stieß Rudolf an und wies mit dem Kopf hinüber. »Muß ja nicht sein, oder?«

Am Nachmittag fuhren sie nach Quedlinburg: ein Stadtkern mit Reihen reichverzierter Fachwerkhäuser. Wie schön war Deutschland! Sie parkten den Wagen im Schatten des grauen

Domes, an dem Bauarbeiten im Gange waren und Gerüste und Absperrungen den Zugang verwehrten.
In einem Café, dessen langgestreckte Veranda fast bis zum letzten Platz gefüllt war, erwischten sie noch zwei Stühle und quetschten sich zwischen die Quedlinburger, die hier mit ganzen Familien ihren Samstagnachmittagskaffee mit erstaunlichen Kuchenbergen verzehrten. Sie wurden sofort als auswärtige Besucher erkannt. Westdeutsche? Nein, Berliner. Das ist etwas anderes. Sie kamen zunehmend herzlicher und offener ins Gespräch. Der eine erzählte von seinem neuen Auto, der andere von der bevorstehenden Mallorcareise.
»Ich war zum ersten Mal in Westberlin, auf dem Kurfürstendamm, gleich am zweiten Tag, im November.«
Der zweite Tag im November war natürlich der 10. November. Eva lächelte. »Da hätten wir uns ja fast begegnen können. Wir waren in dieser Nacht auch dort.«
Über die Zukunft wurde nicht viel gesprochen. Alle waren ganz erfüllt von der beglückenden Gegenwart. Sie lebten darin und erlebten sie dankbar und intensiv.
Der Abschied war herzlich.
»Alles Gute für Sie.« »Vielleicht sehen wir uns mal wieder.«

Am Sonntag fuhren sie über Blankenburg und Halberstadt zurück nach Berlin. Den Eindruck nahmen sie mit: Überall war ein Aufbruch zu spüren. An den Straßenecken wurden aus Körben frischgepflückte Kirschen und Gartengemüse verkauft. An die Preise hatten sich die Ostdeutschen schnell gewöhnt. Drei bis fünf Mark das Kilo Kirschen, das noch vor zwei Jahren für Pfennige oder gar nicht zu haben war.
Eva und Rudolf empfanden die Erleichterung, die Freude, die – noch – über dem von der Last der Diktatur befreiten Mitteldeutschland lag.
Sie kamen zufrieden heim nach Berlin, ohne Grenzaufenthalt. Auch sie fühlten sich befreit.

Die Wiedervereinigung

Bundeskanzler Helmut Kohl hatte die Zeit vom November 1989 an unermüdlich genutzt, um die beiden deutschen Staaten wieder zusammenzuführen. Es ist nur natürlich, war seine Devise, daß wir wieder ein gemeinsames Vaterland sind. Die vierzig Jahre lange Trennung war ein grausames Zwischenspiel des Schicksals, nun war es an der Zeit, wieder Ordnung zu schaffen. Er reiste herum, nicht nur in Ostdeutschland, wo er den jubelnden »Ossis« blühende Landschaften in nicht allzuferner Zeit versprach, sondern auch nach Frankreich und Rußland, um den Wiedervereinigungsgedanken durchzusetzen. Es war ein mühevolles Unterfangen. Europa, vor allem das westliche, war nicht begeistert von der Idee, ein neuerstarktes Deutschland in seiner Mitte zu haben. Es galt, die Oberhäupter der führenden europäischen Staaten von den friedlichen Absichten des deutschen Achtzig-Millionen-Volkes zu überzeugen und ihnen zu versichern, daß auch ein vereinigtes Deutschland ein zuverlässiger Vertragspartner bleiben würde.

Einen entscheidenden Beistand zur Durchsetzung der Vereinigung bekam Helmut Kohl von Michail Gorbatschow, dem amtierenden Ministerpräsidenten Rußlands, mit dem ihn eine durch persönliche Zuneigung gefestigte Freundschaft verband.

Im September 1990, nachdem in Ostberlin der Einigungsvertrag von Wolfgang Schäuble (BRD) und Günter Krause (DDR) unterzeichnet worden war, kam auch der Zwei-plus-Vier-Vertrag (BRD - DDR - plus vier ehemalige Besatzungsmächte) zum Abschluß. Damit stand dem Zusammenschluß der beiden Teile Deutschlands zu einem Land, einer Nation nichts mehr im Wege.

Eva-Maria lief um den großen Eßtisch herum und verteilte Besteck, Teller und Gläser. In der Küche standen die fertigen Platten mit ausgesuchten Köstlichkeiten, Lachs mit Meerrettichsahne, Leberpasteten und geräucherte Gänsebrust, Häppchen mit Shrimps und Forellenkaviar. Als letztes ordnete Eva die Käsesorten auf dem runden Drehteller und stellte den Brotkorb bereit. Obwohl der 2. Oktober ein einfacher Wochentag, Mittwoch, war, hatte Eva Gäste eingeladen, um die bevorstehende Wiedervereinigung Deutschlands festlich einzuleiten. Corinna und Hans-Georg wollten dabeisein. Felicitas kam allein aus Wannsee, weil ein Elternteil bei der kleinen Tochter bleiben mußte, und vor allem die Kleinmachnower waren eingeladen, die alle die Jahre hindurch Kreders Ziel bei den DDR-Besuchen waren. Mit ihnen dieses langersehnte und erhoffte Ereignis zu feiern setzte dem Geschehen noch die letzten Glanzlichter auf.
Nachdenklich stellte Eva die Weinflaschen zurecht. Eine leise Trauer beschlich ihr Herz. Wie hätte sich ihr Schwager gefreut, wenn er das miterlebt hätte! Der von allen so geliebte Johannes war vor ein paar Jahren seinem dritten Herzinfarkt erlegen. Wie sehr würde er jetzt fehlen, der immer vergnügte Rheinländer. Er würde sein Glas heben und strahlend sagen: »Es muß ja viel mehr getrunken werden!«
Johannes war nach dem zweiten Infarkt aus seinem Amt als Medizinalrat bei der Bahn ausgeschieden und zum Frührentner erklärt worden. Das hatte ihm die Erlaubnis und Möglichkeit gegeben, seine Verwandten am Rhein und in Westberlin zu besuchen, zweimal im Jahr für »von oben« festgesetzte Zeiten. Wie glücklich war er jedesmal, endlich sagen zu dürfen, was er dachte, sich einladen zu lassen zu delikaten Mahlzeiten mit köstlichen Weinen, an die in Kleinmachnow nicht zu denken war. Wie genoß er Theaterbesuche und Stadtbummel, nur immer überschattet durch den Kummer: Wenn das doch mein kleiner Johannes und meine Gerti sehen

könnten! Abends fuhr Rudolf den Gast mit dem Auto zu der Bushaltestelle am Bahnhof Wannsee, wo der Bus auf die heimkehrenden DDR-Rentner wartete. Von da ging es bis zum nächsten Halt kurz vor dem Autobahnabzweig Babelsberg. Dort mußten alle mit ihren westlichen Einkaufstüten die dahinterliegende Baracke durchlaufen, wo sie, wie Johannes sich ausdrückte, »mächtig gefilzt« wurden. Es war wenig, was er seiner kleinen Familie mitbringen durfte. Wie oft wurde ihm etwas abgenommen, was er liebevoll für Frau und Sohn ausgesucht hatte. Er kannte wohl schon eine Menge Verbote, aber immer noch lernte er dazu: Ein harmloses Poster war ebenso unerlaubt wie Ansichtskarten oder Zeitschriften, auch wissenschaftlicher Art, eben alles, was geeignet war, einen Eindruck von Westberlin oder Westdeutschland zu vermitteln.

Johannes, der immer für Harmonie und Einigkeit war – wie hätte er die Wiedervereinigung der beiden Deutschlands zu einem Vaterland voller Freude begrüßt!

Am frühen Abend fanden sie sich im Hause Kreder zusammen, die noch DDR-Bewohner und die Westberliner, die so nahe beieinander wohnten, nicht mehr als zwanzig Autominuten.

»Ab morgen sind wir nur noch Deutsche, ohne Unterschied«, lächelte Gerti und drückte Eva-Maria einen Blumenstrauß in die Hand. »Wir haben jetzt einen wunderschönen Blumenladen in der Karl-Marx-Straße«, sagte sie auf Evas entzückten Dankesruf hin.

Es war wirklich schon einiges los – nicht nur in Kleinmachnow, auch überall sonst in der DDR. Das Befreitsein von den Zwängen der Diktatur führte zu einer Aufbruchstimmung, die vor allem junge Leute mit Mut und Energie einen neuen Anfang wagen ließ. Sehr schnell entstanden hier und da kleine Restaurants und Geschäfte, deren Regale im Nu voller Waren westlicher Herkunft waren. Nachfrage gab es genug.

Auch Gerti, bisher staatsangestellte Augenärztin mit einem für westliche Begriffe lächerlichen Gehalt, hatte Pläne, sich mit einer Praxis niederzulassen. »Das medizinische Ambulatorium wird über kurz oder lang sicher aufgelöst, und selbst wenn es von der BRD übernommen würde, hätte ich in meinem Alter keine Chancen, weiter angestellt zu bleiben. Also mache ich mich lieber selbständig.«

»Kostet das nicht viel?« fragte Corinna vorsichtig. »Du brauchst doch neue Räume und Geräte.«

»Die Räume bleiben die alten«, erklärte Gerti. »Ich muß sie nur renovieren. Und einen Teil der Gerätschaften kann ich auch übernehmen. Für den Rest lasse ich mir einen Kredit geben. Es wird schon gehen.«

»Und dein Patientenstamm bleibt dir auch sicher«, fügte Rudolf hinzu. »Ich finde das großartig. Du wirst sehen, in kürzester Zeit hast du die Sache in Schwung.«

»Das ist auch nötig«, warf Johannes ein und schob sich ein Kaviarhäppchen in den Mund, »denn in absehbarer Zeit wird Mutter mich wieder ernähren müssen.«

Der Fortbestand seiner Arbeitsstelle war ungewiß. Johannes war als Physiker in einem Forschungsinstitut angestellt.

»Wenn die zumachen, sitz ich auf der Straße. Dann kann ich Brötchen austragen.«

»Na, das ist doch was«, grinste Hans-Georg. Dann wurde er ernst. »Wirf die Flinte mal nicht zu früh ins Korn, Hannes. Physiker haben auch im Westen Chancen.«

Johannes nickte. »So denken viele. Und darum hat auch sofort eine große Wanderung nach dem Westen eingesetzt. Die Angst vor Entlassungen ist gewaltig. ›Drüben‹ ist immer noch das Paradies.«

Gerti ergriff die Hand des Sohnes.

»Setz ihm nicht solch einen Floh ins Ohr, Hans-Georg. Ich bin froh, wenn er hier bleibt. Wie auch immer – wir kommen schon durch.«

»Von Görlitz habe ich auch von so einer Westflucht gehört«, stimmte Eva-Maria zu. »Die Waggonfabrik soll schon mit einer Menge Entlassungen begonnen haben. Von Rußland kommen keine Aufträge mehr, und vom Westen natürlich auch nicht. Wer weiß, wie lange die Fabrik noch zu halten ist. Es ist schon traurig.«

»Sie müßte privatisiert werden«, sagte Hans-Georg nachdenklich. »Aber wer investiert schon so viel Geld im östlichen Grenzgebiet.«

Rudolf ergriff die Weinflasche und stand auf.

»Kann ich hiermit noch jemanden beglücken?«

Er füllte die Gläser wieder auf und blieb vor Hans-Georg stehen. »Mit der Grenze hat das nicht unbedingt was zu tun. Grenzen gibt es überall, um jedes Land. Aber diese Grenze nach dem Osten ist eine tote Grenze, weil von da nichts mehr kommt. Bis jetzt jedenfalls. Es kann sich ändern, aber das wird Jahre dauern. Der ganze Ostblock liegt am Boden, politisch und wirtschaftlich. Für Görlitz kann die Hilfe nur aus dem Westen kommen. Und sie wird kommen, ich bin da gar nicht so pessimistisch.«

Eva nickte eifrig. »Die Besitzverhältnisse müssen erst geklärt werden. Da ist schon einiges im Gange. Dauernd melden sich Ex-Görlitzer, die ihre Häuser wieder herrichten wollen. Ich gehöre ja auch dazu«, sagte sie mit einem leisen Stolz. »Und Ärzte und Juristen werden sich etablieren, und Kaufleute.« Sie geriet ins Schwärmen. »Görlitz war ja immer eine Stadt der Kaufleute. Deshalb war es auch mal so reich.«

Corinna lachte. »Ach, Mami, deine Phantasie schlägt mal wieder Purzelbaum. Du siehst schon eine blühende Stadt vor dir, wo bis jetzt nur verfallende, graue Häuser stehen.«

»Es wird werden, paß auf«, erwiderte Eva unbeirrt. »In ein paar Jahren wird das ›Tal der Ahnungslosen‹ nicht wiederzuerkennen sein.«

Kurz nach zehn Uhr standen plötzlich Robert und seine junge

Frau im Raum. Sie kamen von der Tanzstunde und hatten Hunger.

»Habt ihr uns noch was übriggelassen?«

Etwas später rüsteten die Kleinmachnower zum Aufbruch. Gertis alte Mutter, die den Gesprächen mit klaren Augen gefolgt war und bis dahin tapfer durchgehalten hatte, wurde müde.

Die Gläser klangen alle noch einmal aneinander.

»Wir freuen uns«, sagte Gerti. »Jetzt ist es ja nicht mehr weit von euch zu uns.«

»Und umgekehrt«, bekräftigte Robert. »Das nächste Mal kommt ihr zu uns. Ihr müßt doch auch unser Haus kennenlernen.«

Am nächsten Tag, dem 3. Oktober 1990, wurde nach der Ratifizierung der Verträge die Einigung Deutschlands vollzogen. Vor dem Reichstag wurde die deutsche Flagge gehißt. Auf dem Pariser Platz, östlich vom Brandenburger Tor, marschierten Soldaten der Bundeswehr mit Fackeln auf und spielten den Großen Zapfenstreich, ein bewegendes Schaupiel.

Ein glanzvolles Feuerwerk krönte die Feierlichkeiten. Bundeskanzler Helmut Kohl, seine Frau, seine Minister und die Menschen von Berlin standen am Brandenburger Tor und sangen gemeinsam das Deutschlandlied: Einigkeit und Recht und Freiheit für das deutsche Vaterland ...

Stadt im Aufwind

Die drei Häuser in der Konsulstraße, der Leipziger Straße und der Thälmannstraße, die Herbert Brandt seiner Familie hinterlassen hatte, waren merkwürdigerweise nicht enteignet worden. Auch sein Betrieb in der Leipziger Straße blieb unter seinem Namen bestehen. Im Jahre 1960 feierte die Belegschaft in Martins Berliner Wohnung gemeinsam und im Andenken an den verehrten Chef das vierzigjährige Bestehen der Firma. Erst 1961, als nach dem Mauerbau Hanna Brandt nicht mehr aus Westberlin in die DDR zurückkehrte, um bei ihren Kindern bleiben zu können, wurde die Chemikaliengroßhandlung »geschlossen«. Der Warenbestand wurde von einer nachfolgenden, unter staatlicher Regie stehenden Firma übernommen.

Die Häuser aber blieben der Familie erhalten. In den Grundbuchauszügen standen »Brandts Erben« als Eigentümer verzeichnet. Sie bekamen in regelmäßigen Abständen schmale Papierstreifen von der Staatsbank Görlitz zugeschickt, auf denen ein paar nicht zu definierende Zahlen Auskunft über den jeweiligen Kontostand geben sollten. Einnahmen und Ausgaben wurden nicht deklariert und blieben deshalb unverständlich. Die Betreuung der Häuser war der Kommunalen Wohnungsverwaltung (KWV) übertragen worden, die für die Instandhaltung und Pflege Sorge zu tragen hatte.

Nach der Wende dauerte es noch fast zwei Jahre, bis die Übergabe der Häuserverwaltungen von der KWV an die tatsächlichen Eigentümer alle bürokratischen Zickzackwege durchlaufen hatte.

Im Mai 1991 einigten sich die Geschwister Brandt darauf, daß jeder ein Haus erhalten und verwalten sollte. Die Bespre-

chung fanden irgendwo und irgendwann ohne Eva-Maria statt, der zu ihrer Überraschung das Elternhaus in der Thälmannstraße zugesprochen wurde.
Im Zuge der Straßenumbenennungen in Görlitz hätte die Nachkriegs-Thälmann-Straße beinahe wieder ihren alten Namen zurückbekommen. Zu »Moltke« aber hatte man sich nicht entschließen können. Der alte Generalfeldmarschall war den Görlitzern wohl zu preußisch, obwohl er einmal die Ehrenbürgerschaft der Stadt erhalten hatte. Preußen war laut Alliiertenbeschluß im Potsdamer Abkommen 1945 mit allen seinen geschichtlich verbrieften Tugenden aufgelöst worden, die Deutschland immer noch zur Ehre gereichen würden. Also rührte man lieber nicht daran und besann sich als Namensgeber auf den Neffen, den Grafen aus Kreisau, der im Widerstand ein Opfer der Nazis geworden war und denselben Namen trug. Um aber den Unterschied deutlich zu machen, bediente man sich seines zweiten Vornamens, ließ den »Helmuth« weg und nannte die Thälmannstraße, vormals Moltkestraße, nun James-v.-Moltke-Straße.
Daß der Graf aus Kreisau genau wie sein Vorfahr Helmuth von Moltke hieß und auch nie anders genannt wurde, wer wußte das schon. Sein zweiter Vorname James war eine Konzession an seine englische Mutter. Außer auf seinem Taufschein erschien er nun also auf den Straßenschildern in Görlitz. Ein bißchen umständlich, aber man gewöhnte sich daran.

Eva war zum ersten Mal allein nach Görlitz gefahren, sie wollte dort an einem Schultreffen teilnehmen. Der Direktor der ehemaligen Luisenschule, die jetzt Joliot-Curie-Schule hieß, hatte ein Schulfest organisiert, das alle Schüler, die jetzigen und die früheren, zusammenführen sollte. Sein Engagement wurde mit großem Interesse – vor allem der Ehemaligen – belohnt, die aus allen Teilen Deutschlands in ihrer

Heimatstadt zusammenströmten und sich am Abend des Wiedersehenstages zu mehreren Hundert im großen Saal der Stadthalle zusammenfanden. Es war eine verdienstvolle Idee, ein wohlüberlegter erster Schritt des Aufeinanderzugehens der alten und der neuen Görlitzer, den ihm vor allem die »Alten« dankten.

Eva saß mit ehemaligen Klassenkameradinnen zusammen, schwelgte mit ihnen in Erinnerungen und hatte das Gefühl, niemals weggewesen zu sein. Und doch – bei allem Heimatempfinden schien es ihr hin und wieder, als ginge von den heutigen Bewohnern ihrer immer noch so vertrauten Stadt eine abwartende Haltung aus, ein unausgesprochenes: »Was willst du jetzt hier?«

Sie verwarf diese Vorstellung wieder. Es war ja Unsinn. Auch andere kamen nach Jahren und Jahrzehnten in ihre Heimatstädte zurück, überall in der Welt, und wurden nicht mit Ablehnung oder Mißtrauen empfangen. Das hatte doch nichts mit der untergegangenen DDR zu tun. Oder doch? Eva, die so voller Freude und Unbefangenheit nach Görlitz gekommen war, fand die Stätten der Erinnerung dankbar wieder, aber die Menschen waren ihr fremd. Sie hatte gewußt, daß sie nach so langer Zeit nur noch Gast sein würde. Aber sie hatte nicht geglaubt, daß die Fäden, die einmal gerissen waren, sich so schwer wieder anknüpfen ließen. Sie kam zurück in die Stadt ihrer Jugend, aber es war nicht die richtige Heimkehr. Anneliese war noch da und Peter – die wenigstens. Aber sonst doch kaum jemand, zu dem man noch sagen konnte: »Weißt du noch?«

Sie wohnte während der paar Tag in einer unglaublichen Kammer im Hotel »Stadt Dresden«. Die Tische im Restaurant waren nur spärlich besetzt. Ermüdete Kellnerinnen bedienten lustlos. Eva-Maria warf einen Blick in den hinter dem Restaurant liegenden Saal. Er war dunkel und ungelüftet. Sie dachte daran, wie sie noch nach dem Krieg dort getanzt hat-

ten. Aus Gardinen oder anderen Stoffen hatten sie sich irgendwelche Fummel zurechtgeschneidert, vor allem lange Röcke, damit es nach Abendkleid aussah. Und sie nannten ihre ärmlichen Feste »Ball« und waren glücklich dabei.
Am Morgen nach dem Schultreffen setzte sich Eva in ihr kleines Auto und fuhr zum Schellergrund, um in einer neueröffneten Pension Schwester Emmy mit Mann und Söhnen zu treffen. Sie fuhr an der Landskronbrauerei vorbei, die für sie auch eine Kindheitserinnerung war. Wer in Görlitz wohnte, dem war der Spruch geläufig: »Landskronbier – immer ein Genuß«. Damit war sie sozusagen aufgewachsen. Jetzt, im Mai 1991, stand der Betrieb noch unter staatlicher Verwaltung. Aber Edgar Scheller, der legitime Erbe, hatte längst die Verhandlungen aufgenommen und sollte ein halbes Jahr später das Unternehmen seiner Väter offiziell zurückbekommen, das heißt, er mußte für den enteigneten Betrieb erst einmal ein paar Millionen auf den Tisch legen, ehe er ihn sein Eigentum nennen durfte. Dann aber ging er mit großer Initiative ans Werk. Ende 1991 war an allen Restaurants und Gastwirtschaften in Görlitz – so viel es eben gab – das unverwechselbare eckige »L«, blau auf gelbem Grund, zu sehen. Auf die typischen Bierdeckel mit dem blauen »L« wurden die Landskronbiergläser gestellt. Görlitz hatte ein wichtiges Merkmal seiner Stadt zurückerhalten.

An diesem Vormittag im Mai ‘91 also fuhr Eva-Maria in die »Pension Schellergrund« zu Schwester Emmy und Familie. Dort wurde ihr der schicksalhafte Beschluß mitgeteilt, daß ihr ab sofort die Thälmannstraße 3 gehören sollte. Martin sollte das Haus in der Leipziger Straße und Emmy das in der Konsulstraße bekommen. Eva nahm die Botschaft ruhig zur Kenntnis und war sofort einverstanden. Erst später – in Berlin – überkamen sie widersprüchliche Gefühle. Einerseits war das Haus in der Thälmannstraße ein verwahrloster, alter Kasten, bei dem es vom Dach bis zum Keller durchregnete und der mit Sicherheit seit Jahren keinen Handwerker gesehen hatte. Andererseits empfand sie es beinahe als eine Auszeichnung, daß sie, jetzt die jüngste der Geschwister, das geliebte Elternhaus zugesprochen bekam. Dieser Gedanke überwog schließlich.

Die Klassenkameradinnen trafen sich kurz noch einmal zum Gruppenfoto vor der Dreifaltigkeitskirche. Als sich ein Gewitter über Görlitz zusammenbraute, stieg Eva in ihr Auto und fuhr zügig über die B 115 über Niesky, Muskau, Döbern, »immer geradeaus«, wie ihr Freund Eberhard Paech zu sagen pflegte – zur Autobahn, die sie von Cottbus bis nach Berlin führte. Sie konnte es gar nicht erwarten, Rudolf ihre große Neuigkeit zu berichten, die sie so plötzlich zur alleinigen Besitzerin ihres Elternhauses machte.

Rudolf freute sich mit ihr. Aber er dämpfte gleichzeitig ihre Euphorie mit nüchternen Überlegungen.

»Die Renovierung wird sehr viel Geld kosten, daran mußt du denken. Nicht nur, daß es durch das ganze Haus durchregnet, auch alle Leitungen für Wasser und Elektrizität müssen neu verlegt werden. Das gibt eine Menge Erdarbeiten. Und dann mußt du dich natürlich um Mieter kümmern.«

Eva wurde klar, daß es nicht unbedingt ein Geschenk des Himmels war, was ihr da in den Schoß gefallen war. Dennoch hatte sie zu dem Haus in der Thälmannstraße eine engere Bindung als zu den beiden anderen Häusern. Das Elternhaus wieder herrichten zu lassen war ihr Freude und Verpflichtung zugleich, die alle auf sie zukommenden Mühen rechtfertigten. Und davon gab es von nun an eine Menge, so viel, daß ihr bisheriges Leben dadurch eine Veränderung erfuhr. Eva wurde ihre eigene Sekretärin, verhandelte mit Handwerkern und Baufirmen, verglich Angebote und erteilte Aufträge, und schließlich schloß sie Mietverträge mit einigen Ärzten, die in den beiden Wohnungen des Hauses ihre

Praxen eröffnen wollten. Rudolf stand ihr unermüdlich zur Seite, half ihr, Entscheidungen zu treffen und fuhr immer wieder mit ihr nach Görlitz, um den Fortgang der Arbeiten zu begutachten.

Die Strecke von Cottbus über Döbern, Muskau, Niesky – immer geradeaus – wurde ihnen geläufig. Sie kannten mit der Zeit jedes Dorf, und je näher sie Görlitz kamen, desto mehr Dörfer kannte Eva noch aus der Vergangenheit. Rengersdorf, Thiemendorf, Königshain – überall steckte ein Stückchen Kindheit.

»In Königshain sind wir in den Steinbrüchen rumgeklettert, während unser Vater irgendwas Geschäftliches mit irgendwem zu besprechen hatte. In den Thiemendorfer Wäldern haben wir Pilze gesucht.«

Wehmut schwang in Evas Stimme, als sie dem geduldigen Rudolf zum hundertsten Mal dasselbe erzählte.

Jedesmal, wenn sie nach Görlitz kamen, erkannten sie mit Genugtuung einen sichtbaren Aufschwung. Zwar gab es noch immer, vornehmlich in der Altstadt, Häuser, bei denen auf dem Dach und aus den Regenrinnen kleine Birken wuchsen, Häuser, bei denen der Putz abblätterte und die Türen schief in den Angeln hingen. Viele waren gar nicht mehr bewohnbar. In der Innenstadt jedoch waren immer mehr Häuser von oben bis unten eingeschalt. Es wurde unermüdlich gebaut, geklopft, renoviert. Ein Haus nach dem anderen erstand wie Phönix aus der Asche. Jugendstil und Gründerzeit prägten die eindrucksvollen Fassaden. Die Straßenzüge wurden nach und nach viel schöner, als Eva sie in Erinnerung hatte.

Ganz plötzlich tauchten in der Innenstadt Geschäfte mit teilweise eleganten Auslagen auf. Die Lust am Handel, der in dieser alten Kaufmannsstadt von jeher der Weg zum Wohlstand gewesen war, wurde offensichtlich.

Während noch in den ersten Monaten nach der Wende die Geschäfte und Restaurants zu unverständlichen Zeiten geschlossen waren, glich man sich mehr und mehr den im übrigen Deutschland üblichen Öffnungszeiten an. Bei einem ihrer ersten Besuche in der Stadt nach der Wiedervereinigung wollte sich Eva einen Hut kaufen. Aber am Samstag vormittag waren alle Geschäfte in der Stadt geschlossen. Drei Jahre später holte Eva im selben Geschäft in der Berliner Straße ihren Einkauf zu normalen Ladenzeiten nach. Sie kaufte drei Hüte und zwei Schirme, wurde zuvorkommend bedient und verließ hochbefriedigt den Laden.
Hier und da entstanden kleine Hotels, die für die Stadt und den ersehnten Tourismus so wichtig werden sollten. Denn Görlitz konnte sich inzwischen sehen lassen. Die Altstadt schälte sich langsam aus dem Grau des Verfalls der letzten vierzig Jahre. Junge Görlitzer zeigten Initiative beim Aufbau exklusiver kleiner Geschäfte in den engen Altstadtstraßen. Glasbläser, Juweliere und Porzellanmaler stellten ihre Kunst aus. Eben erst etablierte Gastwirte richteten phantasievoll urige Kellerkneipen und Höfe ein, wo man an fünf, sechs Tischen liebenswürdig bedient wurde.
Eva und Rudolf schlenderten gern durch die Straßen rund ums Rathaus und zur Neiße hinunter, wo sie an lauen Sommerabenden auf der Terrasse der Vierradenmühle sozusagen mitten in der Neiße saßen, mit dem Blick zum nahen polnischen Ufer, an dem entlang polnische Familien flanierten und neugierig herüberblickten.
Die kleine Pension im Schellergrund wurde für Kreders bei ihren Görlitzbesuchen zur Stammunterkunft. Zwar war anfänglich alles noch ein bißchen einfach. Das Bad mußte mit den wenigen Pensionsgästen geteilt werden, die Zimmer waren nicht gerade geräumig. Aber es war alles pieksauber und adrett, das Wirtsehepaar freundlich, fast familiär, und das Frühstück auf der kleinen Veranda ließ nichts zu wünschen übrig. Außerdem war

das Haus sowohl im Grünen als auch wunderbar zentral gelegen. Wie auch die gut eingerichtete »Mühle« in Girbigsdorf hatte die Pension im Schellergrund sofort verstanden, aus welcher Richtung der Wind wehte. Es war kein Wunder, daß drei Jahre später nach einem aufwendigen Umbau aus der bescheidenen Pension ein schnuckliges Hotelchen wurde, das neben allem Komfort für den Gast die intim-familiäre Note beibehalten sollte. Kein Wunder auch, daß sich das schnell herumsprach und es langsam schwierig wurde, in dem oft ausgebuchten Haus zu gewünschten Terminen ein Zimmer zu bekommen.

»Ich scheue mich fast, für unser Hotel Reklame zu machen«, sagte Eva. »Nachher kriegen wir überhaupt kein Zimmer mehr. Aber ehrlich – davon müßte es mehr geben in Görlitz. Dann würden auch die Touristen kommen, die die Stadt so nötig braucht.«

Glücklich war sie, als sie nach und nach auch die Familien ihrer Kinder bewegen konnte, »ihrer« Stadt einen Besuch abzustatten. Aufgeregt führte sie ihren großen und kleinen Nachwuchs von einer Sehenswürdigkeit zur anderen. In die Altstadt, auf den uralten Friedhof, an der Neiße entlang. (»Da bin ich als Kind drin geschwommen, unser Schwimmbad hieß ›Weinlache‹, warum, weiß ich nicht.« »Aber es erklärt manches«, grinste Rudolf.)

Dann ging es durch die Innenstadt, an dem ehemaligen Lyzeum vorbei, über den Wilhelmsplatz in Richtung Südstadt. Zum Vergnügen der Enkelkinder, die das aus dem Westteil Berlins nicht kannten, fuhren sie mit der Straßenbahn zur Landeskrone. Zu Fuß ging es nach oben, wobei die Kinder mehr stöhnten als die Erwachsenen. Das Hotel und Restaurant dort oben war seit einem Jahr in Betrieb. Sie setzten sich an einen großen Tisch, gaben nach viel lautstarkem Hin und Her ihre Bestellung auf und Eva strahlte:

»Weißt du noch, Rudolf, wie wir vor ein paar Jahren hier oben waren und alles verrammelt und zu war?«

»Natürlich weiß ich es. Wir saßen auf einer Bank, und du hast mir die Geschichte vom Heiligen Grab erzählt.«
»Das Heilige Grab, was ist das?« fragte Robert interessiert. »Gibt es das hier in der Stadt?«
»Wir werden morgen hingehen«, entschied Eva. »Für heute ist es zu viel. Aber eins sage ich dir: Es ist ein kultureller Anziehungspunkt nicht nur für Görlitz oder für Deutschland, sondern für ganz Europa. Laß es erst einmal wieder so hergestellt sein, daß es viele Menschen hierher zieht.«
Rudolf lächelte liebevoll. »Eure Mutter ist eine glühende Fürsprecherin für ihre Stadt. Aber sie hat ja recht. Ihr werdet das selbst bestätigen können.«
Auf dem Rückweg mit der Straßenbahn stiegen sie am Bahnhof aus. Eva mußte ihnen noch unbedingt das renovierte Jugendstilgebäude zeigen.
»Das ist einer der schönsten Bahnhöfe Deutschlands«, sagte sie stolz.
Robert lachte. »Du sprichst ständig in Superlativen, Mutti. Gestern haben wir das schönste Kaufhaus Deutschlands gesehen.«
Eva blieb gelassen. »Stimmt es etwa nicht? Ihr werdet sehen: Noch ein paar Jahre weiter, und Görlitz ist nicht nur die östlichste, sondern vor allem auch eine der schönsten Städte Deutschlands. Das habe ich aber auch schon vor der Wende immer gesagt«, fügte sie nachdrücklich hinzu.

Wir sind ein Volk – wir auch!

Eva-Maria hielt ein schmales Heftchen in den Händen, das eben mit der Post gekommen war. Es war eine Informationsschrift des AKTIONSKREISES ZUR RETTUNG DER STADT GÖRLITZ, der schon bald nach der Wende gegründet wurde.

»Die Wende« – das war ein Wort, das wie selbstverständlich nach dem November 1989 in den deutschen Sprachschatz eingegangen war – ein wichtiges Wort, das eine Epoche beendete und eine neue beginnen ließ. »Die Wende« bedeutete für einen großen Teil der mitteldeutschen Bevölkerung Befreiung in psychischer, physischer und geistiger Hinsicht. In Westdeutschland und in Westberlin glaubte man in der ersten überwältigenden Hochstimmung, daß diese Befreiung alle betraf. Wie vielen aber dadurch auch der Boden unter den Füßen weggezogen wurde, ahnten die wenigsten. Es dauerte seine Zeit, bis man dahinterkam. Vierzig Jahre hatten aus einem Deutschland zwei gemacht. Es ließ sich nicht mit einer Handbewegung wieder zu dem machen, was es einmal war. Zudem lag das Deutschland, das 1945 gespalten wurde, todwund am Boden. Dies – unter dem Druck zweier grundverschiedener Weltanschauungen – wieder aufzubauen, mußte zum Zwiespalt führen. Dennoch blieb dieses zwiegespaltene Deutschland eine Nation, die trotz Diktatur hier und Demokratie dort zueinander strebte. »Die Wende« wurde rasch ins moderne Wortgefüge aufgenommen. Aus dem Wort nun aber ein Faktum zu machen, erwies sich schwieriger, als im ersten Überschwang gedacht.

Ansonsten war mit dem deutschen Sprachschatz, auf dessen Pflege Eva so lebhaft Wert legte, nicht mehr viel Staat zu machen. Englisch war in den letzten zwanzig, dreißig Jahren keine Fremdsprache mehr, jedenfalls was die westlichen Bundesländer betraf. Es war ein Teil der deutschen Sprache geworden. Man brauchte nur die Zeitungen aufzuschlagen: Die Film- und Fernsehtitel hatten ebensowenig mit der deutschen Sprache zu tun wie die Plakate und Anzeigen. Und ein Gang durch Geschäftsstraßen informierte über »Hairdresser«, »Lifestyle«, »Beauty-Shops«, »Mountainbikes« und »City-Cars«. Selbst die »Kids« beherrschten problemlos das »Neudeutsch«, wie es mit unglaublicher Toleranz genannt wurde. Oft war eher zu vermuten, daß es mit der Übersetzung ins Deutsche haperte.

Es war nicht zu leugnen, daß es schon einmal einen Einbruch in die deutsche Sprache gegeben hatte. Aber das war mehr als hundert Jahre her und kam aus Frankreich. Und ebensowenig war zu leugnen, daß dieses französisch durchsetzte Deutsch eleganter und das Französische nicht so dominierend war.

Beim Abendessen erklärte Eva: »Ich will diesem AKTIONSKREIS ZUR RETTUNG DER STADT GÖRLITZ beitreten.«

»Dem – was?« fragte Rudolf. »Was ist denn das für ein endloser Titel?«

»Der Titel ist doch egal. Das ist eine Vereinigung, die sich um die Rekonstruktion der Stadt bemüht, um ihr Erwachen aus dem Dornröschenschlaf. Ich finde das äußerst lobenswert, wenn ein paar Leute das Heft in die Hand nehmen.« Eva wedelte mit der kleinen Zeitschrift energisch in der Luft.

Rudolf lachte. »Wie ich sehe, hast du das Heft schon in der Hand. Was will denn dein Aktionskreis konkret unternehmen? Hat er denn Geld?«

»Na ja, das ist es ja. Je mehr Mitglieder er hat, desto mehr Beitragszahler gibt es. Und außerdem tauchen da sicher noch ein paar heimattreue Sponsoren auf. Man will sich in erster Linie um Kultur und Geschichte der Stadt kümmern, um die Erhaltung der Denkmäler und der Altstadt. Da gibt es viel zu tun. Ich denke, daß es eine Gruppe von Idealisten ist, die die Stadt gerade jetzt braucht. Und wie du weißt, neige ich zeitlebens auch zum Idealismus.«

Eva wurde Mitglied, zahlte ihren Beitrag und bedauerte, durch die Entfernung nicht an den Zusammenkünften der Organisation teilnehmen zu können. Allzuoft ließen sich die Termine dort mit den Terminen in Berlin nicht vereinbaren.

Mit den Jahren legte sich der große Jubel, der durch die ersten Wochen und Monate der Wiedervereinigung geklungen hatte. Die »Ossis« hatten Westluft geschnuppert; sie hatten nagelneue oder auch weniger neue, auf jeden Fall aber westliche Autos erstanden; sie hatten die ersten Fernreisen unternommen. »Wessis« ihrerseits entdeckten die langentbehrten Landschaften Mitteldeutschlands, den Thüringer Wald, die Mecklenburgische Seenplatte und die vielen Schlösser in der Mark Brandenburg. Aber die Schlösser waren heruntergekommen, die Straßen schlecht, die wenigen Hotels und Restaurants auf einem Niveau, das den Gästen die Lust am Reisen nahm. Die anfängliche Nostalgie erlitt dadurch erhebliche Einbußen. Dabei waren aber die »neuen Länder« auf den Westtourismus angewiesen, der ihnen etwas Geld in die Kassen bringen sollte. Es war ein fataler Kreislauf.

Alle Werte, die sich die Menschen in Sachsen, Thüringen, Mecklenburg-Vorpommern in ihrem Diktaturstaat mühsam erhalten hatten, eher ideelle als materielle Werte, sollten plötzlich inhaltslos geworden sein.

Sie waren bestrebt, ihren Stolz zu retten: »Wir sind ein Volk!« »Wir auch!« sagten die Westdeutschen.

Das eben vereinte Deutschland schien wieder zweigeteilt. Es zeigte sich, wie manipulierbar die Menschen immer und überall sind. Die Ostdeutschen, hätten sie die letzten vierzig Jahre im Westen gewohnt, wären ebensolche »Besser-Wessis« geworden – und umgekehrt wären aus den Westlern im Thüringer Wald oder in Sachsen »Ossis« geworden. Sie waren eben doch alle Deutsche – Deutsche, die den Krieg verloren hatten und seitdem unter den Einfluß der beiden Weltmächte Rußland und Amerika geraten waren.

Einzig unter den Soldaten Ost und West verlief die Wiedervereinigung fast reibungslos. Unter General Schönbohm, der nach preußischer Manier die Lage sehr schnell in den Griff bekam, wurden die ehemaligen Angehörigen der NVA in die Bundeswehr integriert und die NVA aufgelöst. Kameradschaftlichkeit und Disziplin auf beiden Seiten ließen keine Schwierigkeiten aufkommen, wie sie unter der Zivilbevölkerung immer offensichtlicher wurden. Das wirtschaftliche Umdenken wurde mühsamer als hüben wie drüben erwartet, das Einheitsdenken durch die Ungleichheit der beiden Teile Deutschlands erschwert. In den »neuen Ländern« erwartete man das Wunder, sozusagen über Nacht den gleichen Lebensstandard zu erreichen wie im bisherigen Westdeutschland. Dabei übersah man, daß dieser Wohlstand dort nicht in wenigen Jahren entstanden war, sondern in Jahrzehnten. Und das war – wenn man vom Marshall-Plan absah, der in den Jahren 1947 bis 1949 durch einen großzügigen Kredit zum wirtschaftlichen Aufschwung verhalf – harte Arbeit und geschah aus eigener Kraft. Es gab damals keinen »großen Bruder«, der mit Milliardenunterstützung weiterhalf. 1990 aber gab es diesen Bruder, und er half fraglos. Dennoch war es schwer für die von der Diktatur Befreiten, die einschneidenden Veränderungen, die Entlassungen, Firmenschließungen und die beginnende Arbeitslosigkeit der viel zu vielen Beschäftigten, die zu einer unübersichtlichen Unwirtschaftlichkeit geführt hatten, einzusehen. Es war auch schwer, immer unter dem Druck zu stehen, sich womöglich dankbar zeigen zu müssen.

Eva-Maria hatte immer wieder – hier wie da, in Berlin und

Görlitz – das Gespräch mit »den ganz normalen Menschen an der Basis«, wie sie es nannte, gesucht. Dabei traf sie kaum jemanden, der besonders enttäuscht oder verbittert war.
Durchaus bekannten sich vor allem jüngere Leute zu den langsam sich abzeichnenden »blühenden Landschaften« Helmut Kohls. Sie akzeptierten, daß diese Entwicklung ihre Zeit brauchte, und sie erinnerten sich auch sehr wohl daran, wie trostlos noch vor ein paar Jahren ihr Alltag ausgesehen hatte. Die Berliner, die am ehesten die Verbindung mit den Bewohnern ihres Umfeldes suchten, hatten sehr schnell zu einem normalen Umgang mit ihnen gefunden.
Eva verwies gern auf ihre besondere Position, die ihr den Meinungsaustausch erleichterte. »Ich bin weder ein Ossi noch ein Wessi«, sagte sie. »Ich bin gebürtige Schlesierin und gewordene Berlinerin.«
Bei ihren vielen Fahrten nach Görlitz hatte sie geschäftliche und private Kontakte, wobei ihr die privaten wichtiger waren. Den geschäftlichen Teil übernahm meistens Rudolf, wofür sie ihm dankbar war.
Eva ging mit Freude in Görlitz einkaufen, ganz bewußt, sie war ein Kunde mehr in der Stadt, die Umsatz brauchte. Immer wieder kam sie mit den Menschen ins Gespräch und fand heraus: Die Görlitzer nach der Wende waren aufgeschlossener und herzlicher als die Görlitzer der DDR. Man stand plötzlich auf einem gemeinsamen Niveau, Eva war nicht mehr der Exot, als der sie zu DDR-Zeiten oft betrachtet wurde. Das Mißtrauen hatte sich in Vertrauen gewandelt, und über kurz oder lang spürte man im Umgang miteinander keine Unterschiede mehr.

Die großen Veränderungen, die in der Bevölkerung Mitteldeutschlands Widerstand und Verbitterung hervorriefen, betrafen weniger die einzelnen, als vielmehr die Gruppierungen und Versammlungen, die schließlich in Massendemonstrationen durch die Straßen zogen und für ihr Recht zu kämpfen meinten. Auch diese Art des Aufbegehrens war neu für die ehemaligen DDR-Bewohner. Sie empfanden es als Ausdruck der neugewonnenen Freiheit. Auf diese Weise aber litt der eben noch gesuchte Zusammenhalt. Die Wege der beiden Deutschlands zueinander wurden rissig. Die immer emsigen Medien taten ein übriges, die Sympathien füreinander zu minimieren. Dennoch behaupteten sich die freudigen Bejaher der Einheit ihrer Nation, sicher eher durch eine befreite Zufriedenheit als durch ein ausgeprägtes Nationalgefühl.

Usedom

Kreders trafen beide Arten Ostdeutscher an, die zufriedenen und die unzufriedenen, als sie im Sommer 1992 nach Usedom fuhren. Vieles dort lag nach westlichem Verständnis noch im argen. Überall aber war ein eifriger Aufbruch zu spüren. Wer den Mut hatte, selbständig etwas auf die Beine zu stellen, hatte auch Ideen und war bestrebt, diese in die Tat umzusetzen. Daneben gab es Verdrossene, die den Gästen aus dem früher so ersehnten Westen mißtrauisch und schnippisch entgegenkamen, wie die Hotelangestellte in dem offenbar für SED-Bevorzugte gebauten viereckigen Kasten, dessen Architekt mit der den Ort prägenden Baukultur der Jahrhundertwende nichts im Sinn gehabt hatte. Die junge Frau trug eine offenbar teure Brille von letztem westlichen Schick und blitzte Eva durch die Gläser so verächtlich an, daß die keine

Lust hatte, sich auf längere, unerfreuliche Gespräche einzulassen. Solche Begegnungen setzten dem guten Willen einen Dämpfer auf.
Das von Berlin aus bestellte Hotelzimmer war unbeschreiblich. Schmale, knarrende Kastenbetten, durchgelegene Matratzen und ein über der mit einem großen, braunen Kalkfleck verzierten Wanne nur mühsam tröpfelnder Wasserhahn rechtfertigten den Preis von einhundertsiebzig Mark in keiner Weise. Schon am nächsten Tag machten sich Eva und Rudolf auf erneute Quartiersuche. Und siehe da – sie wurden fündig, trotz großer Ferien und Hochsaison.
Der ansehnlichste Badeort auf Usedom war noch immer Heringsdorf mit seinen noblen Strandvillen, die hinter aller abgeblätterter Schönheit nach wie vor die Eleganz der Jahrhundertwende ahnen ließen. Hier und da war schon renoviert worden. Aber das zweifelhafte Kulturverständnis der DDR-Potentaten hatte eine Patina hinterlassen, die zu tilgen einige Zeit in Anspruch nehmen würde.
Eva war entzückt von den langen Stränden, die sie an die Kindheitsferien in Zoppot und Dievenow erinnerten.
»Es riecht nach früher«, behauptete sie und fühlte sich jung.
Sie schlenderten über den Seesteg von Ahlbeck und sahen den anlegenden Booten zu, die die Sommergäste zu einer Seerundfahrt einluden.
»Wer über diese Planken wohl schon alles gelaufen sein mag«, ließ Eva ihre Phantasie spielen. »Stell dir vor, Rudi, all die langen Schleppen an den Damenkleidern des vorigen Jahrhunderts. Es muß ganz schön feucht gewesen sein.«
»Und dazu die Herren mit den Kreissägen auf dem Kopf«, ergänzte Rudolf. »Die Zeiten haben sich schnell gewandelt. Denk nur an die knielangen Badeanzüge mit den Rüschen – und heute die knappen Bikinis.«
»... oder oben ohne«, lachte Eva. »Aber die Sonne ist dieselbe. Paß mal auf, in drei Tagen bin ich schokoladenbraun.«

»Wenn du nicht rückfällig wirst und wie im vorigen Jahrhundert Hut und Sonnenschirm bevorzugst.«
»Das war eigentlich gar nicht so dumm«, entgegnete Eva nachdenklich. »Wenn man bedenkt, wie sehr jetzt immer wieder vor zu langem Sonnenbaden gewarnt wird – man sollte sich ruhig wieder einen schicken, breitkrempigen Hut anschaffen.«
Sie waren inzwischen bei den Ladenstraßen entlang der Strandpromenade angelangt. Eine lange Reihe von Marktbuden säumte die Straße. An jeder zweiten blieb Eva stehen und mußte von Rudolf gebremst werden, um nicht lauter unsinnige Dinge zu kaufen. Schicke Sonnenhüte aber suchte sie vergebens.

Mittags bezogen sie ihr neues Quartier: eine in einem parkähnlichen Garten liegende Villa, deren Terrasse mit bombastischen Säulen den hochherrschaftlichen Charakter unterstrich. Ein Zwei-Zimmer-Appartement mit Bad im Erdgeschoß des Hauses bot annehmbare Bequemlichkeit, die dem verlangten Preis eher entsprach als das Hotelzimmer, das sie verlassen hatten. Die großen Räume waren einfach möbliert, der den Mietpreis rechtfertigende Luxus bestand aus drei mächtigen Klubsesseln und einem Fernseher. Das schwarzgekachelte Bad mit breiten, weißen Fugen ließ in der schockierenden »Eleganz« auf den fragwürdigen Geschmack des Besitzers schließen.
Kreders richteten sich ein. Sie setzten sich auf die beiden klapprigen Kunststoffstühlchen auf der Terrasse und ließen sich von der Julisonne bescheinen.
Plötzlich tauchten zwischen den Säulen zwei Paare auf, grüßten freundlich und verkündeten:
»Wir wollten nur mal eben Herrn Mielke guten Tag sagen.«
Rudolf runzelte die Stirn. »Herrn Mielke – wieso?«
»Na, der hat doch im Sommer immer hier gewohnt.«

»Jetzt wohnen wir hier. Wenn Sie Herrn Mielke besuchen wollen, müssen Sie nach Berlin-Moabit fahren.«
Rudolf war so abweisend, daß es Eva beinahe peinlich war.
Die ungebetenen Besucher machten betreten kehrt.
Rudolf raschelte ungehalten mit seiner Zeitung.
»Na, ist doch wahr! Womöglich bekommen wir jetzt täglich Publikum.«
Eva kicherte. »Stell dir vor, wir schlafen in Mielkes Betten! Und unser schwarzes Bad ist jetzt auch einleuchtend.«

Am nächsten Morgen marschierten sie nach Swinemünde. Es war ein langer Weg, am Strand entlang und streckenweise durch den Wald, der fast bis zum Meer reichte. Die Landschaft war verlassen, kaum ein Haus am Wegesrand. Nur einmal sahen sie in einem zurückliegenden Areal eine große Hotelanlage, drei langgestreckte Gebäude in U-Form, das Grundstück von einem schier endlosen Zaun umgeben. Neugierig traten sie durch das offenstehende Tor. Die Gebäude waren verwahrlost und schienen verlassen. Trotzdem hatten Kreders den Eindruck, daß sie noch immer genutzt wurden. Sie gingen bis zu dem Hauptgebäude hinunter, an dem die Zufahrt endete.
»Das muß wohl eine Kaserne gewesen sein«, rätselte Rudolf.
Sie blickten durch eins der Fenster in einen Speiseraum, in dem die Stühle auf die Holztische gestellt waren.
»Vielleicht war's auch ein FDGB-Erholungsheim oder eine Jugendherberge.«
Eva zeigte auf ein paar unbezogene Federbetten, die in den offenen Fenstern der barackenartigen Seitengebäude hingen.
Von innen kam ein modriger Geruch.
»Ob man sich hier erholen kann?«
Rudolf sah sich um. »Ruhig ist es ja, und die See ist nicht weit.«
»Laß uns lieber gehen«, bat Eva ängstlich. »Ich würde mich gar nicht wundern, wenn hier ein Schild ›Betreten verboten‹ stünde.«

Eine halbe Stunde später hatten sie die Grenze zu Polen erreicht. Nachdem sie bisher über menschenleere Waldwege gelaufen waren, kamen mit einem Mal über allerlei Nebenwege mehrere Fußgänger auf sie zu, versammelten sich an dem Schlagbaum, der die Grenze markierte. Sie beratschlagten, wie es weitergehen sollte, und kamen zu dem Schluß, daß der offizielle Grenzübergang weiter südlich liegen müßte. Gemeinsam machten sie sich auf den Weg, der sich schon bald zu einem großen Platz hin öffnete, auf dem reges Treiben herrschte. Autobusse hielten im Kreis um ein Rondell, das mit Buden umstanden war, in denen der Handel blühte. Es war ein Kommen und Gehen vor und hinter den Schlagbäumen, an denen deutsche und polnische Grenzposten damit beschäftigt waren, schräge Blicke auf dargebotene Ausweise zu werfen und mit einer lässigen Handbewegung zum Durchgang aufzufordern. Das bunte Treiben war jahrmarktähnlich und fast heiter. Die meisten Grenzgänger schienen mit den Gepflogenheiten vertraut. Sie strömten jenseits des Schlagbaumes auf einer breiten Straße zielbewußt dem Ortskern entgegen. Nach links, in nördlicher Richtung, führten die Wege zum Strand. Sie waren gesäumt von unzähligen Buden, in denen Aale, Bernstein, Seidentücher und geflochtene Körbe feilgeboten wurden. Das polnische Swinemünde, das jetzt Swinoujscie hieß, war ein einziger Basar.
Etwas weiter östlich verloren sich in den ruhigeren Straßen ungepflegte Villen sichtlich deutschen Ursprungs, denen kasernenähnliche Neubauten – auch die schon verkommen – die Gärten genommen hatten. Eva erinnerte sich, wie sie an der Seite ihres Vaters durch diese Straßen gegangen war, im August 1939. Es war dreiundfünfzig Jahre her. Im Hafen hatten häßlich-graue deutsche U-Boote gelegen, deren Sinn und Funktion ihr und den Geschwistern unerklärlich waren. Eine Woche vorher war das Passagierschiff »Tannenberg«, mit dem sie von Zoppot zurück nach Stettin fahren wollten, von den

Polen manövrierunfähig geschossen worden. Sie mußten mit dem »Kaiser« zurückfahren und wurden statt in Stettin schon in Swinemünde an Land gesetzt. Und dann gingen sie durch diese Straßen. Das ernste Gesicht des Vaters – man vergißt nichts Wichtiges, dachte sie.

Die deutschen Besucher waren offenbar größtenteils an den Marktbuden hängengeblieben. Am Strand schien polnisches Publikum zu überwiegen, ebenso in den wenigen Strandrestaurants. Aber immer noch war der deutsche Ursprung Swinemündes unverkennbar. Es war ein vergangener, gutbürgerlicher Badeort, dem man den etwas ärmlichen polnischen Stempel aufgedrückt hatte.
Die Straßen waren verkehrsarm. Ein paar Kinder tollten darauf herum, Frauenstimmen versuchten in dem typischen, hohen Tonfall der Frauen östlich von Oder und Neiße, sie zur Ordnung zu rufen.
Es war ein Ausflug, der traurig stimmte. Eva und Rudolf zog es zurück zum deutschen Usedom. Auf einer breiten, baumbestandenen Allee winkten sie sich einen der vielen offenen Landauer heran, deren Kutscher ein einträgliches Geschäft mit der Beförderung deutscher Touristen führten, und ließen sich zur Grenze zurückfahren. Zu Fuß passierten sie den Schlagbaum und stiegen auf der deutschen Seite in einen herankommenden Bus, der von einer Menschenmenge gestürmt und bis zum letztmöglichen Platz gefüllt wurde. Offenbar gab es außer ihnen noch viele, die es nach Deutschland zurückzog.
An Usedoms kleinem Flugplatz stiegen sie aus. Rudolf wollte sich auf alle Fälle nach den Flugmöglichkeiten erkundigen, während sich Eva in die Auslagen einer kleinen Boutique vertiefte.
»Es dauert nicht länger als vierzig Minuten von Berlin bis hierher«, berichtete Rudolf.

»Ach«, Eva schnippte mit den Fingern, »das sind doch solche kleinen Flohhopser, Viersitzer mit Flügelchen, die bei Sturm so beängstigend in der Luft schaukeln. Weißt du noch, wie wir einmal bei so einem Sturm von Juist nach dem Festland zurücktrudelten und der Pilot sagte: ›Wir werden fliegen wie ein loses Blatt im Wind‹?«

»Nein, Eva, das hier sind normale Verkehrsflugzeuge, vielleicht ein bißchen kleiner als die üblichen Düsenmaschinen. Vierzig Minuten – man sollte sich das wirklich überlegen.«

Eva zog ihr Portemonnaie aus der Tasche.

»Ein Auto ist mir aber lieber, da ist man flexibler.«

Sie ging zielstrebig auf die Tür der Boutique zu.

Rudolf blieb stehen. »Was machst du denn jetzt?«

»Ich kaufe mir was, ein Kleid oder was ähnliches. Auf jeden Fall aber keine Aale und keinen Bernstein.«

Als sie nach Heringsdorf zurückgingen, hob Eva wieder ihre Kamera ans Auge. Neben dem häßlichen Hochhaus aus DDR-Zeiten duckte sich klein und traurig die ehemalige Kaiservilla und sann besseren Zeiten nach.

»Das muß ich doch aufnehmen, nicht? Wenn man bedenkt, was für noble Zeiten dieser Ort erlebt hat – ach, Rudi, es müssen schöne, geruhsame Zeiten gewesen sein.«

Auf der schmucklosen Terrasse des ehemaligen Bonzenhotels neben ihrer »Mielke«-Villa tranken sie ihren Abendschoppen, aßen den üblichen Geflügelsalat zum Toast und genossen den Blick in den abendlichen Parkgarten, der an die Strandpromenade grenzte. Seit langem hatten sie nicht solch eine beglückende Ruhe empfunden. Der Wind kam von der See her und strich durch das dichte Blattwerk der Bäume, daß es mit etwas Phantasie wie eine leise Musik klang.

»Hörst du's auch?« fragte Eva.

Rudolf nickte. »Vivaldi, Vier Jahreszeiten, Sommer.«

Eva schüttelte den Kopf. »Mahler.« Ihre Stimme war fest und unbeirrt.

»Also gut – Mahler.« Rudolf lächelte versöhnlich. Er hob sein Glas. »Laß uns einfach auf diesen wunderbaren Sonnenuntergang trinken, Evi. Das Meer brennt schon. Siehst du – gleich fällt die Sonne ins Meer.«

Für die letzte Nacht mußten sie ihr Appartement räumen und noch einmal umziehen. Sie überlegten kurz, ob sie heimfahren sollten. Aber ein Tag mehr auf der Insel war eben doch ein Gewinn. Sie bezogen im ehemaligen Gästehaus der »Deutsch-Sowjetischen Freundschaft«, einer schönen Jugendstilvilla, ein riesiges Zimmer. Im Erker machte sich eine mächtige Sitzgruppe, Sofa und drei Sessel, breit, die im Widerspruch zu den einfachen Kastenbetten und dem hinter einer Kunststoff-Klappwand verborgenen Waschbecken stand. Den Kleiderschrank aus dünnen Sperrholzbrettern benutzten sie für die eine Nacht nicht. Im Nebenzimmer, dessen Tür offenstand, entdeckten sie große Mengen deutsch-russischer, kommunistischer Literatur, die dort offenbar vergessen worden war.

Am nächsten Morgen fuhren sie noch einmal zu der Räucherkate an der Strandpromenade von Ahlbeck und kauften frische Aale und Flundern. »Erinnerungen für Berlin«, lachte Eva. Sie schied ungern von Usedom. Die See, der Strand, der Wind – sie versprach insgeheim, bald wiederzukommen.

Ravensbrück

Die Heimfahrt über eine gut ausgebaute Straße führte durch die Wälder und die kleinen Orte Usedoms. An der schmalsten Stelle, kurz hinter Koserow, lag rechts die See glatt wie ein Seidentuch im Sonnenlicht, und links schimmerte das Achterwasser, dehnte sich weit wie ein zweites Meer. Am Ufer wiegte sich das Schilf im leisen Wind, der die Wasseroberfläche leicht kräuselte und in Hell und Dunkel ein abwechslungsreiches Farbenspiel zauberte. Eva seufzte tief und zufrieden: »Herrgott, ist Deutschland schön!«

Hinter Wolgast bogen sie von der großen Straße ab und fuhren westlich zwischen gerade ausgerichteten Reihen von Chausseebäumen nach Greifswald. Kurz vor der Stadt wies rechts ein Schild zur Ruine des Zisterzienserklosters bei Eldena, die durch Caspar David Friedrichs Gemälde berühmt geworden war.

»Anhalten, bitte!« Eva war ganz aufgeregt.

Sie stellten das Auto in dem kleinen Greifswald-Vorort an den Straßenrand und gingen dem Schild nach ein paar hundert Meter zurück, bis sie mitten in dem Ruinengelände standen. Nur wenige Besucher durchstreiften mit ihnen die düstere Anlage, deren hohe Mauern und die noch höheren Bäume dem Sonnenlicht den Durchbruch verwehrten. Nur ein paar schräge Strahlen fielen durch das Geäst und die spitzbogigen, gotischen Fensterhöhlen. Kleine Staubpartikel tanzten in dem Licht und ließen es diffus werden.

Eva blieb fasziniert stehen. »Genauso sieht es auf Caspar David Friedrichs Gemälde aus. Es ist bewundernswert, wie ein Maler das Licht und die Stimmung so naturgetreu einfangen und wiedergeben kann. Und weißt du, Rudi, woran ich bei solchen alten Gebäuden wie diesen hier immer denken

muß? An die Menschen, die mit bloßen Händen Stein auf Stein schichteten. Wie haben die das eigentlich gemacht – so hoch da droben? Und was für einen Begriff hatten sie von der Statik? Das hätte doch alles mit einem Riesenkrach wieder zusammenfallen können.«
»Die Statik gibt es, solange auf dieser Welt gebaut wird«, antwortete Rudolf. »Denk doch mal an das ›Grab des Agamemnon‹ in Griechenland mit seinem phantastischen Kuppeldach, oder an die ›Hagia Sophia‹ in Istanbul. Denk an all die Tempel, Moscheen, Kirchen und Schlösser, die vor Jahrhunderten, sogar vor Jahrtausenden gebaut wurden. Sicher ist hier oder da mal etwas eingestürzt, aber das meiste hat die Zeiten überdauert.«
Eva setzte sich auf eine der Stufen, die nach oben irgendwo ins Leere führten.
»Ist es nicht komisch, daß die Menschen immer so hoch hinaus wollten? Je kleiner sie waren, desto gewaltiger wurden ihre Bauwerke. Und die hohen Stufen, die diese kleinen Menschen erklimmen mußten – rauf und runter! Sag jetzt nur nicht, daß das gesünder ist als ein Fahrstuhl. Trotz aller Lauferei und allem Treppensteigen war die Lebenserwartung doch nur ein Bruchteil von der heutigen.«
»Na ja, da spielt noch eine ganze Menge anderer Faktoren mit, die medizinischen zum Beispiel. Aber das ist ein abendfüllendes Thema. Wollen wir jetzt wieder gehen?« Rudolf hatte genug von dem alten Gemäuer gesehen. »Fotos hast du ja wohl zur Genüge macht.«
Eva hatte. Sie stand bereitwillig auf. Die Vergangenheit entließ sie in die Gegenwart. Acht Jahrhunderte trennten sie voneinander.
»Ob sie ein erfülltes Leben hatten?« sinnierte Eva.
»Wer?« fragte Rudolf verblüfft.
»Na, die Mönche, die hier betend und singend durch die Gängen wandelten. Ob das nun so ganz erfüllend war?«

»Sie hatten ihren Glauben«, sagte Rudolf. »Und ihr kurzes Leben war vielleicht ausgefüllter als unsere lange, hektische Zeit.«
»Stell dir vor, mit welcher Ruhe sie ihre Bücher schreiben und lesen konnten. Fast fange ich an, sie zu beneiden.«
Eva hängte sich ihre Kamera über die Schulter und hob einen tief über dem Weg schwankenden Zweig hoch. »Kein Autolärm, kein Flugzeug, höchstens mal ein Pferdewiehern oder ein Gänseschnattern.«
»Dafür aber immer an diesen Ort gebunden«, stellte Rudolf sachlich fest. »Allenfalls ein Umfeld von zehn, zwanzig Kilometern. Evchen, hadere nicht mit der Zeit, die die deine ist. Ich glaube, wir können ganz zufrieden sein.«
In Greifswald Mitte waren sie in wenigen Minuten. Sie parkten den Wagen an der Nikolaikirche und folgten den schmalen Gassen, die sich zum Markt öffneten. Die Giebelhäuser der alten Universitätsstadt ließen hier und da die einstige Schönheit und den Reichtum vergangener Zeiten ahnen.
»Läßt sich alles wieder machen«, konstatierte Rudolf, »es dauert nur etwas. Hauptsache, es ist da und nicht zerstört, so wie auch in Görlitz.«
Das Marktgeschehen auf dem weiträumigen Platz beschränkte sich auf ein paar Buden, in denen Fleischwaren, Eier und Käse, ein bißchen Obst und Gemüse angeboten wurden. Die Menschen gingen vorbei, blieben zögernd stehen, begutachteten die Waren. Das laute, fröhliche Treiben, das Märkte in aller Welt auszeichnet, schien sich hier nicht entfalten zu wollen. Das Warenangebot war für die Käufer neu, und die Trennung von der D-Mark ging ihnen noch nicht locker von der Hand.
Rudolf und Eva-Maria beschlossen, in einem der Restaurants an der Schmalseite des Platzes ein Mittagessen einzunehmen. Aber im Gegensatz zu dem menschenleeren Markplatz drängte sich in den Lokalen eine Fülle von Gästen. Es war gar

nicht daran zu denken, einen Platz zu bekommen. An den Türen standen Trauben von Menschen und warteten geduldig auf das Freiwerden der Tische.
»Nee –«, Eva schüttelte den Kopf, »da hab' ich lieber Hunger.«
Sie kauften auf dem Markt bei einem Brotstand ein paar Brötchen und gleich daneben ein Stück Käse und noch eine Bude weiter eine Tüte Äpfel. Damit war das Mittagessen komplett.
»Ist ja auch viel gesünder.« Eva biß zufrieden in einen der ungewaschenen Äpfel.
Von jetzt an ging es nur noch nach Süden. Südlich von Greifswald, von Neubrandenburg, von Neustrelitz und Oranienburg lag Berlin.
»Merkste was?« lachte Eva. »Wir haben Stalltrieb.«
Aber südlich von Neustrelitz lag auch Ravensbrück, wenige Kilometer vor Fürstenberg, Hinweisschilder machten darauf aufmerksam.
»Laß uns hier aussteigen, Rudolf. Ich will's mal sehen.«
Sie ließen den Wagen auf einem großen Parkplatz und gingen zu Fuß zu dem ehemaligen Frauenkonzentrationslager. Die Sonne hatte sich taktvoll hinter einer grauen Wolkenwand verkrochen. Es nieselte. Ein leichter Wind sorgte für eine frostige Atmosphäre. Das langgestreckte Barackendorf lag vor ihnen, leer, abweisend. Man konnte sich hier kaum Leben vorstellen, wenn man es überhaupt Leben nennen konnte, was es an diesem Ort vor einem halben Jahrhundert gegeben hatte. Und doch waren hier einmal mehrere zig tausend Frauen untergebracht gewesen, Frauen verschiedenen Alters und verschiedener Nationalitäten.

Die wenigen, die neben Kreders an der angebotenen Führung teilnahmen, waren still, bedrückt. Sie waren alle Deutsche. Sollten sie sich verantwortlich fühlen für etwas, was ohne ihr Wissen geschehen war, meistens zur Zeit ihrer Eltern? Bei

dem Rundgang gab eine Frau mit leiernder Stimme Erklärungen ab, zeigte ihnen die beiden Räume des Krematoriums.
»Es gab so viele Todesfälle, daß man die Leichen nicht mehr ins nahe Fürstenberg bringen konnte. Man brauchte ein eigenes Krematorium.«
»Und die Gaskammer?« fragte Eva. »Wo ist die?«
»Was? Wieso?« Die Frau war in ihrem eingelernten Redefluß unterbrochen. »Gaskammer? Nein, hier starben die Leute auch so. Die mußten in den Industrie- und Rüstungsbetrieben hier rundum schwer arbeiten, und sie hatten schlechte Verpflegung. Es gab auch Notzucht, wenn sie mal Widerstand leisteten. Das haben viele nicht durchgehalten.«
Die östliche Begrenzung des Lagers bildete eine hohe Mauer, an der unzählige Namen angebracht waren.
»Die Namen der Exekutierten«, erklärte die Führerin lakonisch.
Am Fuße der Mauer lagen frische Blumensträuße.
Ein paar Schritte weiter blieb die kleine Besuchergruppe stehen. Vor ihnen dehnte sich in idyllischer Ruhe ein baumumstandener See. Die glatte Oberfläche wechselte in allen Grautönen, wie sich der Himmel gerade in ihr spiegelte. Am östlichen Ufer stand auf einem vorgeschobenen Sockel eine steinerne Frauengestalt, den Blick zum See hinaus, wie wohl oft die Todgeweihten geblickt hatten. Am Wasserrand wiegte sich leise flüsternd das Schilf, wie trostspendend – vielleicht schon damals.
Stumm standen die Menschen an diesem frühen, grauen Nachmittag im Jahre 1992 an diesem geschichtsträchtigen Ort. Was war geschehen, wovon sie nichts gewußt hatten? Wo gab es eine Absolution? Und konnte man ein ganzes Volk schuldig sprechen für etwas, was nur einige getan hatten?
Eva-Maria Kreder stand zum ersten Mal vor diesen Zeugnissen der jüngsten Vergangenheit. Sie konnte sich nicht damit identifizieren. Das Entsetzliche war ihr so unbegreiflich, daß

es genausogut in einem anderen Land hätte passiert sein können. Rudolf legte ihr den Arm um die Schultern.
»Auch das war Deutschland«, sagte er leise.
In einem kleinen Vorführraum wurde ihnen ein Film gezeigt: Gefangene, Wärterinnen, Tagesablauf, Quälereien. Eva senkte den Kopf, bedeckte die Augen mit der Hand.
»Was waren das für Menschen?« fragte sie beim Hinausgehen.
»Gar keine«, erwiderte Rudolf. »Der Begriff ›Mensch‹ im besten Sinne des Wortes war für mich immer eine Auszeichnung. Hier halte ich ihn für unangebracht.«

Die Straße zurück zum Parkplatz war gesäumt von verlassenen russischen Wohnhäusern, umgeben von glatten Mauern, die oben noch mit Stacheldraht gesichert waren. Das ganze Areal war bedrückend leer und still. Es paßte zu der Stimmung, mit der die Besucher einen Ort verließen, der nur noch bestehen blieb, um nicht dem Vergessen anheimzufallen.
Als es wieder südlich ging, Berlin entgegen, dachte Eva: Die Welt ist böse geworden. Wie war sie doch einmal schön, als sie noch Kind war im geliebten Görlitz. Aber gerade zu dieser Zeit geschah so viel Unrecht, ohne daß sie es ahnte. Unrecht von Deutschen – und Unrecht an Deutschen, nur wenige Jahre später. Denn Schlesien und seine Millionen Vertriebenen, Getöteten und heimatlos Gewordenen – und die Ostpreußen und die Sudetendeutschen – durfte man die vergessen?

... und noch einmal Lückendorf

Es war ein besonderer Kreis, der sich 1946, 1947 und 1948 zusammengefunden hatte, um die Ferien gemeinsam in Lückendorf im Zittauer Gebirge zu verbringen: zum Skilaufen, zu Silvester und zum Fasching. Sie mieteten sich ein im Kurhaus dort, sie besetzten es sozusagen, wurden vom Wirt Theo Rodemann der Zeit entsprechend bestens versorgt und waren vor allen Dingen jung mit allem, was dazugehört: Fröhlichkeit, Kameradschaftlichkeit, Eifersüchteleien und Sentimentalität.

Siebenundvierzig Jahre später fanden sie sich wieder am selben Ort zusammen, längst nicht alle, aber sozusagen die Kernmannschaft des Lückendorfer Kreises. Die verringerte Anzahl wurde durch mitgereiste Ehepartner fast wieder auf den alten Stand gebracht. Und die fügten sich ein, als ob sie schon damals dabeigewesen wären. Ein Zeichen, daß es gute Ehen waren!

Annemarie war in Amerika und wurde schmerzlich vermißt. Martin war wieder mal geschäftlich nicht abkömmlich. Anneliese war verhindert, was nicht nur Eva bedauerte. Dafür kam Peter aus Görlitz, Dietmar, Hans und Doris aus West-, Jutta aus Süd- und Gisela aus Norddeutschland.

Sie trafen sich im Hotel »Hochwaldblick«, das durch seine traumhafte Lage mit herrlicher Rundum-Aussicht bestach, sich aber noch nicht aus sozialistischem DDR-Komfort gelöst hatte. Die Zimmer hatten den Anstrich einer anspruchslosen Jugendherberge, das, was sich Bad nannte, war kaum zu beschreiben. Aber das waren Äußerlichkeiten, die die erwartungsvoll-fröhliche Runde nicht berührten. Mit offenen Armen kamen sie sich entgegen, brachten ihre Jugend und ihre Erinnerungen mit und sahen großzügig darüber hinweg, daß die Jahre ihnen Falten ins Gesicht und Pölsterchen auf die Rippen gezaubert hatten.

Eine milde Herbstsonne ließ das Bunt der Wälder aufleuchten, als die »Lückendorfer« zu zweit und zu dritt zum Spaziergang aufbrachen. Seitlich vom Wege türmten sich Felsgruppen, bizarr die Phantasie herausfordernd. Wo sie sich teilten, gaben sie den Blick frei auf den jenseits steil aufsteigenden Oybin, die kleine Kirche auf halber Höhe, die die »Hochzeitskirche« genannt wurde, und ganz unten im Tal das moderne Hotel »Oybiner Hof«. Dann schlossen sich die Bäume wieder zu einem Wald, als sei das Panorama nur für eine Vorstellung gedacht.

Wie sie es auch in Görlitz empfunden hatten, sahen sie hier mit anderen Augen den Zauber der Landschaft, der ihnen in jungen Jahren nicht so aufgefallen war. Hier wie da war alles selbstverständlich gewesen, war eben dagewesen. Erst Jahrzehnte später erkannten sie die Schönheit von Stadt und Land.

Dietmar hatte ein unerschöpfliches Maß an »Weiß du noch«, das bei den anderen die Erinnerung wach werden ließ.

Am Nachmittag gingen sie die abschüssige Straße zum Kurhaus hinunter. Ergriffen standen sie vor dem zerfallenen Gebäude inmitten eines verwahrlosten Gartens.

»Mal stille!« rief Dietmar und hob den Zeigefinger. »Hört ihr, wie der arme Theo im Grabe rotiert?«

Eva seufzte. »Ich hätte so gern mal ins Haus reingeguckt.«

Dietmar schüttelte den Kopf. »Kannste nich, Mächen. Es soll ja keine Anspielung sein, aber da drin kracht doch dann alles zusammen, so morsch, wie das ist.« Er strich sich über den fülligen Leib und lachte verschmitzt: »Ich bleib' auch lieber draußen.«

Das Abendessen hatten sie im »Hochwaldblick« lieber abgesagt und fuhren dafür mit den Autos in das tiefer gelegene

Oybin. Der »Oybiner Hof« zeigte durchaus weltoffenes Flair und war dem festlichen Anlaß angemessener.
Ein großer Tisch war für sie gedeckt. Das Essen wurde flink und freundlich serviert. Die Gespräche flogen hin und her. Ein bißchen lang war die Tafel, so daß nicht jeder jeden erreichen konnte. Einmal schlug einer an sein Glas, daß es hell aufklang. Hans hob den Kopf. »Hält jetzt jemand eine Rede?« Alle sahen auf Dietmar, den Wortgewandten in der Runde. Der schüttelte den Kopf.
»Nee, Kinners, das könnt ihr jetzt nicht von mir erwarten. All die Leute hier um uns rum ... Dann fehlen mir auch Onkel Theos Schnäpse und Liköre – und Doris singt ja auch nicht!«
Doris lachte. »Mir fehlt die Begleitung. Es gibt hier weder ein Klavier noch einen Pianisten.«
»Das Klavier fehlt, da haste recht,« gab Dietmar zu. »Aber den Pianisten haben wir, nicht wahr, Hans?«
Er begann leise zu singen: »Machen wir's den Schwalben nach, hau'n wir uns ins Nest.«
»Hör auf«, rief Jutta. »Entweder machen wir Alten uns jetzt lächerlich, oder ich fange an zu heulen.«
Auf dem Rückweg ins Hotel »Hochwaldblick« überlegte Eva: »Unsere Vergangenheit gehört ja zu unserem Leben, auf ihr basiert unsere Gegenwart und das, was aus uns geworden ist. Aber man kann sie nicht zurückholen, es geht auch oft nicht.«

Der nächste Tag begann mit einem kühlen Herbstmorgen. Der Frühstücksraum war geheizt. Die wenigen Gäste suchten sich aus dem bescheidenen Buffet ein Frühstück zusammen. Aufbruchstimmung kroch durch das Gastzimmer.
Doris kleckste sich Marmelade auf das pappige Brötchen.
»Es ist so eine komische Ich-muß-jetzt-gehen-Stimmung hier. Wollen wir uns nicht einfach für nächstes Jahr wieder verabreden? Und für das übernächste auch – solange wir leben?«

Dietmar schlug seinem Frühstücksei die Kappe ab.
»Doris-Schatz, das ist eine prima Idee. Wir treffen uns jedes Jahr wieder, egal wo. Es muß ja nicht immer der ›Hochwaldblick‹ sein. Hauptsache, wir verlieren uns nicht aus den Augen. Und auf diese Weise lernen wir uns auch wieder besser kennen – so, wie wir heute sind.«
Eva sah ihn lächelnd an. Er war zum Liebhaben, dieser Freund ihrer Jugend. Ihre Gedanken flogen blitzschnell siebenundvierzig Jahre zurück: »Vertrau auf Gott, vertrau auf dich – und wenn du kannst, vertrau auf mich ...«
Sie war doch nicht so ganz vergangen, die Vergangenheit.
Zum Abschied stellten sie sich alle nochmal zum Foto auf, draußen vor dem Hoteleingang. Sie lachten in die Kamera mit ihren Falten und Pölsterchen. Sie waren sich nicht fremd geworden – das war das Wichtigste.
Nächstes Jahr – bestimmt! Mit dem Versprechen trennte sich der Rest der »Clique«.
Die Rückfahrt nach Görlitz widersprach Evas Empfinden. Dicker Nebel ließ die Sicht bis auf wenige Meter schrumpfen. Strahlender Sonnenschein wäre ihr lieber gewesen.
Lückendorf lag hinter ihr. Aber die Freunde dieser fröhlichen Tage in schwerer Zeit blieben ihr.
Als sie in Görlitz ankamen, riß der Nebel auf. Die Stadt ihrer Kindheit empfing sie mit Wärme und Licht.

Zu neuen Ufern

Bei jedem Besuch wurde Görlitz ansehnlicher. Immer wieder schälte sich ein Haus aus verhängten Gerüsten und erstrahlte in neuem Glanz. Liebevoll wurde der Stuck restauriert, Baufirmen und Maler hatten reichlich zu tun. Zur Genugtuung der auswärts lebenden Görlitzer erschienen immer wieder Reportagen über ihre Stadt in Zeitungen und Fernsehsendungen.

»Es kann nicht genug gesagt werden über Deutschlands östlichste Stadt.« Eva-Maria machte mit glühender Zunge Propaganda für ihre Heimat. »Wir brauchen Touristen«, befand sie.

Sie und Rudolf fuhren immer wieder hin. Aber auch Martin machte oft die weite Reise vom äußersten Zipfel Westdeutschlands nach dem östlichsten Ostdeutschland. Emmy hatte inzwischen ihr väterliches Erbe in der Konsulstraße verkauft und sah keinen besonderen Anlaß mehr, die Stadt zu besuchen.

Im Mai trafen sich Martin und Eva-Maria vor dem Tor ihres Elternhauses. Eva fiel dem Bruder um den Hals. Sie hatte Tränen in den Augen. Martin war etwas verlegen. »Warum heulst du denn?« Dabei schniefte er auch ein bißchen.

Martin hatte inzwischen gelichtete, weiße Haare. Er war noch immer schlank und drahtig, trieb regelmäßig Sport und führte seinen Arzneimittelbetrieb nach dem Tode seines Partners allein mit unvermindertem Einsatz.

Arm in Arm gingen die Geschwister den »Gang« entlang bis zur Haustür. Eva wollte ihre Mieter begrüßen.

»Kommst du nicht mit rauf?« fragte sie.

Martin schüttelte den Kopf. »Laß mal«, sagte er, »ich bleib lieber hier.«

Eva öffnete die Tür, die seit ihrer Kindheit »die Glastür« hieß und die mit schönen, geätzten Glasscheiben verziert war. Sie stieg langsam die Wendeltreppe hoch, deren Stufen früher mit einem roten Läufer bis oben hin bedeckt waren. Jetzt klapperten ihre Absätze feindlich auf den nackten Steinen.
»Ich muß noch mehr für mein Haus tun«, dachte sie. Es sah alles noch nicht so aus, wie es in ihre Erinnerung gehörte. Oben gab es die »Entréetür« nicht mehr, die die Etage vom Treppenhaus abgeschlossen hatte. Eva stand gleich in der elegant ausgebauten Praxis des Arztes. An einem weitläufigen Tresen saßen zwei junge Frauen und fragten nach ihrem Begehr. Sie nannte ihren Namen, zögernd, als wäre sie ein ungebetener Gast. »Kann ich Herrn Doktor sprechen?«
Ihr Blick fiel auf den kleinen Balkon, der direkt hinter dem Tresen die Sicht zum Hof freigab.
»Wo – wo ist denn das Zimmer geblieben, das hier mal war?«
»Nu, da steh'n Se doch drin.«
So war das. Eva schluckte. Ihr Kinderzimmer – Katharinas Sterbezimmer – es war einfach weg. Vielleicht war es gut so. Der Arzt kam den Flur entlang und begrüßte sie. Er zeigte ihr die Räume ihrer Kindheit, die es nicht mehr gab. Nichts erinnerte an früher. Das große Familien-Eßzimmer war zerschnitten in vier kleine Räumchen, die für die Praxis so von Nutzen waren. Die doppelten Flügeltüren, die hohen Fenster, nichts hatte mehr einen Sinn.
Eva war wie ausgetrocknet. Ihre Augen waren tränenleer, als sie unten bei Martin ankam.
»Da ist nichts mehr von uns«, sagte sie, und die Tränen, die nicht in ihren Augen waren, saßen in ihrer Stimme.
»Martin, unsere Kindheit ist mausetot.«
»Wir haben sie ja in uns«, tröstete der Bruder.
Er ergriff Evas Arm und drückte ihn.
»Von außen sieht's doch wieder schön aus, das Haus, nicht? Und den Garten hast du auch wieder in Ordnung bringen

lassen. Du kannst doch ganz zufrieden sein. Die Moltkestraße 3 gehört jetzt wieder zu den ›auferstandenen‹ Häusern in Görlitz.«

Zu Fuß gingen sie zum Wilhelmsplatz, an dessen einer Seite das immer noch grau vor sich hintrauernde ehemalige Lyzeum auf die dringende Renovierung wartete. Aber die Jakobstraße zum Postplatz hin war prachtvoll, eine geschlossene Häuserfront aus der Zeit der Gründerjahre und des Jugendstils. Auf dem Postplatz standen sie still und betrachteten die wiedererstandene Muschelminna, die bronzene Brunnenfigur aus dem Ende des neunzehnten Jahrhunderts.

»Ihre Nasenspitze gehört mir«, lachte Eva.

Martin verstand nicht: »Was ist denn daran witzig?«

»Gar nichts – es stimmt einfach. Ich habe mich an der Spendenaktion für die Muschelminna beteiligt. Ich gehöre nämlich zu dem ›Aktionskreis für Görlitz‹, der solche Wunderdinge wie die Auferstehung der Muschelminna vollbringt. Du solltest übrigens auch längst dazugehören. – Und jetzt muß ich dir unbedingt noch zeigen, was aus dem scheußlichen, antiquierten Postamt geworden ist.«

Sie zog den Bruder über die Straße auf das rote Backsteingebäude zu, das, wie Rudolf gesagt hatte, ein typischer Kaiser-Wilhelm-Bau war. Vor dem Innenraum öffnete sich geräuschlos eine automatische Glastür. Der Schalterraum war weitläufig und lichtdurchflutet. Modernste Architektur war mit dem alten Gemäuer harmonisch verschmolzen. An den langen, offenen Schaltertischen lächelten ihnen freundliche Beamtinnen entgegen. Martin staunte.

»Das hat offenbar ein begabter Innenarchitekt in den Griff gekriegt.«

Eva kaufte an dem mitten im Raum stehenden Papierwarenstand ein paar bunte Postkarten und am Schalter die dazugehörenden Briefmarken und monierte: »Warum gibt es denn

hier nicht die Ansichtskarten von der Stadt Görlitz? Die gehören doch dazu, und alle zukünftigen Touristen würden sie hier nebst Briefmarken kaufen.«
Martin war Evas Initiative peinlich.
»Laß doch – die werden schon wissen ...«
»Aber nein«, wehrte die Schwester ab, »sie werden das sicher gern als Anregung annehmen. Stimmt's?«
Die beiden Frauen hinter dem Tresen nickten und lachten.
»Nu – wir werden's weitergeben.«
»Und jetzt zum Kaufhaus.«
Martin schüttelte den Kopf. »Dazu haben wir keine Zeit mehr. Wann treffen wir uns mit Rudolf?«
»Ach, doch erst um ein Uhr bei den Kubanern. Der steckt doch noch in der Landskronbrauerei bei Schellers. – Weißt du überhaupt, daß unser Karstadt das schönste Kaufhaus Deutschlands ist? Reiner Jugendstil!«
Martin wußte es, und Martin hatte zu Evas Kummer keine Meinung zu einem Kaufhausbesuch. Der Marienplatz mit dem neuen »Sorat-Hotel« auf der einen und der in leuchtendem Weiß erstrahlenden Annenkapelle auf der anderen Seite gefiel ihm besser.
In dem winzigen Restaurant am Klosterplatz, das von einer Görlitzerin und ihren kubanischen Söhnen liebevoll geführt wurde, wartete Rudolf auf sie. Gleich rechts neben der Tür bekamen sie einen Rundtisch am Fenster und hatten den Blick über den Platz direkt zum alten Gymnasium Augustum.
»Meine alte Penne«, sagte Martin gerührt und bestellte sich ein Landskronbier. Rudolf und Eva blieben bei Wasser, bekamen aber trotzdem eine Pizza bianca zum Knabbern, die eigentlich nur zum Wein schmeckt. Aber Wein macht mittags müde.
»Und anschließend gehen wir mal ganz geruhsam in die Altstadt«, befand Eva. »Wann haben wir drei schon mal mitein-

ander Zeit! Ich werde dafür sogar meinen üblichen Kleiderkauf bei Schwindt in der Steinstraße sausen lassen.«
»Kaufst du hier immer Garderobe?« fragte Martin.
»Immer. Immer, wenn ich in Görlitz bin, tue ich was für meinen Kleiderschrank. In Berlin ist das so anonym, und ich habe ja auch nie richtig Zeit. Hier ist das anders. Wenn ich durch Görlitz laufe, habe ich immer das Gefühl, daß ich alle kenne und daß mich jeder kennt.«
Nach gutem Essen und herzlicher Verabschiedung gingen sie quer über den Obermarkt, der wieder einmal mit Buden und einem Riesenrad vollgestellt war, Jahrmarkt eben, schoben sich durch die Brüderstraße und standen enttäuscht vor dem immer noch bauverhangenen Schönhof.
»Das neuere Görlitz mit seinen schönen Bauten und Straßenzügen ist großartig«, sagte Eva. »Aber die Altstadt ist überwältigend. Wenn man richtig hinsieht, guckt aus jeder Ecke deutsche Geschichte.«
Hinter dem Neuen Rathaus, das gar nicht so neu war und Jugendstilelemente um die Jahrhundertwende zeigte, gingen sie durch Torbögen auf die Langenstraße zu.
»Ich will euch mal was zeigen.« Martin wies auf ein zwischen lauter verfallenen Häusern hervorstechendes renoviertes Gebäude, in dessen Erdgeschoß ein einladendes Restaurant entstanden war. »Überall gibt's jetzt sowas hier«, erklärte er mit Entdeckerstolz. »Die ganze Stadt wartet auf Gäste.«
Gegenüber war ein kleiner, freier Platz.
»Hier mußten Häuser eingerissen werden«, wußte Martin. »Sie waren so verfallen, daß sie nicht zu retten waren. Reine Barockbauten.« Wie arm mußte die Stadt werden, um solche Reichtümer preiszugeben.
»Laßt uns doch noch einmal zur Peterskirche gehen«, bat Eva. »Sie ist ja nicht nur das Wahrzeichen der Stadt, sondern auch die Trauungskirche unserer Eltern. Es ist ja alles so nah – es gibt hier keine Entfernungen.«

Sie liefen die Peterstraße entlang, bis sich vor ihnen der Platz öffnete. Die Kirche stand majestätisch da und erwartete sie. Außen war sie durch Reinigungsmaßnahmen schwarz-weiß geworden, ganz anders, als Eva und Martin sie aus ihrer Kinder- und Jugendzeit kannten.
»Früher war sie immer einheitlich grau«, zischelte Eva.
Innen war sie renoviert und einfach zu schön, um noch an früher zu erinnern. Im üblichen Kirchenflüstern wandte sich Eva an den Bruder: »... und als die Eltern hier hineingingen, als Brautpaar, trompetete einer der Spalier stehenden Jungen: ›Fräulein, mit Ihnen war's aber auch Zeit.‹ Weißt du, wie alt unsere Mutter war? Fünfundzwanzig!«
Eva sah an den Säulen hoch, die hell und mächtig die Würde des Raumes bestimmten. Hier also war Hanna Brandt im weißen Brautkleid am Arm des geliebten Mannes zum Altar gegangen. Sie war glücklich. Sie sah eine ungetrübte Zukunft vor sich, in einem großen, geselligen Haus, mit vier Kindern und einem Mann, der ihr alle Sorgen abnahm und sie auf Händen trug. Wie bitter hatte sie das Schicksal heimgesucht! Was für ein Schicksal: Die Gefangennahme des Gatten – ohne Wiederkehr; der Tod Katharinas, der Verlust des Hauses, in dem sie geborgen war, fünfundzwanzig Jahre lang. Später das unstete Hin- und Herreisen zwischen den Kinderfamilien, das ihr nie wieder eine richtige Heimat gab. Sie war alt geworden, fast siebenundachtzig Jahre. Aber die letzten Jahre war Hanna nicht mehr glücklich. Sie hatte bezahlt für fünfzig Jahre erfüllten Lebens.
Eva sah an den Säulen hoch und dachte an den Tod ihrer Mutter. Hier, in der Görlitzer Peterskirche, hatten Hannas glückliche Jahre begonnen. Sie endeten mit dem Auszug aus der Thälmannstraße.

Den Nachmittagskaffee tranken die drei Görlitzbummler spät auf der Terrasse der »Vierradenmühle«. Es war frühsommerlich warm und hell. Am jenseitigen Neißeufer spielten polni-

sche Kinder. Die Erwachsenen standen still und sahen hinüber. Sie waren so nah, in Rufweite fast.
»Zgorzelec – « sinnierte Eva, »das ist eigentlich noch unsere Stadt. Und jetzt ist es ein anderes Land, mit Bewohnern einer ganz anderen Mentalität, einer anderen Sprache und Kultur. Eigenartig, wie so ein Fluß Welten trennen kann. Es geht gar nicht homogen ineinander über. Dieses Ufer da drüben ist ein völlig neues Ufer, das uns nichts mehr angeht.«
»Da bist du aber engstirnig«, widersprach Martin lebhaft. »Dieses ›neue Ufer‹ dort ist ja schließlich auch Europa, und wir sind doch auf dem besten Wege, ein einiges Europa zu werden. Da dürfen wir uns nicht über trennende Flußläufe unterhalten.«
»Ach – einiges Europa!« Eva schnippte mit den Fingern. »Das sehe ich noch nicht. Die nationalen und ethnischen Trennungen sind doch zu groß. Man darf Europa mit seinen so verschiedenen alten Kulturen nicht mit den Vereinigten Staaten vergleichen, deren Einwohner aus allen Teilen der Welt zusammengeströmt sind. Sie ließen sich dort nieder, nachdem sie durch den Völkermord an den Indianern das Territorium für sich freigemacht hatten.«
Rudolf schüttelte unwillig den Kopf. »Was hat das damit zu tun? Warum sagst du das?«
»Weil wir seit fünfzig Jahren immer und immer wieder beschimpft werden wegen der Grausamkeiten, die während des Krieges begangen wurden – auf allen Seiten übrigens. Ja – auch die ungeheuerlichen Judenverfolgungen vor dem Krieg, die heute kein vernünftig denkender Mensch mehr begreifen kann. Aber kann man denn jetzt noch die nachwachsenden Generationen dafür verantwortlich machen? Hört das Sühnen denn nie auf?«
»Erreg dich nicht.« Martin klopfte liebevoll auf Evas Hand, die auf dem Tisch lag. »Was haltet ihr davon – wollen wir mal rübergehen zu dem ›neuen Ufer‹?«

Rudolf zögerte. »Jetzt? Ist es nicht schon zu spät?«
Eva strahlte. »Das ist eine prima Idee. Laßt uns zum Friedrichsplatz gehen und zur Ruhmeshalle, und zu unserem alten Schlittschuhteich, ja? Es ist doch jetzt noch so lange hell, und müde bin ich überhaupt nicht.«
Die Reichenberger Brücke, der einzige Übergang nach Zgorzelec, wirkte eng und verbaut. In der Mitte stauten sich endlose Schlangen LKW und PKW, die bis weit in den Westteil der Stadt reichten. Rechts und links führten schmale Fußgängerwege daran vorbei. Weder die deutschen noch die polnischen Grenzbeamten in den Schalterhäuschen interessierten sich sonderlich für die Ausweise der Passanten.
Hinter der Brücke bog der Weg scharf rechts ab und zwängte sich durch eine Ansammlung von Buden, in denen Geld umgetauscht und Zigaretten angeboten wurden.
Die Viktoriastraße war so geblieben, wie sie vor fünfzig Jahren war, die Häuser verwahrlost, sie strahlten nicht mehr das gediegene Bürgertum aus, das sie einmal gekennzeichnet hatte. Frauen in Kittelschürzen lehnten aus den Fenstern und betrachteten mit einer Eva unverständlichen Muße die Vorübergehenden.
Der Friedrichsplatz war völlig verändert. Der weitläufige Platz, auf dem Aufmärsche und Festveranstaltungen stattgefunden hatten, auf dem jedes Jahr ein Zirkus zum Vergnügen der Görlitzer gastiert hatte, war in einen Park verwandelt worden, dessen gewundene Wege um kleine Buschgruppen herumführten, die nichts Anheimelndes hatten. Es war so, als wollte man zeigen: »Seht mal, was wir für unsere Werktätigen tun!«, und es wirkte ein bißchen sinnlos.
An der Schmalseite des Platzes zeigte Eva auf ein Haus mit eindrucksvoller Freitreppe.
»Martin, ist das nicht das Offizierskasino, in dem die Eltern ihre Hochzeit feierten?«
»Ja sicher«, nickte Martin. »Wir haben ja noch das Foto, auf

dem die ganze Hochzeitsgesellschaft auf der Treppe posiert. Das Haus ist übrigens immer noch Offizierskasino, jetzt natürlich ein polnisches.«

»Woher weißt du das?«

Martin schmunzelte. »Ich weiß doch immer fast alles. Vor ein paar Wochen war ich schon mal hier. Und ich guck' mir doch immer alles an und frage nach. – Jetzt gehen wir zur Ruhmeshalle, ja? Da werdet ihr euer blaues Wunder erleben, was aus dem ehrwürdigen Gebäude geworden ist.«

Hinter dem Friedrichsplatz stieg der Weg leicht an. Die Ruhmeshalle, deren prachtvolle Kuppel an den Reichstag in Berlin erinnerte, lag auf einer Anhöhe, majestätisch ein Stück preußisches Deutschtum verkörpernd. Vor der Treppe, die zu dem Säulenportal mit dem reliefgeschmückten, dreieckigen Fries hinaufführte, stand ein kleines, knallrotes Auto. Es rief die Phantasie des Beschauers zurück in den Alltag, die gerade zwischen altem Griechenland und Jahrhundertwende spazierenging. Vier Jahre hatte der Bau in Anspruch genommen, bis er 1902 feierlich von Kaiser Wilhelm II. eingeweiht wurde. Von da an hieß er Ruhmeshalle, später Oberlausitzer Gedenkhalle. Für die Görlitzer blieb es die Ruhmeshalle, zu der sie pilgerten, um Gemälde- und Skulpturausstellungen zu sehen. Über Jahrzehnte hinweg bot sie den würdigen Rahmen für jede Art von Kunst.

»Hier war die wunderbare Vernissage der Engelhardt-Kyffhäuser-Bilder«, erinnerte sich Eva. »Meine Güte, wie lange ist das her! Und was hängt jetzt hier? Kann man reingehen?«

Martin grinste. »Natürlich können wir reingehen. Dies ist heute das polnische Kulturhaus der Stadt Zgorzelec. Komm, ich zeige euch, was unsere Nachbarn unter Kultur verstehen.«

Die große Eingangshalle war leer. Rechts und links schwangen sich breite, flachstufige Treppen zum ersten Stock. Aus der angelehnten hohen Tür auf der linken Seite des Erdgeschosses drang Musik von der Art, vor der Eva-Maria immer am liebsten die Flucht ergriff.

»Die Symphonie mit dem Paukenschlag ist mir lieber«, murmelte sie. Neugierig näherte sie sich der Tür. Martin zeigte auf ein in Augenhöhe angebrachtes Schild.

»Eine Disco?« Eva war fassungslos. »In der Ruhmeshalle?«

Rudolf öffnete die Tür und sah hinein. Die Klänge kamen von einer Fünf-Mann-Kapelle, die sie von einem erhöhten Podest in den Raum schmetterte. An den rundum aufgestellten Tischchen saßen junge Leute, tranken Cola und Bier und unterhielten sich laut. In der Mitte tanzten zwei, drei Paare weit voneinander getrennt, fanden aber offensichtlich immer wieder zusammen. Eva war empört.

»Und sonst hat das Haus nichts zu bieten? Unsere alte Ruhmeshalle!« Sie strebte nach draußen.

Unter den ionischen Säulen blieb sie stehen und holte tief Luft. Dann ging sie langsam die Stufen hinab.

»Hier in der Nähe sind doch unsere Schlittschuhteiche.«

»Da gehen wir lieber nicht hin«, riet Martin. »Rundum sind so häßliche, hohe Mietshäuser entstanden.«

»Dort? Das war doch alles Parkgelände.«

»Ja, eben. Es ist kein sehr schöner Anblick mehr. Aber was willst du machen?«

Sie gingen die Jakob-Böhme-Straße hinauf und die Prager Straße hinunter in Richtung Reichenberger Brücke. Auf der Straße war ein reges Treiben. Der Handel blühte überall. Vor den Geschäften hatten sich fliegende Händler auf dem Bürgersteig postiert und boten billige Textilien, Tonbandkassetten und Lebensmittel an. Nichts erinnerte mehr an die deutsche, die schlesische Stadt, die es bis 1945 war. Hier stießen zwei Welten zusammen, die nur der Fluß trennte. Rudolf schüttelte immer wieder den Kopf. »Was für ein Unding, eine Stadt einfach so in zwei Teile zu zerreißen.«

»Guben und Frankfurt geht es genauso«, stellte Martin fest.

»Rudolf hat recht, es ist trotzdem ein Unding«, unterstrich Eva mit Nachdruck. »Eine Stadt ist doch durch Jahrhunderte gewachsen, hat ihre Kultur und ihre durch sie geprägte Bevölkerung. Es ist ein Irrsinn, einfach zu sagen: Da fließt ein Fluß, und der ist ab sofort die Grenze.«
»Tja, das hat man aber getan, und wir müssen uns damit abfinden. Wir haben den Krieg verloren und wurden dafür bestraft.« Martin war wie immer versöhnlich.
»Und was ist mit Stettin?« Eva blieb hartnäckig. »Da war auf einmal von der Odergrenze nicht mehr die Rede. Auch was westlich der Oder ist, wurde polnisch, um die Stadt als Ganzes zu erhalten. Nein, Martin, es wird schlechthin zu oft mit zweierlei Maß gemessen.«
»Du und ich werden es nicht ändern«, bemerkte Martin ruhig. »Das ist der Lauf der Geschichte seit eh und je. Nur weil dies gerade die jüngste Geschichte ist, die wir selbst erlebt haben und immer noch erleben, berührt sie uns besonders, stimmt's?«

Sie waren alle ganz zufrieden, als sie wieder auf der westlichen Seite von Görlitz waren, die mit vier Fünfteln des ursprünglichen Stadtgebietes und den architektonisch geschlossenen Straßenzügen den Charakter der mehr als neunhundert Jahre alten Stadt bewahren konnte.
Um die mit wartenden Autos vollgestopften Straßen zu umgehen, schlenderten sie durch den Stadtpark, der sich zwischen Stadthalle und Innenstadt leicht hügelan zog. Mit müden Füßen standen sie vor dem Denkmal Jakob Böhmes, des Schuster-Philosophen, der vor fast vierhundert Jahren den Ruhm seiner Stadt ins geistige Europa trug.
Auf der Moltkestraße stiegen sie in den dort auf sie wartenden Wagen und fuhren zum Blockhaus hinauf. Eva wollte aussteigen und nachschauen, ob an diesem Frühsommerabend das Riesengebirge zu sehen sei. Rudolf und Martin

nahmen sie in die Mitte und gingen auf die Rundbogenmauer zu, die das kleine Aussichtsplateau umgrenzte. Das ebenerdige Haus hinter ihnen war leer und verschlossen. Früher war es einmal eine Gaststätte gewesen, das »Blockhaus«. Seit Jahren hatte es keine Funktion mehr und dämmerte seinem Verfall entgegen. Rechts neben ihm führten Stufen in einen kleinen Park, der mit Bänken und Beeten ein schmuckes Aussehen erhalten hatte. Breite Sandwege gingen hinunter zum Neißeufer.

Eva lehnte an der Mauer und kniff die Augen zusammen. In der Ferne waren an dem fahl werdenden Himmel die schwachen Umrisse eines Gebirgskammes zu erkennen.

»Das ist es«, sagte sie zufrieden. »Heute kann man das Riesengebirge sehen.«

Unter ihnen zogen sich die mächtigen Bögen des Viaduktes von diesem zum jenseitigen Neißeufer. Mit seinen fast fünfhundert Metern Länge war er einer der ersten großen Eisenbahnviadukte Deutschlands, als er vor hundertfünfzig Jahren erbaut wurde. Er war einmal das Tor zum Osten, dieser Viadukt, die Brücke nach Mittel- und Oberschlesien.

Eva wandte sich Martin zu.

»Vor einem halben Jahrhundert habe ich hier an dieser Stelle mit Katharina gestanden. Wir haben genauso da hinübergesehen, wie wir dies heute tun. Alles war ganz ähnlich – der Himmel genauso abendlich hell und das Gebirge fern zu erkennen. Es hat sich eigentlich nicht viel verändert, außer daß der Viadukt wieder heil ist. Nur Katharina ist nicht mehr da.«

Eva brach ab. Auch Jahrzehnte konnten manchmal nicht heilen.

Rudolf legte ihr den Arm um die Schultern. »Du bist doch jetzt schon so lange Berlinerin, Eva. Reiß dich doch einfach mal los. Du kannst nicht immer so intensiv mit der Vergangenheit leben. Die Gegenwart ist doch auch sehr schön.«

Eva-Maria nickte und sah Rudolf nachdenklich an. Dann wanderte ihr Blick zu Martin. Sie schüttelte den Kopf.
»Eine richtige Berlinerin bin ich immer noch nicht, obgleich ich mir redlich Mühe gebe. Aber ich bin nun mal in Schlesien geboren, und Görlitz ist meine Heimatstadt, in der ich die ersten zwanzig Jahre meines Lebens verbracht habe, die, die einen Menschen am meisten prägen.«
Sie schob ihre Hand in den Arm ihres Mannes.
»Du mußt das verstehen, Rudolf: Heimat ist da, wo die Wurzeln sind.«

Bitte beachten Sie auch die folgenden Seiten:

182 Seiten, ISBN 3-7766-1688-1

Rotraud Schöne

Schlesische Weihnachtsgeschichten

Weihnachtliche Erinnerungen an Schlesien

Wie Rübezahl zu Weihnachten im Riesengebirge sein Herz entdeckte oder die Glocken von Neukirch gerettet wurden: Siebzehn versöhnliche Geschichten versammelt dieser Band, die Vorfreude auf das Christfest schenken und eine kleine, aber farbige und stimmungsvolle Chronik Schlesiens bilden.

Herbig

206 S., ISBN 3-7766-2021-8

Georg Lentz

Oma Krause oder Der Untergang Preußens in Anekdoten

Eine Geschichte Preußens in diesem Jahrhundert aus der bürgerlichen Perspektive einer resoluten Westpreußin und ihrer Berliner Verwandten.

Ein herzhaftes Lesevergnügen mit Zeit- und Lokalkolorit.

Herbig

352 Seiten, ISBN 3-7844-2719-7

Hans Bohn

Als die Schwalben heimwärts zogen

Unbekanntes deutsches Schicksal

Die Bananter Schwaben waren vom Zweiten Weltkrieg durch Kriegseinsatz und Verschleppung in Arbeitslager betroffen. In diesem autobiographischen Roman schlägt der Autor am Beispiel eines jungen Liebespaares ein weitgehend unbekanntes Kapitel deutscher Geschichte auf und spannt den Bogen bis zu heutigen Konflikten um die Aussiedlerproblematik.

Langen Müller